U0511818

本书得到国家自然科学基金青年项目“后扶贫时代中国相对贫困的动态识别及创新治理研究”（项目号：72003143）、湖北省社科基金一般项目（后期资助项目）“中国扶贫之路：过去、现在和未来”（项目号：2019072）和武汉大学经济与管理学院理论经济学“双一流”学科建设资金的资助。

# 中国特色扶贫模式研究

方迎风◎著

人民出版社

# 目　　录

# 第一章　前　　言

中华人民共和国成立70多年以来,更准确地说是从1978年改革开放40多年以来,中国农村扶贫取得了举世瞩目的成就。以中国官方的贫困标准来衡量(每人2300元/年,2010年不变价),中国农村贫困人口从1978年的77039万人减少到2019年的551万人,贫困发生率从1978年的97.5%下降到2019年末的0.6%,贫困人口每年减少超过1000万人。2020年中国已全面建成小康社会,历史性地解决了绝对贫困问题。中国在扶贫领域形成了一套具有中国特色的扶贫模式,也为全世界的减贫提供了中国经验、中国方案和中国智慧。习近平总书记在2021年2月25日全国脱贫攻坚表彰大会上指出:"我们立足我国国情,把握减贫规律……走出了一条中国特色减贫道路,形成了中国特色反贫困理论。"

在全世界的减贫历程中,中国减贫也作出了主要贡献。根据世界银行发布的数据,在世界银行每人每天1.9美元的国际贫困标准下,中国贫困人口从20世纪90年代末的7.518亿人减少到2015年末的1000万人,累计减少7.418亿人;而同期,全球贫困人口从18.97亿人减少到7.31亿人,中国对世界减贫的贡献超过60%。时任联合国秘书长古特雷斯在2017年减贫与发展高层论坛时发贺信盛赞中国减贫方略,强调中国对世界减贫的贡献,并称"精准减贫方略是帮助最贫困人口,实现2030年可持续发展方程宏伟目标的唯一途径。中国已实现数亿人脱贫,中国的经验可以为其他发展中国家提供有益借鉴"。中国在2020年消除现行贫困标准下(即每人2300元/年,2010年不变价)的绝对贫困人口,这意味着中国提前十年实现联合国2030年可持续发展议程确定的减贫目标。

随着2020年的过去,中国已完成脱贫攻坚、全面建成小康社会的历史任务,实现了第一个百年奋斗目标。习近平总书记在2020年3月16日决战决胜脱贫攻坚座谈会上指出:“脱贫摘帽不是终点,而是新生活、新奋斗的起点,要继续推进全面脱贫与乡村振兴有效衔接,推动减贫战略和工作体系平衡转型。”基于中国区域发展的现状以及历史贫困人口的分布特征,中国贫困人口未来的分布将呈现出以下特点:(1)贫困人口将还主要集中在中国农村地区,但城市贫困问题也将不容忽视。(2)贫困的地区分布极不均衡。相对贫困还将主要向中国农村地区、中西部、经济发展落后、生态环境脆弱、山区等一些条件较差、基础设施较弱、贫困程度较深的地区聚集。经济增长在覆盖这些人口上可能有一定难度。(3)贫困人口的人群分布也将依然不会很平衡。贫困人口将还主要是老人、儿童、残疾人、教育程度较低、健康程度较差等能力缺乏的个体。(4)贫困人口可能会因教育、健康等能力不足,缺乏收入持续增长的机制。高低收入组不仅收入绝对值相差甚远,相对差距也还在扩大,相对贫困问题将持续存在。因而,在2020年完成了扶贫目标以后,中国不仅需要研究如何衔接脱贫攻坚与乡村振兴,还需要在新的视角下持续关注贫困问题,进一步巩固脱贫攻坚的成果。

本书一方面将通过对中国历史扶贫进程的回顾、评估和分析,解析中国特色的扶贫模式,以期为党的二十大以后的巩固拓展脱贫攻坚成果,即为贫困瞄准识别和扶贫政策可持续框架构建提供可行的思路;另一方面,以行为作为贫困的研究视角对中国贫困的动态变迁过程展开探讨。现有国内研究更多地将焦点放在识别“谁是贫困”(从而提供支持助其脱贫)的层面上。但是,这种贫困静态特征的研究不利于持久性脱贫政策的制定,行为选择会显著地影响贫困动态变化,对贫困者行为特征的识别才便于贫困的动态瞄准和精准预测。新时代，随着社会的进一步发展，我们采用的点对点扶贫、电商扶贫、产业扶贫、易地搬迁扶贫等精准扶贫模式的经验与成就都还需要进一步总结、研究、深化和推广。与此同时，这些政策的行为效应，以及行为效应所引致的动态变化也有待进一步研究。这些问题的分析不仅能让我们更加清晰地了解扶贫的机制，还能为解决相对贫困问题以及世界其他国家的贫困问题提供可能性经验。因此，从行为视角进行贫困研究，进而从行为特征出发动态监测贫困和进行贫困的早期干预，有利于贫困的动态识别瞄准，有利于贫困动态的前瞻性预测，有利于准确评估和提高减贫政策的效率，从而有利于建立一套中国特色的可持续的贫困动态识别和减贫的体制。中国精准扶贫阶段的政策手段、扶贫措施和巨大成就对此给出了深刻的展示和证明。

## 一、贫困的理论研究现状

寻求精准扶贫的长效机制主要取决于贫困识别、贫困的形成机制和政策的贫困效应。现有的贫困研究现状也从以下三大方面展开。

### （一）贫困识别的研究现状

贫困识别的理论研究相对成熟，目前有两大体系：收入贫困和多维贫困。收入瞄准目标明确便于操作，被广泛用于各国贫困的测量（罗楚亮，2010，2012；张全红、张华，2010；Chen & Ravallion，2010 等）。但收入的信息是私人的，尤其是农村地区，无法精确的跟踪和测算收入。即使收入的信息是完全公开的，也无法反映个体在健康、教育、工作等方面所可能面对的问题和困难，导致收入瞄准可能产生偏差，贫困的波动性较大，扶贫政策产生纰漏。多维贫困不仅关注收入，还更多地关注健康、教育、就业等各种可行性能力。在 Alkire & Foster(2007)首创性地构建了一类多维贫困指数后,多维贫困测度得到极大的发展和使用(Santons 等,2015;邹薇、方迎风,2011;方迎风,2012 等),方迎风、周少驰(2021)还基于 Alkire-Foster 的框架构建了多维相对贫困测度体系,并用中国数据进行测试,发现多维相对贫困测度将更能体现中国现阶社会主要矛盾,即人民日益增长的美好生活需要和不平衡不充分的发展之间的矛盾。多维贫困测度的优点是,能更为全面深入地刻画家户的贫困状态,也能前瞻性勾勒贫困的动态变化,增加贫困瞄准的精确性。但多维贫困测度也有缺陷,维度选择以及维度权重没有统一规范的体系,可能因时、因地而不同,无法形成统一的、可比的标准去制定政策。

到底选用哪种方法还没有统一的理论和实践规范。在理论研究中,目前大家都从两个视角分别进行研究(朱梦冰和李实,2017;方迎风、张芬,2016 等)。虽然有研究进行两者的比较分析(Alkire & Fang,2019),但无法给出孰优孰劣的评判。在实践中,政策制定还是偏向收入测度,但也并不是单一的从收入角度确立贫困,会综合考虑家户的各种特征,如是否有老人、生过大病等。当前扶贫方式已脱离传统"输血式"的现金救助,更加强调注重培育贫困者"造血"能力,要从扶志、扶智等角度彻底切断贫困产生的可能性。因此,在进行对象识别中,既要重视个体的收入、也要客观判断个体的实际情况,并充分利用村级的信息优势,进行村级的识别。在瞄准研究中,还可以进行各类瞄准方法的效率研究,建立贫困识别可持续的瞄准机制。

### (二)贫困动态机制研究现状

要精准扶贫,不仅要精确识别,还需要分析贫困的形成机制。现有国内外研究主要从贫困者的特征出发,即分析哪些人是贫困的,但很少去问导致其贫困的原因或机制是什么,即"为什么"。这种静态的分析容易导致瞄准结果产生偏差,不利于扶贫政策的制定。贫困者行为选择是贫困形成的一种重要机制。贫困者行为作用于贫困的路径有很多,主要有以下几种:其一,贫困会通过影响个体的生理和心理,使其产生一些不利于其脱离贫困的行为,从而永久陷入贫困(Haushofer & Fehr,2014;Dalton & Ghosal,2014;杭承政、胡鞍钢,2017 等);其二,贫困对于子女的教育、营养投入选择会导致跨代贫困产生(Bodenhorn,2006;Dobbie & Palme,2018 等);其三,贫困者在流动、教育投资等上的选择会有群体效应,致使贫困产生聚集(Durlauf,2000;Ludwig,2013;方迎风、张芬,2016 等);其四,扶贫政策的行为激励效应也会影响贫困的瞄准(Alonso-Carrera 等,2015;Cavalcanti & Correa,2014 等)。因此,从贫困者行为研究贫困的形成机制,能够监测贫困的动态变化,实现贫困的动态瞄准。但是,国外内的主要贫困研究都还只是基于行为与贫困两者的关系研究,并没有深入到其后的传导机制和传导路径。

### (三) 扶贫政策的分析

扶贫政策的分析主要可分为宏观层次和微观层次两个层次。目前,宏观层次的贫困研究较多、较早,主要关注国际贸易、金融发展、不平等与经济增长等与贫困的关系(Dollar & Kraay,2002;Ravallion,2007;万广华、张茵,2006;林伯强,2003 等)。但是,这种宏观层次的贫困研究对微观层次的扶贫实践而言,还有待进一步深化(尤其是中国精准扶贫阶段)。早期,微观扶贫政策的研究主要是探讨信息不对称下政策的减贫效率(Besley & Coate,1992,1995;Pirttila & Tuomala,2004 等),对微观政策的实证评估分析却相对较少。近些年来,随着家户调查和实证理论分析工具的不断发展,从微观层次进行政策的减贫效应评估分析开始兴起(Banerjee & Duflo 等,2015;Golan、Sicular 等,2017;贾俊雪等,2017;方迎风,2019)。在中国,精准扶贫的重要思想最早是习近平总书记于 2013 年 11

月在湖南湘西考察时首次提出的。随后,一些新的精准扶贫模式相继被提出和应用,如点对点扶贫、易地扶贫搬迁、电商扶贫等。实践已经证明了精准扶贫的巨大成功,实现中国绝对贫困人口在2020年全部脱贫。不过对于各种新的扶贫模式的瞄准机制以及减贫效应都还有待我们去进行实证评估比较分析,从而对中国扶贫模式给出更深刻的总结和理解。

## 二、本书的框架与主要观点

### (一)框架

本书以“行为”为视角贯穿全书,从微观和宏观两个层次,进行中国贫困问题研究,全书主要由四大部分构成:第一版块为总述性内容,由第一章至第三章构成,阐述贫困研究的现状、中国扶贫的历史脉络和扶贫特色,以及行为视角下贫困研究的方向;第二版块主要尝试从行为能力视角探讨贫困识别,由第四章至第六章构成,以精准扶贫理论为基础,探讨未来贫困的识别,主要基于从可行性能力理论,研究多维度贫困测度方法及其向多维相对贫困推进的可能性,并探讨贫困脆弱性、进行贫困的动态预测。第三大版块,从第七章至第十章,主要探讨行为视角下的中国贫困动态及扶贫模式,第七章则研究贫困冲击下个体消费行为,主要探讨在不同程度收入冲击下,个体将如何在生活必需品、耐用品、教育、医疗等选择变化,以及贫困者与非贫困者消费行为差异;第八章则基于群体效应的视角分析个体流动行为与贫困动态;第九章则基于中国新农村合作医疗保险分析健康的长期减贫效应,主要从健康、保险与个体的就业、医疗、消费、教育等视角分析健康减贫的机制。

### （二）主要观点

早期区域性扶贫开发具有显著的减贫作用，虽然经济增长的减贫效果在不断下降，但它依然是中国农村和城市减贫的主要力量，经济危机所带来的经济下行严重阻碍了减贫的进程；另外，随着不平等的加剧以及通货膨胀所带来的生活成本上升，减贫的速度在下降，减贫的难度也在增加。在未来，不管是在新的贫困标准下，还是使用相对贫困测度，扶贫也依然将是经济增长过程中必须要面对的重要问题。不仅是农村贫困，城市贫困未来也将成为重要扶贫的战场，尤其是城镇化的加速，会在减少农村贫困的同时加剧城市不平等和城市贫困问题，这是当前中国扶贫演进过程中所忽略的。通过推动县域经济平衡增长，加速推进乡村振兴和城镇化进程，将农村贫困与城市贫困统一到一个可持续的扶贫救助制度框架中来，是中国未来扶贫部门的重要工作。

在农村的发展历程中，农业收入在农村减贫中起到了至关重要的作用，尤其在改革开放之初的农村改革以及 2003 年至 2006 年的农村税费改革期间，农业收入是中国农村减贫的主要力量。随着农村劳动力不断向城市流动，以及中国城镇化进程的加快，农村居民的收入来源开始与城市趋同，以工资收入为主。工资收入在减贫和收入分配中发挥着越来越重要的作用。但是，农村劳动力的流动，导致农村发展的空心化问题越来越严重，农村商业的发展也日渐式微，农业未来的发展模式、农村留守儿童的教育等都急需关注。因此，继续推动农业、农村和农民的可持续发展是未来中国农村扶贫主要关注的问题，它是农村扶贫长效机制构建的关键点。在乡村振兴的大背景下，需要继续发挥农业在农民收入增长中的基础性作用，也需要振兴乡村活力，全方位振兴乡村文化、经济，促进乡村经济多元化发展。在农村人口加速流动以及城镇化加快的大背景下，工资等劳动收入将是未来农村和城市家庭的主要收入来源，它是将农村和城市纳入同一个扶贫体系下的契合点。

虽然不管是在多维度视角还是收入视角下,中国农村扶贫都取得了显著的成绩。但是,中国农村家户在教育、健康、生活质量三个维度的贫困程度依然处于较高水平,尤其是生活质量维度中的卫生设施、饮用水、做饭燃料,以及教育维度中的教育水平和健康维度中的营养不良等指标。虽然农村义务教育和新农合等一系列改革也推动了儿童教育贫困和农村居民健康的改善,但是,随着城乡教育资源和医疗资源差距的潜在扩大,如何保障农村后续阶段的教育和医疗的可获得性和可持续性,是中国未来扶贫政策机制设计需要关注的重点。在中国扶贫模式走向精准扶贫和精准脱贫的大背景下,综合家庭各方面能力的信息能够提高贫困瞄准的精准性,也便于建立长效的可持续的精准扶贫体系。因此,建立多维贫困测度体系或者多维相对贫困测度体系,是巩固扶贫成果和推动乡村振兴的重要前提。然而,由于中国城镇和农村家户的可行性能力体系不同,如果未来需要建立城市和农村统一的扶贫体制框架,如何选取具有可行性、可比性、代表性的多维贫困测度体系还需要综合考虑。

自然灾害、疾病以及经济危机等一系列的负向外部冲击会导致个体或家庭落入贫困,而这些不利因素是不会随着时间的推移而消失。因此,在未来,除了对那些极端贫困的持续跟踪与扶持外,“因病致贫”“因灾致贫”等贫困脆弱性所带来的暂时性贫困将是中国未来的贫困主体,暂时性贫困的动态变化将是未来扶贫体制设计研究关注的重点。提升个体能力和建立负向冲击预警体系是降低贫困发生的重要手段,而构建一个城乡统一的完善高效的社会保障和救助体系是巩固脱贫攻坚成果的重要制度保障,它能防止脱贫贫困人口再次落入贫困甚至陷入贫困陷阱。

# 第二章 扶贫政策演进下的中国贫困动态特征

改革开放以来，中国农村减贫取得了显著的成绩。在每人 2300 元/年的贫困标准（2010 年不变价）下，贫困人口由 1978 年的 7.7 亿人下降到 2019 年的 551 万人，贫困发生率由 97.5%下降到 0.6%。中国走出了一条具有中国特色和中国模式的扶贫道路。随着 2020 年的结束，中国第二个十年规划也已结束，中国全面建成康社会、实现现行贫困标准（2300 元每人每年，2010 年不变价）下的所有绝对贫困人口全部脱贫。那么，在完成脱贫攻坚、全面建成小康社会的历史任务以后，巩固拓展脱贫攻坚成果又该将如何进行呢？本章通过对中国农村扶贫进程的回顾、评估和分析，解析中国的特色扶贫之路，以期为新时代中国式现代化进程中的贫困瞄准识别和扶贫政策可持续框架构建提供可行的思路。

当前，贫困研究主要包括贫困测度、贫困动态分析，以及减贫分析。其中，贫困测度是贫困研究的基础。贫困测度从传统的收入贫困测度发展到如今的多维贫困测度。其中，收入贫困测度在 Sen（1976）提出的公理化框架下开始快速发展，以 Foster 等（1984）提出的贫困指数为主流识别方法，其后至今一直被广泛使用。由于收入信息片面性和私人性，以及可行性能力市场的不完全性，多维贫困测度被提出（邹薇、方迎风，2012）。多维贫困测度从 Bourguignon 和 Chakravarty（2003）的公理化方法被提出开始，到 Alkire 和 Foster（2008）提出的方法在各国被广泛使用

(Alkire & Fang,2019;沈扬扬、詹鹏、李实,2018;郭熙保、周强,2016;Alkire、王小林,2008;邹薇、方迎风,2011;方迎风,2012 等),多维贫困已成为单维贫困测度以外的另一种测度体系,它因能够综合考虑个体各个维度的发展能力而受到欢迎。中国目前正处在巩固脱贫攻坚成果、衔接乡村振兴的特殊阶段,如何更精确地瞄准贫困,多维度综合考虑个体信息能提供一个较好的瞄准视角。但是,应当选取哪些指标和维度以及如何确定各维度的权重阻碍了多维贫困测度方法的推广使用。

基于贫困测度,很多研究充分利用多年的混合数据和面板数据进行贫困的动态分析(罗楚亮,2010;张全红、张建华,2010 等)。但是,大多的贫困动态研究仅停留在"贫困是什么"的贫困现象分析上,对于"为什么贫困"的问题不能提供解答,因而不能称之为动态分析,从行为视角研究贫困动态将是未来贫困研究的重要方向(方迎风,2019)。贫困脆弱性和贫困动态分解可被认为是目前研究贫困动态变化两种常用的手段。贫困脆弱性是基于当前家户的信息来预测个体未来落入贫困的可能性大小。贫困脆弱性由 Chaudhuri(2000)和 Ligon & Schechter(2003)提出并研究,其后大量被应用于中国的贫困脆弱性测度(杨文、孙蚌珠、王学龙,2012;万广华、章元,2009;方迎风、邹薇,2013;方迎风,2014 等)。Ward(2016)强调贫困脆弱性在贫困动态研究中的作用,并使用中国健康与营养调查(China Health and Nutrition Survey,CHNS)1991 年至 2006 年的数据分析发现,中国贫困脆弱性持续下降,贫困主体开始逐渐由持久性向暂时性转变。因而,贫困脆弱性可以在一定程度上用来分析家户贫困的动态变化,但是,由于脆弱性的标准不明确,该方法对政府政策的指导性意义有限。

贫困变化的分解是分析贫困动态的另一种视角。目前,主要研究都是将收入贫困变化按经济增长——收入分配进行分解。Datt & Ravallion(1992)首次提出该种贫困分解方法,将贫困变化分解成增长效应、分配效应和剩余效应,并用其分析巴西和印度 20 世纪 80 年代的贫困变动。

其后，万广华、张茵（2006），阮敬（2007），阮敬、詹婧（2010）等一系列国内研究基于 Datt & Ravallion（1992）和 Shorrows（1999）对亲贫困增长分析中的贫困变化进行 Shapley 分解。张克中、冯俊诚（2010）则用 Shapley 方法将贫困变动分解成增长效应、分配效应和通货膨胀三个部分。这些方法对 Datt-Ravallion 分解的改进是能够进行完全分解，没有剩余项。罗楚亮（2012）也使用 Datt-Ravallion 分解和 Shapley 分解，估计不同年份之间的贫困变动的经济增长效应与收入分配效应，和不同收入来源对贫困指数的贡献，使用的是中国家户调查数据库（CHIPs）1988 年、1995 年、2002 年和 2007 年共 4 年的调查数据，他发现，2002 年至 2007 年之间，经济增长不具有穷人受益性，但是，该数据是混合数据，不是面板数据。

如果要解析中国未来扶贫的走向，仅从增长与收入分配的视角进行贫困变化分解还远远不够。因此，本章也使用贫困动态分解的方法，从贫困群体、各个可行性能力维度、增长—分配、收入来源类型等多个视角分解分析中国农村和城市的贫困动态和贫困变化，以期获得中国贫困变化的特色模式，探寻具有中国特色扶贫的规律，应对中国当前与未来的贫困问题。首先，本章基于中国近 40 年扶贫历程以及其间的重大扶贫项目发生的时间点，将 10 轮近 30 年跨度的中国健康与营养调查数据库划分成 1989—1993 年、1993—1997 年、1997—2000 年、2000—2006 年、2006—2011 年以及 2011—2015 年共六个时间段，进行中国农村和城市贫困和不平等的动态分解分析。其中，1986 年国家扶贫工作领导小组成立，1993 年更名；1994 年“八七”扶贫攻坚计划启动；1997 年发生亚洲金融危机；2001 年至 2010 年中国第一个十年农村扶贫规划；2003 年新农合试点，2006 年全面推行；2004 年开始试点农业税减免，2006 年完全取消农业税；2008 年金融危机；2011 年开始中国的第二个十年扶贫规划；2013 年底习近平总书记提出“精准扶贫”的扶贫思想，2014 年形成文件并作为中国扶贫的指导思想。其次，本章用 Shapley 方法从增长—收入分配—生活成本，以及家户收入来源两个视角进行贫困动态变化的分解，而不是贫困的分解，分析不同阶段中国贫困和不平等动态变化的特征和原因。其中，贫困标准采用2010年标准①，并根据不同的村或社区层次的生活成本差异进行调整。在进行贫困变化的增长—收入分配分解时，考虑不同的村和社区层次的生活成本差异以及生活成本的变化所带来的贫困变化效应。最后，本章基于中国扶贫政策的演化历程，从收入、教育、健康、生活质量多个维度综合分析中国农村的贫困变化，并基于家庭和户主的特征对中国农村贫困进行分解。

## 一、中国扶贫政策的演进与贫困研究

自1949年中华人民共和国成立至今70年的历程中，中国的扶贫经历了1949—1977年的计划经济体制下的广义扶贫期、1978—1985年的经济体制改革引发的大规模缓解贫困期、1986—2011年的有组织、有计划的大规模扶贫开发期和2012年至今的精准扶贫期②。汪三贵（2018）对中国改革开放以来的扶贫开发工作划分基本与其一致，共四个阶段：体制改革主导的扶贫开发（1978—1985年）、解决温饱的扶贫开发（1986—

① 自1978年改革开放以来，中国官方一共采用过三条不同生活水平的贫困标准，分别是“1978年标准”、“2008年标准”和“2010年标准”。其中，“1978年标准”指的是按1978年价格每人每年100元。这是一条低水平生存标准，是保证每人每天2100大卡热量的食物支出，食物支出比重约85%。“2008年标准”实际是从2000年开始使用，2008年正式作为贫困标准，按2000年价格每人每年865元，这是一条基本温饱标准，保证每人每天2100大卡热量的食物支出，适当扩展非食物部分，将食物支出比重降低到60%。“2010年标准”即现行农村贫困标准，按2010价格每人每年2300元，按2014年和2015年价格每人分别为每年2800元和2855元，这是结合“两不愁，三保障”测定的基本稳定温饱标准（资料来源：《中国农村贫困监测报告2016》，第一部分：中国农村贫困标准与贫困监测方法）。

② 该中国扶贫进程的划分来自《中国扶贫开发政策演变（1949—2005年）》和《中国精准脱贫攻坚十讲》。

2000 年）、巩固温饱的扶贫开发（2001—2010 年）和全面小康的扶贫开发（2011 年至今）。但是，1949 年中华人民共和国成立到改革开放初期，中国并没有提出明确的扶贫战略，主要是通过以经济增长来增加收入为主、辅以适当救济的反贫困战略。在改革开放初期，中国农村开展以家庭联产承包责任制为中心的体制改革，使得农民重新获得了使用和管理土地、安排自己劳动和投资的权利，提高了农民投资和生产的积极性，促进了生产率的提高。与此同时，中国政府还大幅度提高农产品价格，改善农业交易条件，增加农民收入。在此期间，中国农村经济保持很高的增长率，农民人均纯收入增加了 132%。① 这些改革使得在 1978 年至 1985 年期间，中国农村贫困人口由 2.5 亿元左右下降到 1.25 亿元（1978 年标准，如图 2.1 所示）。但是，中国真正有计划、有组织的扶贫工作从 1986 年开始，因此，本章基于前期的扶贫政策演进划分方法的基础上，加入"八七"扶贫攻坚计划（1994—2000 年）和习近平总书记提出的精准扶贫思想两个重要时间点，结合其间所发生的一些重要的农业和农村改革，探讨中国扶贫政策从区域瞄准向个体瞄准的演进过程。

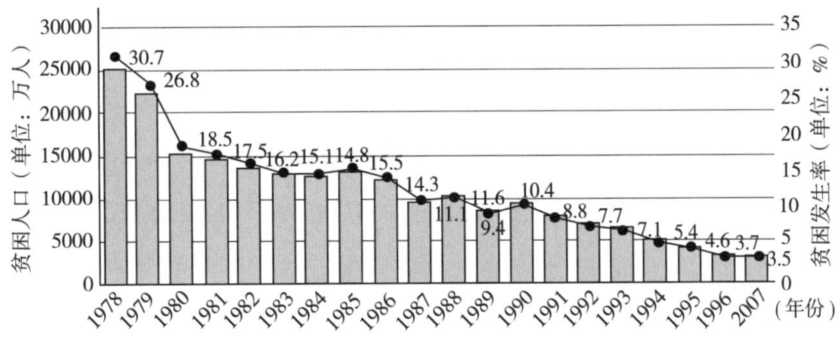


**图 2.1　中国农村贫困状况**（1978—2007，1978 年标准）

① 统计数据来源于《中国农村贫困监测报告 2000》第 50 页。

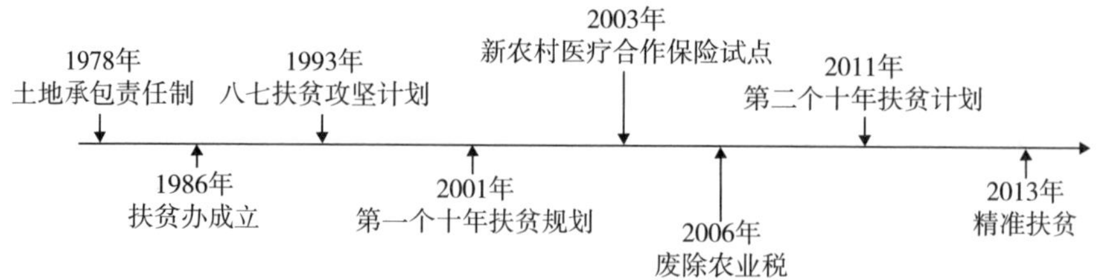


**图 2.2　中国农村扶贫政策演变的主要时间点**

### （一）中国农村扶贫初期(1986—1993 年)

虽然改革开放初期的体制改革对减少中国农村贫困起到巨大的作用。但是,随着市场化经济改革的展开,农村经济增长不再自动地导致贫困人口的减少,反而在 20 世纪 80 年代中期以后,中国经济增长拉大了地区间和农户间收入的绝对差距。因此,从 20 世纪 80 年代中期开始,中国政府正式开始启动农村反贫困计划,1986 年 5 月国家成立国务院贫困地区经济开发领导小组,1993 年 12 月底改名为国务院扶贫开发领导小组。中国农村贫困人口从 1986 年的 13100 万人下降到 1993 年的 8000 万人(官方 1978 年的贫困标准)。此阶段中国主要通过实施区域开发扶贫政策,推动贫困地区经济增长来减缓贫困,于 1986 年第一次确定 331 个国家重点扶持的贫困县①,并实施贴息贷款、以工代赈和财政扶贫发展资金、定点扶贫等扶贫计划。但是,由于政策只覆盖了较少部分的贫困地区和贫困人口,以及从 80 年代中期到 90 年代初期,中国政府制定并实施了沿海地区经济发展战略,投资等资源优先配置给了东部沿海地区,使得此阶段宏观经济政策与产业政策总体上不利于减少贫困,减贫速度缓慢,尤其在 1985 年到 1989 年期间,按世界银行的估计,中国农村贫困人口数反

① 1986 年确定贫困县的标准:按 1985 年农民人均纯收入计算,农区县低于 150 元,牧区县低于 200 元,革命老区低于 300 元。

而增加了 700 万人。[①] 另外，与 1978 年至 1985 年相比，1986 年至 1993 年农业人均增加值的增长率从 9.7%下降到 3.4%，农民人均纯收入增长率从 12.2%下降到 2%（汪三贵，2007）。不仅如此，在 1988 年至 1993 年期间，贫困人口下降的速度缓慢，贫困人口数波动较大（如图 2.1 所示），东西部经济增长差距在不断拉大，贫困人口也开始主要向中西部地区分布。

### （二）“国家八七扶贫攻坚计划”（1994—2000 年）

在区域性扶贫策略下，1994 年中国政府启动“国家八七扶贫攻坚计划”，旨在从 1994 年到 2000 年 7 年的时间里，基本解决 8000 万人的温饱问题。与此同时，国家对贫困县也进行了一次调整，按 1992 年农民人均纯收入超过 700 元的县一律退出，低于 400 元的县全部纳入的方法，在全国范围内确定了 592 个国家重点扶持贫困县。“八七”扶贫攻坚计划除了继续加强贴息贷款、以工代赈和财政发展资金等扶贫计划外，还于 1995 年实施贫困地区义务教育工程、1996 年开始的小额信贷以及实施部门（定点）扶贫等，主要途径有重点发展农业以及与农业相关的加工业、积极发展资源开发型和劳动密集型的乡镇企业、有计划有组织地发展劳务输出以及对极少数生存和发展条件特别困难的村庄与农户实行开发式移民。

“八七”扶贫攻坚计划对中国贫困地区的经济与社会发展有巨大的促进作用，推动了中国农村的扶贫进程。贫困人口由 1993 年的约 8000 万人下降到 2000 年的约 3200 万人（国家贫困线），年均下降 12.3%，比 1978 年以来的平均减贫速度高 3.6 个百分点。根据一天一美元的收入标准，总贫困人口也以年均 11.7%的下降速度从 1993 年的 2.66 亿人减少到 2000 年的 1.11 亿人。在此期间，国定贫困县农业增加值年均增长

---

① 《反贫困实践回顾及政策评价》，《中国农村贫困监测报告 2000》。

7.5%，高于全国7.0%的年均增长速度，农民人均纯收入从648元增长到1337元（汪三贵、李周、任燕顺，2004）。“八七”扶贫攻坚计划也促使了地方政府将财政资金较多地用于有助力减贫的生产建设和公共服务，而非行政消费（毛捷、汪德华、白重恩，2012）。这也推动了贫困地区的发展和贫困县的减贫进程。Meng（2013）利用断点回归方法（regression discontinuity approach）对中国“八七”扶贫攻坚计划进行了评估，并指出“八七”扶贫攻坚计划使得贫困县的农民收入增加了将近38%。但是，Lu（2015）研究指出，“八七”扶贫攻坚计划期间，贫困县并没有从本地教育支出的增加中获取显著的收益，并且对瞄准县的文盲减少并没有显著的短期和长期效应。这是因为晋升激励的作用。由于中国县级决策者主要对上级负责，追求尽可能高的经济增长率，而非居民福利最大化，导致其财政决策偏向生产性支出（尹恒、朱虹，2011）。不仅如此，由于贫困县受到的资金和政策上的支持容易产生激励效应，使得贫困县的瞄准产生偏差。方迎风（2019）选用2008年至2014年中国县级面板数据分析中国扶贫重点县战略的短期和长期经济增长效应时发现，长期而言，扶贫重点县的设立对21世纪中国区域经济增长依然有显著的推动作用，但在短期，尤其是贫困县认定和调整的年份，贫困县的经济增长却比非重点县要显著的偏低，这是因为重点县调整对低收入县的行为存在负向激励效应，导致贫困县的瞄准产生偏差。

### （三）第一个十年扶贫规划（2001—2010年）

在2001年，国务院颁布了《中国农村扶贫开发纲要（2001—2010年）》，标志着中国扶贫开发工作进入了一个新阶段，扶贫的主要对象由过去的贫困县转向贫困村。其中，整村推进、劳动力培训、部门定点扶贫等是该阶段的重要扶贫举措，尤其是整村推进，它是为如期实现该纲要目标的关键举措，即在2010年之前，全面完成全国14.8万个贫困村扶贫规划的实施，稳定解决贫困人口温饱，促进贫困村经济社会全面发展，夯实贫困村协调发展，建立和完善贫困村可持续发展的长效机制，增强贫困村自我发展的能力，为全面建设小康社会创造条件。贫困县也进行了重新认定，取消了沿海发达地区的所有国定贫困县，增加中西部地区的贫困县数量，保持592个总数不变，将国定贫困县改为扶贫开发重点县。按照集中连片的原则，国家把贫困人口集中的中西部少数民族地区、革命老区、边疆地区和特困地区作为扶贫开发的重点。通过将扶贫开发与2001年实施的西部大开发战略相结合，带动贫困地区发展。在此期间，中国贫困也大幅度下降（如图2.3所示，在2008年的贫困标准下，贫困人口由2000年的9422万人下降到2010年的2688万人，其中，下降最快的时间段是2003年到2007年，每年大约减少1000万人）。Park & Wang（2010）对中国该时期的贫困村扶贫项目进行了评估，他们发现，被认定为贫困村的村的确得到了显著的投资，但是，贫困村项目的贫困户瞄准效率并不高，该类项目并没有增加贫困户的收入和消费，反而使得村中相对富裕的家户收入和消费增加了6.1%到9.2%，其中，良好的管理制度非常重要，具有较高教育水平村领导的贫困村，富裕家户获得了相对较高的益处，在具有高质量管理的村委会的村中，富裕和贫穷的家户都能从贫困村项目中获得益处。

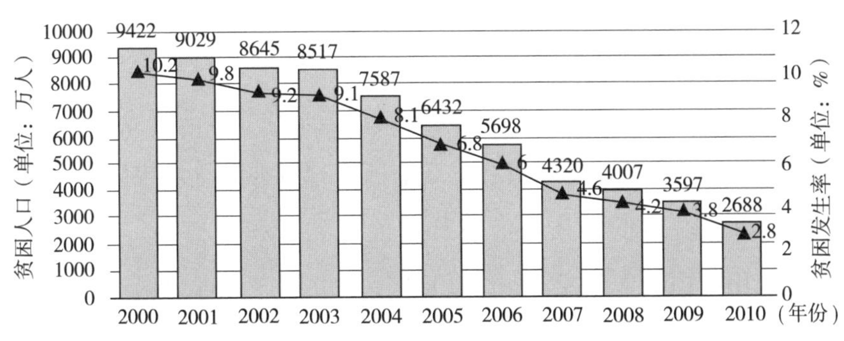


**图2.3　中国农村贫困状况**（2000—2010，2008年标准）

另一方面,农村和农业改革是农村减贫的重要推动力。Ravallion & Chen(2007)使用1980年至2001年的中国数据研究指出,农业在减贫中发挥着至关重要的作用,农业税严重地伤害了农村贫困人口,并且相对城镇经济增长,农村经济增长对中国减贫显得更为重要。然而,由于20世纪90年代末21世纪初,中国的“三农”问题越来越突出,因而涉及农业、农村和农民的改革也在这一时期也相继被提出,包括农业税、农村低保,以及新农合等。首先,2004年,国务院开始实行减征或免征农业税的惠农政策,2005年12月29日,十届全国人大常委会第十九次会议决定,自2006年1月1日起废止《中华人民共和国农业税条例》,至此,在中国沿袭两千年之久的这项传统税收的终结。这项改革所带来的是农业的发展和农村人均收入的快速增长,如图2.4和图2.5所示,不管是农村人均实际收入还是第一产业增加值增长率在2004年都有一个突然的向上跳跃。也正如汪三贵(2008)指出的,1978—1984年、1993—1996年以及2004—2007年这3个时期,是中国第一产业和农民人均收入增长最快的时期,也是农村贫困人口下降最快的时期。李小云、于乐荣和齐顾波(2010)利用2000—2008年分省的经济增长和贫困数据研究发现,进入21世纪以来,中国的经济增长依然对减少贫困发挥着显著的推动作用,但贫困减少的速度低于经济增长的速度,他们还指出农业部门的增长仍然具有较高的减贫效应。

其次,最低生活保障制度(低保)。低保最早在城市实行,在1997年,国务院就下发了《关于在全国建立城市最低生活保障的通知》,要求在1999年底前,县级以上城市和县政府所在地都要建立城市居民最低生活保障制度。城市低保在城市减贫方面起到了积极作用。李实、杨穗(2009)利用中国收入分配课题组2007年城市住户调查数据评估城市低保时发现,城市低保对减少城市贫困人口有显著的作用,但他们同时发现城市低保对于减少城市居民的收入分配差距作用并不明显,识别瞄准仍

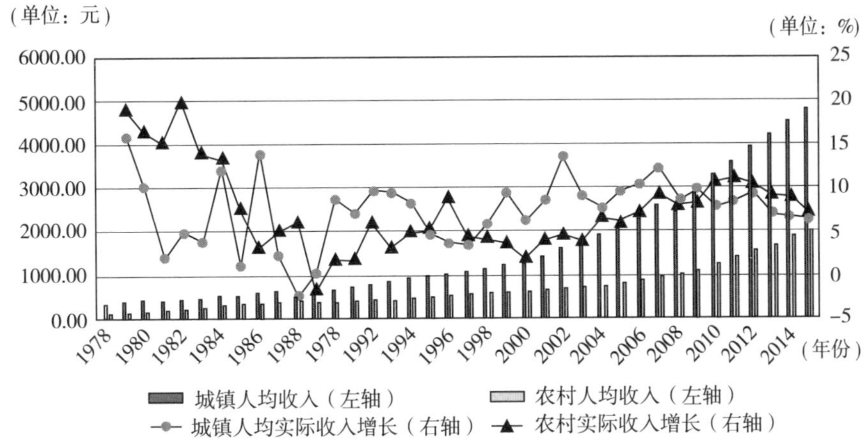


**图 2.4 中国农村和城市实际人均收入及其增长趋势**

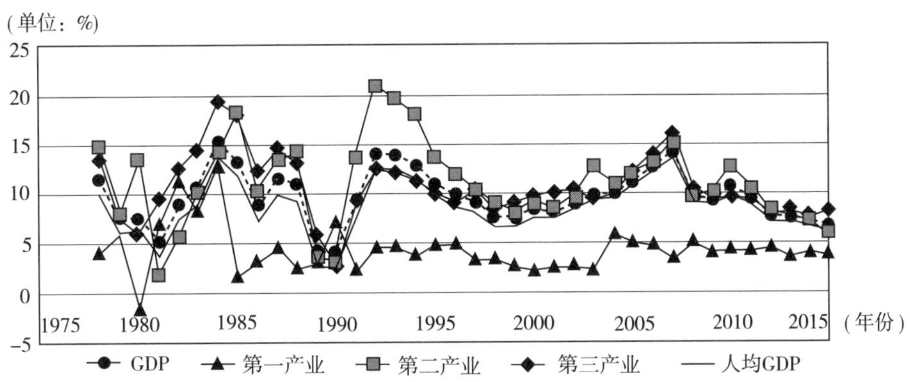


**图 2.5 中国 GDP、人均 GDP、第一产业、第二产业和第三产业增加值的增长率**

存在一定的偏差。在 2003 年，城市低保取得重大突破后，民政部开始部署农村低保制度的建设工作。截至 2006 年底，中国已有 22 个省、自治区和直辖市出台了全面建立和实施农村最低生活保障制度的政策文件。但截至 2016 年，中国未全面建立农村低保制度的省(自治区)还有 11 个，全部处于中西部地区。不仅如此，现行中国农村低保瞄准效果较差，朱梦冰、李实(2017)运用 2013 年中国居民收入分配课题组 2013 年的住户调查数据发现,不管收入贫困标准还是多维贫困标准,农村低保的瞄准效率都很低,只是多维贫困标准稍微较高一些。

最后,新型农村合作医疗保险(以下简称“新农合”)也于2003年开始试点,到2010年实现参合率80%。新农合都够显著改善农村居民“有病不医”的状况,提高医疗服务利用率和参合者的健康水平(程令国、张晔,2012),也增加了家庭的消费支出(白重恩、李宏彬、吴斌珍,2012),以及显著提高家庭每日人均热量摄入量,尤其是低收入家庭(马双、张劼,2011)。因此,新农合在促进农村居民健康水平、消除农村贫困中也发挥着显著的作用。

### (四)第二个十年扶贫规划(2011—2020年)与精准扶贫阶段(2013年至今)

2011年至2020年是一个非常特殊又非常关键的时期。一方面,党的十八大提出,2020年实现全面建成小康社会的宏伟目标,其中,贫困人口的全部脱贫至关重要。中国政府于2011年制定了一个新的十年扶贫规划《中国农村扶贫开发纲要(2011—2020年)》,主要针对区域发展不平衡,相对贫困问题凸显,返贫问题时有发生,贫困地区特别是集中连片特困地区发展相对滞后等问题。2016年《“十三五”脱贫攻坚规划》更是提出,“到2020年,稳定实现农村贫困人口不愁吃、不愁穿,义务教育、基本医疗和住房安全有保障;贫困地区农民人均可支配收入增长幅度高于全国平均水平,基本公共服务主要领域指标接近全国平均水平;确保我国现行标准下农村贫困人口实现脱贫,贫困县全部摘帽,解决区域性整体贫困”。另一方面,随着中国从消除2008年金融危机影响的各项政策轨道逐步退出,中国经济发展在该阶段初开始步入新常态,处于“三期叠加”的特殊时期(王一鸣,2018)。这对中国贫困地区的发展以及减贫工作也提出了挑战。但是,在此期间,中国扶贫依然取得了显著的成绩,贫困人口每年以超过1000万人的速度在下降,在2010年贫困标准下,贫困人口从2010年的16567万人下降到2019年的551万人(如图2.6所示),最终在2020年实现所有农村绝对贫困人口全部脱贫。

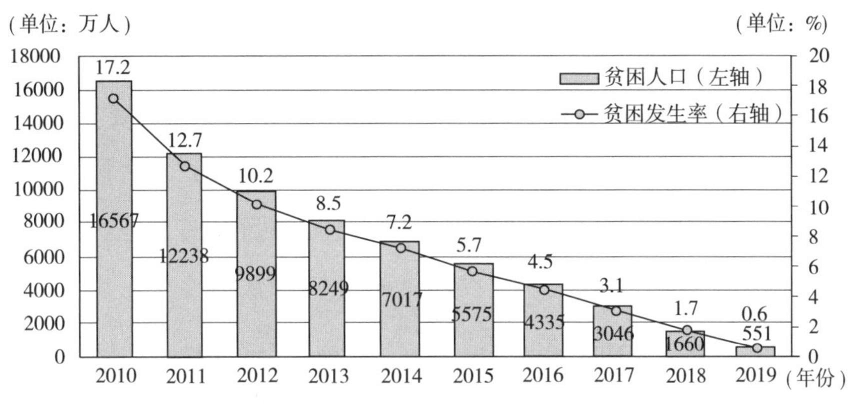


**图2.6　中国农村贫困状况**(2010—2019,2010年标准)

随着扶贫工作从"面"转向"点",针对特定家户的精准扶贫势在必行。精准扶贫的重要思想最早是在2013年11月,习近平总书记到湖南湘西考察时首次提出的,但真正大规模实施开始于2015年,因此,精准扶贫阶段可以认为起始于2015年。2014年1月,中办详细规制了精准扶贫工作模式的顶层设计,推动"精准扶贫"思想落地。2014年3月,习近平总书记参加两会代表团审议时强调,要实施精准扶贫,瞄准扶贫对象,进行重点施策。进一步阐释了精准扶贫理念。2015年6月,习近平总书记在贵州就加大推进扶贫开发工作又全面阐述"精准扶贫"概念,提出"六个精准",即"扶贫对象精准、项目安排精准、资金使用精准、措施到户精准、因村派人精准、脱贫成效精准"。2015年10月16日,习近平总书记在2015减贫与发展高层论坛上强调,中国扶贫攻坚工作实施精准扶贫方略,增加扶贫投入,出台优惠政策措施,坚持中国制度优势,注重六个精准,坚持分类施策,因人因地施策,因贫困原因施策,因贫困类型施策,通过扶持生产和就业发展一批,通过易地搬迁安置一批,通过生态保护脱贫一批，通过教育扶贫脱贫一批，通过低保政策兜底一批，广泛动员全社会力量参与扶贫。“扶贫先扶志”、“扶贫必扶智”、“精准扶贫”，都是习近平总书记新时期对中国扶贫工作的新论断，是对党的扶贫理论的新发展。

2017 年 2 月 22 日，习近平总书记在中共中央政治局第三十九次集体学习时强调：“要坚持精准扶贫、精准脱贫。要打牢精准扶贫基础，通过建档立卡，摸清贫困人口底数，做实做细，实现动态调整。要提高扶贫措施有效性，核心是因地制宜、因人因户因村施策，突出产业扶贫，提高组织化程度，培育带动贫困人口脱贫的经济实体。要组织好易地扶贫搬迁，坚持群众自愿原则，合理控制建设规模和成本，发展后续产业，确保搬得出、稳得住、逐步能致富。要加大扶贫劳务协作，提高培训针对性和劳务输出组织化程度，促进转移就业，鼓励就地就近就业。要落实教育扶贫和健康扶贫政策，突出解决贫困家庭大病、慢性病和学生上学等问题。要加大政策落实力度，加大财政、土地等政策支持力度，加强交通扶贫、水利扶贫、金融扶贫、教育扶贫、健康扶贫等扶贫行动，扶贫小额信贷、扶贫再贷款等政策要突出精准。”

不仅如此，孔繁金（2018）在研究中国扶贫历程中发现，改革开放至 2017 年，中共中央、国务院共发布 19 个以“农业、农村、农民”为主题的中央一号文件，这些文件中均涉及农村扶贫政策方面的内容。① 不仅如此，2018 年及 2019 年的中央一号文件也依然是以乡村振兴和农村减贫为主题。2018 年中央一号文件指出“乡村振兴，摆脱贫困是前提。必须坚持精准扶贫、精准脱贫，把提高脱贫质量放在首位”，提出“瞄准贫困人口精准帮扶；聚集深度贫困地区集中发力；激发贫困人口内生动力；强化脱贫攻坚责任和监督”。2019 年中央一号文件要求“不折不扣完成脱贫攻坚

① 19 个以“三农”为主题的中央一号文件，分别是 1982 年至 1986 年连续发布的 5 个以“三农”为主题的中央一号文件和 2004 年至 2017 年中共中央、国务院又连续发布的 14 个以“三农”为主题的中央一号文件。

任务。……到2020年确保现行标准下农村贫困人口实现脱贫、贫困县全部摘帽、解决区域性整体贫困”。

随着精准扶贫方案的实施，中国扶贫取得了显著的成就，2020年中国历史性地解决了绝对贫困问题，提前十年实现联合国2030年可持续发展议程确定的减贫目标。不仅如此，精准扶贫政策发挥出了“对症下药、靶向治疗”作用，提高了贫困户的消费水平。时任联合国秘书长古特雷斯在2017年减贫与发展高层论坛时发贺信盛赞中国减贫方略，强调中国对世界减贫的贡献，并称“精准减贫方略是帮助最贫困人口，实现2030年可持续发展议程宏伟目标的唯一途径。中国已实现数亿人脱贫，中国的经验可以为其他发展中国家提供有益借鉴”。

总而言之，改革开放40多年以来，中国农村的扶贫历程是从区域性扶贫走向精准扶贫、点与面双管齐下的演进之路：一方面，中国通过地区基础设施的建设推动地区经济增长，促使贫困个体或家户脱贫；另一方面，通过对贫困个体或家户进行救助，保证其退出贫困。扶贫对象演进的典型代表依次是贫困县、贫困村与贫困户。但不同时期，政策的侧重点不尽相同，早期主要关注区域性贫困的面，现在则着重个体或家户贫困的点，这与中国贫困的动态演进有关。随着扶贫的深入，贫困人口由广泛分布在贫困落后的地区开始向一些难以脱贫的深度贫困家户集中，他们的生活环境脆弱、生活能力缺乏、生活信心丧失，需要进行针对性扶贫。因而，习近平总书记强调，扶贫资源应当由“普惠分配”向“靶向配置”转变，扶贫路径由“大水漫灌”向“精准滴灌”转变，扶贫模式由“输血”向“造血”转变。

## 二、贫困分解的方法和数据介绍

基于Shapley-Shorrocks的分解（Kolenikov & Shorrocks，2005）思路对

贫困动态进行两类分解：一是进行增长—收入分配—生活成本三维分解；二是根据收入来源类型分解。

首先，假定贫困衡量指标的公式如下：

$$P=\pi(F,z)=P(u,L,z) \tag{2.1}$$

其中，$F$ 是由于收入的均值 $\mu$ 和 Lorenz 曲线 $L$ 刻画的收入分布函数，$z$ 为贫困线。贫困函数 $\pi(\cdot)$ 则使用 Foster et al.（1984）提出的一类贫困函数：

$$P=\int_{-\infty}^{z}\left(\frac{z-x}{z}\right)^{\alpha}dF(x),\alpha\geqslant 0 \tag{2.2}$$

其中，$x$ 表示收入。在后文的分析中，我们将这类贫困函数简称为 FGT 贫困函数，其中 FGT0，FGT1，FGT2 表示当 $\alpha=0,\alpha=1,\alpha=2$ 时的 FGT 贫困函数，而 FGT0 表示贫困发生率，FGT1 表示贫困强度，FGT2 表示贫困深度。

## （一）贫困变化的增长—收入分配—生活成本的三维分解

基于 Shapley 方法，贫困变化的增长—收入分配—生活成本的三维分解如下：

$$\begin{aligned}\Delta P=P_1-P_0=P(\mu_1,L_1,z_1)-P(\mu_0,L_0,z_0)\\ &=\frac{1}{6}\{2[(P(\mu_1,L_1,z_1)-P(\mu_0,L_1,z_1)]+P(\mu_1,L_0,z_1)-\\ &P(\mu_0,L_0,z_1)+P(\mu_1,L_1,z_0)-P(\mu_0,L_1,z_0)+\\ &2[P(\mu_1,L_0,z_0)-P(\mu_0,L_0,z_0)]\}\text{（增长效应）}\\ &+\frac{1}{6}\{2[(P(\mu_1,L_1,z_1)-P(\mu_1,L_0,z_1)]+P(\mu_1,L_1,z_0)-\\ &P(\mu_1,L_0,z_0)+P(\mu_0,L_1,z_1)-P(\mu_0,L_0,z_1)+\\ &2[P(\mu_0,L_1,z_0)-P(\mu_0,L_0,z_0)]\}\text{（分配效应）}\end{aligned}$$

$$+\frac{1}{6}\{2[(P(\mu_1,L_1,z_1)-P(\mu_1,L_1,z_0)]+P(\mu_0,L_1,z_1)-$$
$$P(\mu_0,L_0,z_0)+P(\mu_1,L_0,z_1)-P(\mu_1,L_0,z_0)+$$
$$2[P(\mu_0,L_0,z_1)-P(\mu_0,L_0,z_0)]\}（成本效应） \tag{2.3}$$

其中，$P_1$ 表示时期 1 的贫困程度，$P_0$ 表示时期 0 的贫困程度。之所以称式(2.3)中第三部分为生活成本效应，是因为本章将收入调整到 2015 年价格水平，并选定 2015 年官方贫困线每人 2855 元/年进行贫困测度，然后根据每个村（社区）不同的生活价格指数进行调整，以反映不同村（社区）在不同年份的生活成本差异。

### （二）贫困变化的收入类别分解

贫困按收入类型分解，假设收入 $Y$ 有 $K$ 种组成部分：$Y=y_1+y_2+\cdots+y_K$，则相应的贫困指标的形成则由(2.1)变为如下形式：

$$P=\pi(F(Y(y_1,y_2,\cdots,y_K),z)) \tag{2.4}$$

根据 Azevedo et al.(2012)和 Rani & Furrer(2016)提出的非参方法，使用 Shapley 分解的思想按如下思路分解：由于时期 0 和时期 1 的家庭收入分布和收入的来源是已知的，使用 0 期的第 $k$ 种收入来源 $\hat{y}_k$ 替换时期 1 的 $k$ 种收入来源 $y_k$ 构建时期 1 的反事实分布，进而来计算该收入来源的变化所带来的贫困变化，即：

$$P-P_k=\pi(F(y_1,\cdots,y_k,\cdots,y_K),z)-\pi(F(y_1,\cdots,\hat{y}_k,\cdots,y_K),z) \tag{2.5}$$

同理，可以计算其他收入来源变化对于贫困变化的影响。但是，由于计算时不同收入来源变化的分解顺序不一样，会导致贫困分解的结果不一样，如果有 $K$ 种收入，则按照排序，有 $K!$ 种分解路径。其中一种路径示例如表 2.1 所示。因此，我们按所有可能的路径进行分解，然后对所有分解路径的各收入来源的贡献进行平均获取该收入路径的贡献，这种方法就被称为 Shapley-Shorrocks 分解。根据 Shapley 分解，第 $k$ 种收入来源 $y_k$ 最终的贡献 $C_k$ 为：

$$C_k = \sum_{s=0}^{K-1} \sum_{y} \frac{s!\ (K-s-1)!}{K!} [\pi(F(y_k, Y_{K-1,s+1} - \{y_k\}), z) - \pi(F(\hat{y}_k, Y_{K,s} - \{y_k\}), z)] \tag{2.6}$$

其中，$s$ 表示有多少收入来源已经从 0 期变为 1 期。$Y$ 表示除了第 $k$ 种收入来源以外的其他 $K$-1 种收入来源已经从 0 期变为 1 期的所有组合。

**表 2.1　贫困变化按收入类型分解的一种路径**

| $P=\pi(F(Y(y_1, y_2, \cdots y_K), z)$ | 时期 1 的贫困水平 |
|---|---|
| $P_1=\pi(F(\hat{y}_1, y_2, \cdots, y_K), z)$ | 收入来源 1 的贡献：$P-P_1$ |
| $P_2=\pi(F(\hat{y}_1, \hat{y}_2, \cdots, y_K), z)$ | 收入来源 2 的贡献：$P_1-P_2$ |
| … | … |
| $P_K=\pi(F(\hat{y}_1, \hat{y}_2, \cdots, y_K), z)$ | 收入 $K$ 的贡献：$P_{K-1}-P_K$ |

### （三）数据介绍和变量处理

数据来自中国健康与营养调查（China Health and Nutrition Survey，CHNS），该调查从 1989 年至 2015 年共有 10 轮调查，采用的是多阶段随机聚类方法从 15 个省和直辖市抽取大约 7200 个家户共 30000 个个体的样本。基于中国农村扶贫政策演进的历程，本章共只选用 1989 年、1993 年、1997 年、2000 年、2006 年、2011 年和 2015 年共 7 年 6 个阶段的家户数据，这几个年份是中国不同阶段扶贫的几个关键时间点。正是由于选取了一个较长时间跨度的面板数据，所以在 2011 年和 2015 年新增加的北京、上海等省份和直辖市就没有在本章进行考虑，只有原定的 9 个省份，包括黑龙江、辽宁、山东、河南、江苏、湖北、湖南、广西、贵州。主要关注家庭的收入、收入构成、价格指数、家庭规模以及户主的主要特征。其中，用于测度贫困使用的是家庭净收入，它扣除了家庭生产支出，所以存在部分收入为负，这导致了在使用 FGT 指数进行贫困测度中，FGT2 比 FGT1 和贫困发生率大的原因①。贫困线选用的是官方每人 2300 元/年（2010 不变价格），在 2015 年的价格水平下为每人 2855 元/年，在进行贫困计算时，使用各村（社区）的价格指数以及家庭规模对贫困线进行调整。

## 三、贫困分解下的中国贫困动态特征

### （一）中国农村贫困的群体分解

中国贫困人口的确出现了显著的下降，但不平等持续上升。从表 2.2 中可以发现，贫困发生率由 1989 年的 51.15%下降到 2015 年的 13.6%，但是，基尼系数由 0.412 上升到 0.542。其中，农村贫困减少更为突出，不平等程度相对城市更高，农村贫困发生率从 1989 年的 60.58%下降到 2015 年的 16.30%，基尼系数在 2015 年达到 0.567。然而，城市贫困人口也不容小觑，贫困发生率从 32.06%下降 7.95%。其中，农村的家庭相对城市的家庭发生贫困的可能性更高，贫困风险大于 1，意味着农村 1%的人口占比贡献了超过 1%的贫困，城市的贫困风险小于 1，即意味着城市 1%的人口占比贡献了小于 1%的贫困。例如 2015 年，农村为 1.2，城市为 0.58，相差非常大，即农村 1%人口贡献了 1.2%的贫困，而城市 1%的人口才贡献 0.58%的贫困人口。不同省份的贫困人口也在持续显著地下降，但是从整理来说，贵州、河南和广西等中西部省份一直是贫困较为严重的省份。

① 根据 FGT 指数的原始计算公式可以知道：FGT0>FGT1>FGT2，但如果有收入为负，则这种大小关系就不成立了。

在表 2. 2 其后的所有变量分解中，都是以农村贫困作为分解对象进行分析，这些变量的属性主要是家庭户主的特征。首先，少数民族相对汉族贫困发生率要高，但是两者之间的差距并不大，并且越来越小。汉族的贫困风险有上升的趋势，从 1989 年的 0. 94 上升到 2015 年的 0. 99，而少数民族的贫困风险则在下降，由 1989 年的 1. 29 下降到 2015 年的 1. 06，这意味着少数民族的家庭落入贫困的风险越来越低。

其次，户主的性别对家庭是否落入贫困也有显著的影响。在早期，女性户主的贫困发生率要低于男性户主，1989 年女性户主的家庭贫困发生率为 48. 68%，而男性户主家庭的贫困发生率则高达 61. 97%，不仅如此，女性户主的贫困风险也低于 0. 8，即女性户主 1%的人口贡献了 0. 8%的贫困，不过男性的贫困风险也不是很高，为 1. 02，即男性户主 1%的人口贡献了 1. 02%的贫困。不过，2000 年以后，女性户主家庭的贫困发生率开始要高于男性户主的家庭，2015 年男性户主家庭的贫困发生率为 15. 14%，女性户主家庭的贫困发生率为 20. 81%，女性户主家庭的贫困风险也达到了 1. 28。因此，随着现代家庭关系的脆弱性不断加剧以及女性在劳动市场受到的歧视，女性户主家庭将成为精准扶贫的重要识别特征，也将是未来扶贫需要重点关注的。

最后，在户主职业方面，从事农业的户主的家庭贫困发生率要显著地高于非农就业的家庭，农业家庭依然是贫困的主体。在 1989 年，农业户主的家庭贫困发生率高达 70. 47%，而非农就业户主的家庭贫困发生率为 35. 27%，到了 2015 年，农民和非农就业户主家庭的贫困发生率分别为 14. 24%和 7. 78%，而在 2015 年农民户主家庭的贫困风险也高达 1. 36，即 1%的农业户主家庭贡献了 1. 36%的贫困，而非农就业户主的家庭贫困风险仅为 0. 74。其中，2006 年至 2011 年期间是从事农业户主家庭的贫困下降最为迅速的阶段，这可能与 2006 年全面取消农业税有很大的关系。

综合来看，未来贫困人口将会越来越向贫困落后的地区聚集；随着现

**表 2.2　中国农村不同群体贫困的动态分析**

| | 贫困发生率(单位:%) | | | | | | | 贫困风险 | | | | | | |
|---|---|---|---|---|---|---|---|---|---|---|---|---|---|---|
| | 1989 | 1993 | 1997 | 2000 | 2006 | 2011 | 2015 | 1989 | 1993 | 1997 | 2000 | 2006 | 2011 | 2015 |
| 全国 | 51.15 | 49.07 | 36.91 | 30.26 | 25.36 | 13.75 | 13.60 | | | | | | | |
| 农村 | 60.58 | 55.11 | 42.62 | 35.82 | 30.10 | 15.35 | 16.30 | 1.19 | 1.12 | 1.16 | 1.18 | 1.18 | 1.12 | 1.20 |
| 城市 | 32.06 | 35.22 | 25.20 | 18.51 | 15.20 | 10.42 | 7.95 | 0.63 | 0.72 | 0.68 | 0.61 | 0.60 | 0.76 | 0.58 |
| 辽宁 | 57.37 | 38.52 | | 16.87 | 19.65 | 7.12 | 9.74 | 0.95 | 0.69 | | 0.47 | 0.65 | 0.46 | 0.60 |
| 黑龙江 | | | 45.77 | 50.80 | 28.80 | 10.54 | 12.75 | | | 1.07 | 1.42 | 0.96 | 0.69 | 0.78 |
| 江苏 | 41.67 | 45.00 | 23.77 | 16.72 | 18.10 | 5.85 | 8.64 | 0.69 | 0.82 | 0.56 | 0.47 | 0.60 | 0.38 | 0.53 |
| 山东 | 50.94 | 45.46 | 32.70 | 26.43 | 29.19 | 14.02 | 20.44 | 0.84 | 0.83 | 0.78 | 0.74 | 0.97 | 0.91 | 1.25 |
| 河南 | 72.64 | 74.32 | 59.52 | 56.55 | 38.07 | 39.02 | 29.64 | 1.20 | 1.35 | 1.40 | 1.58 | 1.26 | 2.54 | 1.82 |
| 湖北 | 65.52 | 67.57 | 43.52 | 41.12 | 33.12 | 9.60 | 10.64 | 1.08 | 1.23 | 1.02 | 1.15 | 1.10 | 0.63 | 0.65 |
| 湖南 | 54.06 | 47.48 | 35.67 | 41.27 | 32.62 | 17.67 | 15.82 | 0.89 | 0.86 | 0.84 | 1.15 | 1.08 | 1.15 | 0.97 |
| 广西 | 64.80 | 54.84 | 41.06 | 30.35 | 34.01 | 18.23 | 18.34 | 1.06 | 1.00 | 0.96 | 0.85 | 1.13 | 1.19 | 1.13 |
| 贵州 | 76.56 | 66.04 | 57.49 | 44.61 | 37.18 | 15.63 | 21.11 | 1.26 | 1.20 | 1.35 | 1.25 | 1.24 | 1.02 | 1.30 |
| 汉族 | 58.04 | 53.74 | 41.22 | 34.63 | 28.82 | 14.98 | 16.14 | 0.94 | 0.97 | 0.96 | 0.97 | 0.96 | 0.98 | 0.99 |

续表

| | 贫困发生率（单位：%） | | | | | | | 贫困风险 | | | | | | |
|---|---|---|---|---|---|---|---|---|---|---|---|---|---|---|
| | 1989 | 1993 | 1997 | 2000 | 2006 | 2011 | 2015 | 1989 | 1993 | 1997 | 2000 | 2006 | 2011 | 2015 |
| 少数民族 | 79.21 | 63.23 | 53.94 | 43.10 | 37.59 | 17.32 | 17.37 | 1.29 | 1.15 | 1.26 | 1.20 | 1.25 | 1.13 | 1.06 |
| 男 | 61.97 | 56.14 | 42.70 | 36.04 | 27.73 | 13.38 | 15.14 | 1.02 | 1.02 | 1.00 | 1.01 | 0.92 | 0.87 | 0.93 |
| 女 | 48.68 | 47.29 | 42.04 | 34.13 | 38.43 | 21.44 | 20.81 | 0.80 | 0.86 | 0.99 | 0.95 | 1.28 | 1.40 | 1.28 |
| 农民 | 70.47 | 67.95 | 53.62 | 45.12 | 34.44 | 16.41 | 14.24 | 1.16 | 1.23 | 1.26 | 1.28 | 1.34 | 1.31 | 1.36 |
| 非农就业 | 35.27 | 28.34 | 16.23 | 13.48 | 10.38 | 7.14 | 7.78 | 0.58 | 0.51 | 0.38 | 0.38 | 0.40 | 0.57 | 0.74 |
| | Gini 系数 | | | | | | | | | | | | | |
| 全国 | 0.412 | 0.435 | 0.427 | 0.461 | 0.506 | 0.486 | 0.542 | | | | | | | |
| 农村 | 0.438 | 0.44 | 0.433 | 0.462 | 0.512 | 0.501 | 0.567 | | | | | | | |
| 城市 | 0.338 | 0.404 | 0.404 | 0.434 | 0.474 | 0.446 | 0.485 | | | | | | | |

注：假设总人口为 $N$，有 $K$ 个群体，其中第 $k$ 个群体的人口数为 $N_k$，第 $k$ 个群体的贫困程度为 $P_k$，第 $k$ 个群体的人口比例 $w_k=N_k/N$，则总体贫困 $P=\sum_{k=1}^{K} w_k P_k$。第 $k$ 个群体对总贫困的贡献 $C_k=w_k P_k/P$，则贫困风险 $R_k=P_k/P=C_k/w_k$，它表示 1%的第 $k$ 个群体人口贡献了 $R_k$%的贫困，如果大于 1，则说明第 $k$ 个群体的贫困风险较大。

代家庭关系的脆弱性加剧以及就业中的性别歧视，女性户主家庭将成为中国未来精准扶贫的一个重要参考特征；农民依然是贫困发生率较高的群体，发展农业和乡村振兴也将是未来扶贫必须要做好的工作；城市贫困问题也不容小觑，随着城乡人口流动以及城镇化的加速，城市贫困问题也将日益突出，城市和农村的贫困与不平等问题将需要放入同一个框架体系下进行解决。

### （二）中国农村多维度贫困的动态特征

在精准扶贫和精准脱贫的大背景下，从可行性能力的视角综合考虑中国扶贫历程中多个维度的贫困变化具有较强的参考价值。基于 Alkire & Fang（2019）对中国农村多维贫困的动态和稳定性的研究框架，对 1989 年至 2015 年中国农村饮用水、卫生设施、用电、做饭燃料、资产、受教育年数、儿童入学、营养、婴儿死亡 9 个指标三个维度的贫困发生率进行测算。其中，饮用水、卫生设施、用电、做饭燃料、资产归为生活质量维度；受教育年数和儿童入学归为教育维度；营养以及婴儿死亡归为健康维度。但是，由于 2015 年的数据尚未完全公布，所以营养维度和儿童死亡维度的数据缺失。从表 2. 3 的测算结果可以发现，中国农村家庭各维度贫困状况都在改善，尤其是资产贫困和用电贫困，中国农村多维贫困的减贫也取得了显著的成绩。具体来说：

**1. 家庭的生活质量维度**

（1）饮用水。当家户没有自来水、开口井水没达到 5 米深，或者用水需要往返超过半小时，则认为该家户为饮用水贫困。可以看出，农村的饮用水贫困在大幅度下降，饮用水贫困发生率由 1989 年的 39. 4%下降到 2011 年的 11. 1%，但 2015 年又有所反弹。可见农村饮用水问题还需要继续关注。饮用水涉及居民的健康问题，影响居民的长期健康和教育水平（Zhang & Xu，2016；Zhang，2012），是改善居民健康需要解决的重要卫生问题。(2)卫生设施。如果家庭没有冲水厕所或者是开放式土坑,则认为家庭为卫生设施贫困。可以看出,在中国农村卫生设施普及情况依然不容乐观,它是所有维度中贫困最为严重的一项。虽然农村卫生设施贫困已从 1989 年的 78.1%下降到 2015 年的 33.3%,但这个比例目前依然偏高,在新农村建设中是需要重点关注的问题。没有卫生干净的卫生设施是疾病传播的重要媒介,严重危害农村居民的健康问题。(3)用电。如果家庭还没有通电,则视其为用电贫困。用电改善明显,目前家庭还不能通电的比例较低,在 2015 年仅为 0.43%。(4)做饭燃料。如果家庭做饭还用的是木柴、稻草等,而不是清洁能源,则该家庭为做饭燃料贫困。目前中国农村做饭燃料贫困改善明显,由 1989 年的 49.8%下降到 2015 年的 14.5%,下降明显,但 14.5%的比例还是偏高。这可能与很多地方农村的做饭习惯有关,在很多地方,农村依然是用灶做饭,需要用木柴和稻草。(5)资产。如果家庭没有电视、电冰箱、电话或手机、自行车、摩托车、三轮车等耐用品中至少两样及以上,并且家庭中没有小汽车和货车,则认为该家庭为资产贫困。中国农村家庭资产贫困改善明显,下降迅速,资产贫困发生率由 1989 年的 37.4%下降到 2015 年的 2.16%。这说明改革开放以来,中国农村居民家庭生活质量的改善非常显著。

### 2. 教育贫困

教育贫困主要考察两个指标:家庭的教育年数以及是否有学龄儿童辍学。首先,如果家庭中所有成员的教育年数都没有超过 5 年,则认为该家庭为教育年数贫困。教育年数贫困是先上升后下降,教育贫困发生率由 1989 年的 12.1%下降到 2000 年的 8.75%,但是 2006 年及以后,中国农村的教育贫困发生率又开始上升,2006 年和 2011 年分别达到 15.5%和 15.4%。这些说明随着经济的快速发展,农村家庭中劳动力大都外出务工,留守儿童的教育就成为农村家庭的重要问题,农村教育贫困将会不断恶化,容易导致持久性贫困和贫困的代际转递。因此,如何破除劳动力迁移与留守儿童和老人赡养的矛盾是当前农村发展的重要议题。不过随着精准扶贫的开展，国家对农村教育问题越来越重视，2015 年教育贫困发生率又有所下降，为 9.94%，但依然还需要给予特别关注。其次，学龄儿童上学。如果家庭中有学龄儿童①却没有上学，则认为该家庭为儿童入学贫困。由于义务教育的开展，儿童入学贫困问题一直不是很严重，在 1989 年，有 6.63%的家庭中有学龄儿童失学，1997 年的儿童入学贫困率由 1993 年的 6.72%下降到 2.72%，主要可能是因为 1996 年开始实行的义务教育工程所推动的。到 2015 年该贫困比例仅为 1.6%。

**3. 健康贫困**

健康贫困有两个指标：营养不良与是否有婴儿死亡。首先，营养是人力资本形成的重要因素。因此，如果家庭中存在成员营养不良，则认为该家庭是健康贫困。其中营养不良的标准基于世界卫生组织（WHO）的认定：对于 0 岁到 5 岁的儿童，如果他们的体重——年龄的 z-得分低于目标群体该得分中位数 2 个标准差，则认为这些儿童存在营养不良；对于 5 岁到 19 岁的青少年，如果他们的 BMI——年龄的 z-得分也低于目标群体中位数 2 个标准差，则认为他们是营养不良；对于成人，如果他们的 BMI 低于 18.5 则认为其营养不良。可以看出，营养不良状况在逐步改善，但存在营养不良的农村家庭比例依然较高，在 2011 年仍有 13.32%的家庭存在营养不良的成员。其次，如果家庭中存在婴儿死亡，则认为该家庭也存在健康贫困。其中认定的时间段是上次调查到本次调查之间，比如，如果在 2011 年到 2015 年期间有婴儿死亡，则认为其家庭在 2015 年存在健康贫困。从表 2.3 的结果可以看出，随着时间的推移，医疗技术的发展和医疗体制的改革，婴儿死亡率呈现直线式下降，由 1989 年的 2.37%下降到 2011 年的 0.03%，婴儿死亡已不是健康的主要问题。

---

① 根据中国的实际情况以及联合国教科文组织（2010）的定义，学龄儿童的定义是指那些年龄在 6 岁到 14 岁的儿童。

表 2.3　中国农村多维贫困测度中各维度贫困发生率　（单位:%）

| 指标＼年份 | 1989 | 1993 | 1997 | 2000 | 2006 | 2011 | 2015 |
|---|---|---|---|---|---|---|---|
| 饮用水 | 39.4 | 24.9 | 16.8 | 18.0 | 15.1 | 11.1 | 18.2 |
| 卫生设施 | 78.1 | 73.8 | 71.1 | 70.0 | 60.7 | 49.6 | 33.3 |
| 用电 | 10.5 | 1.97 | 0.86 | 1.1 | 0.37 | 0.91 | 0.43 |
| 做饭燃料 | 49.8 | 51.8 | 50.2 | 38.7 | 30.3 | 22.5 | 14.5 |
| 资产 | 37.4 | 22.8 | 16.7 | 12.6 | 8.25 | 3.54 | 2.16 |
| 受教育年数 | 12.1 | 7.93 | 9.4 | 8.75 | 15.5 | 15.4 | 9.94 |
| 儿童入学 | 6.63 | 6.72 | 2.72 | 2.27 | 0.81 | 1.18 | 1.6 |
| 营养 | 13.02 | 23.73 | 20.82 | 17.32 | 14.51 | 13.32 | — |
| 婴儿死亡 | 2.37 | 0.34 | 0.66 | 0.41 | 0.17 | 0.03 | — |
| 收入 | 60.58 | 55.13 | 42.62 | 35.88 | 30.10 | 15.35 | 16.30 |

## （三）按增长—收入分配—生活成本的贫困动态三维分解

### 1.农村的贫困变化分解

由表2.4的增长—收入分配—生活成本三维分解结果可以发现：

（1）收入增长一直是农村贫困减少主要动力因素。农村承包责任制、免除农业税等农业制度改革推动了农村地区的经济增长，提升了经济增长的减贫效应。而1997年亚洲金融危机以及2008年国际金融危机所带来的经济下行严重阻碍了中国农村减贫的历程。具体的增长效应如表2.4中的结果所示，从1989—1993年到2011—2015年六个阶段的收入增长所带来的贫困减少比例分别为18.17%、30.55%、8.40%、15.99%、17.98%、5.33%，其中1997—2000年和2011—2015年经济增长的减贫效应相对较低。在贫困线与两倍贫困线之间的中等收入群体，经济增长的作用先是有利于该部分群体的增加但逐渐下降，在2000年以后经济增长则已经变得不利于该群体的增加，经济增长效应分别是 5. 86%、6. 30%、0. 20%、-5. 54%、-9. 61%、-4. 77%。如果考虑贫困深度和贫困强度（即 FGT0 和 FGT1）两种测度指标，则可发现，经济增长对于贫困深度指标仍然具有亲贫性，导致农村贫困深度下降，但对于贫困强度指标则稍微有些不一致，经济增长在 2006—2011 年和 2011—2015 年两个阶段中并没有减贫效应，反而增加了贫困强度。基于贫困深度和贫困强度两个指标的构造，该结论也意味着不平等的增加损害了经济增长的亲贫性。

（2）收入分配效应，不平等的加剧总体上是不利于农村贫困的减少。在 1989—1993 年、1993—1997 年、1997—2000 年、2000—2006 年、2006—2011 年和 2011—2015 年这六个阶段中，1993—1997 年和 2006—2011 年两个阶段不平等的有利于减贫，它们减贫效应分别为 1. 30% 和 1. 58%，这两个阶段中都出现了金融危机，导致宏观经济波动，收入分配产生变化。在其他四个阶段中，不平等都是极其不利于农村贫困的减少，它们分别导致贫困增加 2. 39%、7. 54%、6. 39% 和 5. 19%。对于贫困深度指标，除了 1993—1997 年这个阶段，收入分配效应都为正，表明其在不同阶段都不利于减贫。而在贫困强度指标下，结论又完全不一样，收入分配效应在 1989—1993 年和 1993—1997 年两个阶段为负，在其后都为正，尤其是在 2006—2011 年和 2011—2015 年两个阶段达到非常高的值，这恰恰说明这两个阶段不平等的加深极其不利于极贫者脱贫。至于贫困线与两倍贫困线之间的中低收入群体，收入分配效应总体上为负，即导致该群体减少，六个阶段的群体变化效应分别为 -2. 85%、1. 94%、-5. 14%、-0. 68%、-2. 41% 和 0. 47%。这与不平等的贫困效应完全不一样。

（3）生活成本效应，生活成本效应与不同时间段的总体物价波动一致相关。由于本章以每人 2855 元/年（2015 年不变价）作为测算贫困线，并根据每个村（社区）每年的生活成本进行调整，因此，这里所谓的贫困线效应可以称为通货膨胀效应或生活成本效应。从表 2. 4 结果可以看出,生活成本的增加对于减贫主要是不利的。除了在1997—2000年这个阶段生活成本效应为负,其他阶段都为正。1997—2000年这个阶段的生活成本效应为-5.94%,表明该期间物价的变动有利于减少贫困,生活成本效应导致贫困减少了5.94%。由图2.7可知,主要原因是中国这个阶段出现了通货紧缩,导致收入的增加相对生活成本的增加可能更快。在其他五个阶段,生活成本效应分别为10.30%、19.36%、3.89%、4.80%、1.09%。与图2.4进行比较可以看出,生活成本效应与中国不同时段的通货膨胀高度一致,也就是说,通货膨胀非常不利于贫困的减少,尤其是在1989—1993年和1993—1997年两个阶段,生活成本的增加导致农村贫困发生率增加分别高达10.3%和19.36%。

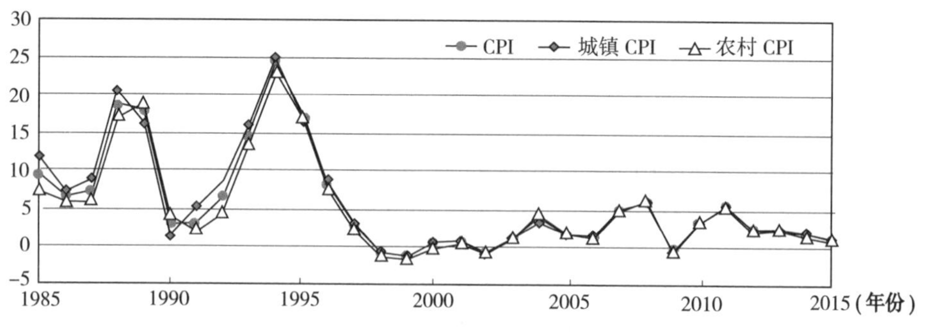


**图2.7　中国CPI的波动**(1985—2015)

(4)综合来看,在这六个阶段,贫困的变化分别为-5.47%、-12.49%、-6.80%、-5.72%、-14.80%和0.95%。贫困人口下降幅度主要受经济增长的减贫效应的影响。尤其是在早期两个阶段,经济增长的减贫效应非常强,虽然有通货膨胀所带来的生活成本效应和收入分配效应的巨大阻力,但也无碍中国减贫取得的巨大成绩。随着时间的推移以及中国经济进入新常态,经济增长的减贫效应不断下降,不平等和生活成本增加的不利效应开始凸显。在贫困强度指标下,收入分配效应更是突出。不仅如此,增长效应对于早期对中低收入阶层的有利影响,导致中等收入阶层快速增加,但近来收入增长所带来的是中低收入和贫困者群体的同时下降,中高收入阶层上升。

**2. 城市的贫困变化分解**

与农村贫困变化相似,收入增长也是城市减贫的重要动力,但 1997 年的亚洲金融危机以及 2008 年的国际金融危机所带来的经济下行严重损害了经济增长的城市减贫效应。从表 2.4 的结果可以发现,增长在 1989—1993 年、1993—1997 年、1997—2000 年、2000—2006 年、2006—2011 年以及 2011—2015 年共六个阶段的减贫效应分别为 21.63%、28.07%、8.53%、10.60%、6.39%和 2.22%,其中 1997—2000 年的增长效应显著下降,2006 年以后经济增长的减贫效应持续走弱。与农村的情形不一样,增长效应对于城市中低收入群体的效应也是正向的,它导致了收入在贫困线与两倍贫困线之间的中低收入群体的占比也在下降。这也意味着,在城市中,贫困脆弱群体不断下降,中等收入阶层及其以上的群体规模在不断扩大,因而在相对贫困线下,城市贫困也将持续下降。

收入分配效应和生活成本效应也是城市减贫中两大不利因素,其中生活成本效应的不利影响在城市中更为明显,强于不平等效应。但对于中低收入阶层,这两种效应作用非常小。在这个六个阶段中,收入分配效应分别为 6.89%、2.21%、5.96%、6.03%、0.06%、-1.18%。从六个阶段的结果可以看出,城市收入分配效应的不利影响在 2006 年之前非常强,但在 2006 年以后,尤其是 2011 年至 2015 年这个阶段,城市的收入分配效应反而是亲贫的,它导致城市贫困减少了 1.18%。生活成本效应与农村相似,与中国经济发展进程中的价格波动有关,除了 1997—2000 年这个阶段的通货紧缩导致了生活成本效应为负,在其他各阶段中,生活成本都不利于城市的贫困减少,尤其在 1989 年至 1997 年,生活成本效应对城市减贫的不利影响达到最高。

总体来说,城市贫困动态更易受宏观经济冲击的影响。在增长效应、

**表 2.4　不同阶段贫困变化的增长—收入分配—生活成本三维分解**

（单位：%）

| | | 1989—1993 | | | 1993—1997 | | | 1997—2000 | | | 2000—2006 | | | 2006—2011 | | | 2011—2015 | | |
|---|---|---|---|---|---|---|---|---|---|---|---|---|---|---|---|---|---|---|---|
| | | FGT0 | FGT1 | FGT2 | FGT0 | FGT1 | FGT2 | FGT0 | FGT1 | FGT2 | FGT0 | FGT1 | FGT2 | FGT0 | FGT1 | FGT2 | FGT0 | FGT1 | FGT2 |
| **农村** | | | | | | | | | | | | | | | | | | | |
| p1 | GE | -18.17 | -11.53 | -7.81 | -30.55 | -17.98 | -11.71 | -8.40 | -3.94 | -2.37 | -15.99 | -8.86 | -5.44 | -17.98 | -7.54 | 16.53 | -5.33 | -1.67 | 51.90 |
| | DE | 2.39 | 0.34 | -0.76 | -1.30 | -1.27 | -0.94 | 7.54 | 2.32 | 1.27 | 6.39 | 3.65 | 2.99 | -1.58 | 1.46 | 33.06 | 5.19 | 5.04 | 9.25 |
| | Line | 10.30 | 6.41 | 4.34 | 19.36 | 12.24 | 8.45 | -5.94 | -0.27 | -0.14 | 3.89 | 2.01 | 1.22 | 4.80 | 2.32 | -7.75 | 1.09 | 0.31 | -9.70 |
| | TC | -5.47 | -4.77 | -4.24 | -12.49 | -7.01 | -4.21 | -6.80 | -1.89 | -1.23 | -5.72 | -3.21 | -1.24 | -14.80 | -3.75 | 41.84 | 0.95 | 3.68 | 51.50 |
| p2 | GE | 5.86 | 1.18 | 0.32 | 6.30 | 1.10 | 0.27 | 0.20 | -0.07 | -0.04 | -5.54 | -2.03 | -0.77 | -9.61 | -2.67 | -0.93 | -4.77 | -1.35 | -0.48 |
| | DE | -2.85 | -0.73 | -0.23 | 1.94 | 0.44 | 0.14 | -5.14 | -1.67 | -0.66 | -0.68 | -0.01 | 0.04 | -2.41 | -0.63 | -0.22 | 0.47 | 0.15 | 0.05 |
| | Line | -3.87 | -0.81 | -0.23 | -3.36 | -0.55 | -0.12 | 2.23 | 0.47 | 0.15 | 0.56 | 0.20 | 0.07 | 2.31 | 0.88 | 0.32 | 0.99 | 0.22 | 0.07 |
| | TC | -0.86 | -0.35 | -0.14 | 4.89 | 0.99 | 0.30 | -2.71 | -1.27 | -0.54 | -5.65 | -1.83 | -0.66 | -9.71 | -2.42 | -0.83 | -3.30 | -0.98 | -0.36 |
| **城市** | | | | | | | | | | | | | | | | | | | |
| p1 | GE | -21.63 | -8.59 | -4.59 | -28.07 | -12.09 | -6.98 | -8.53 | -3.60 | -2.04 | -10.60 | -4.66 | -2.92 | -6.39 | -1.89 | 54.66 | -2.22 | -0.10 | 107.50 |
| | DE | 6.89 | 5.70 | 3.75 | 2.21 | 0.41 | 0.74 | 5.96 | 1.29 | 1.00 | 6.03 | 3.22 | 2.61 | 0.06 | 3.67 | 111.3 | -1.18 | -4.83 | -236 |
| | Line | 17.90 | 6.37 | 3.31 | 15.84 | 9.00 | 5.45 | -4.12 | 0.17 | 0.16 | 1.32 | 0.83 | 0.50 | 1.47 | 0.65 | -22.3 | 0.93 | 0.06 | -16.10 |
| | TC | 3.16 | 3.47 | 2.48 | -10.02 | -2.68 | -0.79 | -6.69 | -2.14 | -0.89 | -3.22 | -0.61 | 0.19 | -4.86 | 2.43 | 143.7 | -2.47 | -4.87 | -145.00 |
| p2 | GE | -0.51 | -1.98 | -1.05 | -3.31 | -2.34 | -1.10 | -11.0 | -3.46 | -1.25 | -13.9 | -3.53 | -1.16 | -9.04 | -2.45 | -0.83 | -4.06 | -1.02 | -0.33 |
| | DE | -10.26 | -2.75 | -0.92 | 0.51 | 0.20 | 0.08 | -1.89 | -0.11 | 0 | 0.32 | 0.25 | 0.14 | -2.09 | -0.67 | -0.24 | 0.30 | 0.07 | 0.02 |
| | Line | -3.46 | 0.37 | 0.38 | 2.18 | 1.20 | 0.55 | 1.12 | 0.21 | 0.05 | 2.08 | 0.61 | 0.22 | 1.88 | 0.57 | 0.19 | 0.67 | 0.17 | 0.06 |
| | TC | -14.22 | -4.36 | -1.59 | -0.62 | -0.95 | -0.47 | -11.7 | -3.37 | -1.19 | -11.5 | -2.67 | -0.81 | -9.25 | -2.56 | -0.88 | -3.10 | -0.77 | -0.25 |

注：p1 表示 2300 元/年（2010 年价格）的贫困线；P2 表示 2 倍 P1 贫困线；GE 表示增长效应；DE 表示分配效应；Line 表示生活成本效应；TC 表示贫困的总变化。FGT0、FGT1 和 FGT2 分别表示贫困发生率、贫困深度和贫困强度。

收入分配效应与生活成本效应三种力量的共同作用下，除了 1989—1993 年城市贫困增加了 3.16%，在其后的五个阶段中，城市的贫困发生率一直下降，下降的幅度分别为 10.02%、6.69%、3.22%、4.86%、2.47%。城市贫困下降的幅度呈现出递减趋势，扶贫的难度也变得越来越大。

### （四）按收入类型的贫困动态分解

从收入角度进行精准扶贫的前提要弄清楚收入的来源。然而，随着时间的推移、产业结构的变迁，家庭的收入来源也在不停变化。从收入来源的角度进行贫困分解能够评估不同扶贫政策的实际效果。本章将收入分成了经营性收入、农业收入、补贴、工资和其他收入。其中，基于原始收入数据，将与农业相关的农、林、牧、渔业四类收入全都归并为农业收入，将退休工资收入并入工资收入。经营性收入则主要表示小手工业、商业、服务业等收入。补贴收入主要包括独生子女补助费、煤气、用电补贴、单位的食物补贴等。在 CHNS 中，其他收入包括出租家庭财产所得租金、困难补助、残疾补助、福利金、子女和父母给的钱、亲属和朋友给的钱以及其他现金收入。从图 2.8 中可以看出，农村居民收入构成由早期的以农业收入为主，逐渐变为当前的以工资收入为主，工资收入占比有 1989 年的 31.97%上升到 2015 年的 61.96%，农业收入占比则由 46.53%下降到 24.98%，但农业收入依然占有较高的比例。农村居民的经营性收入占比先上升而后下降，但占比不是很高，制度性的补贴收入则在 2000 年以后基本消失，具有转移支付性质的其他收入基本维持在较低的比例。城镇居民的收入构成则如图 2.9 所示，城镇居民则一直以工资收入为主，工资性收入占比持续增加，由 1989 年的 55.11%上升到 2015 年的 88.98%。经营性收入和其他收入只占城镇居民家庭收入较小的比例。

#### 1. 农村贫困变化的收入类型分解

第一，农业收入的变化在农村减贫中起到了至关重要的作用。伴随

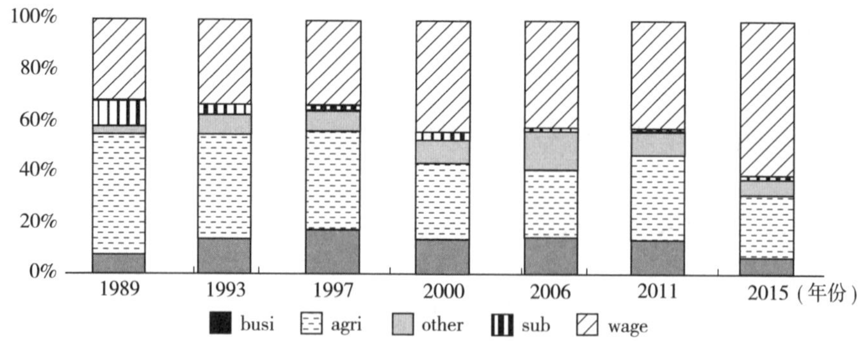


**图 2.8　中国农村历年收入构成变化**

注：busi、agri、sub、wage、other 分别表示经营收入、农业收入、补贴收入、工资收入和其他收入。

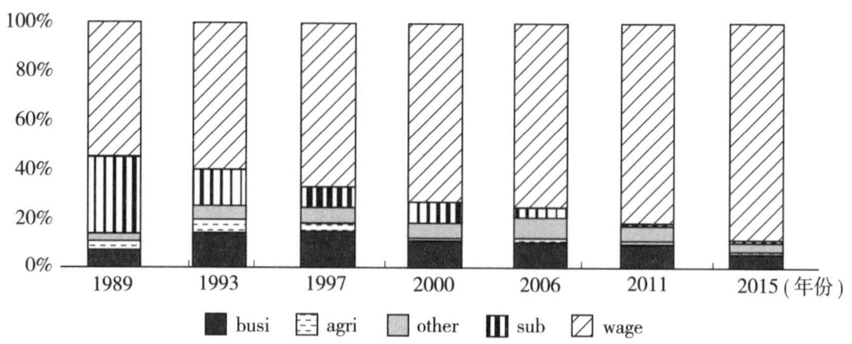


**图 2.9　中国城市历年收入构成变化**

注：busi、agri、sub、wage、other 分别表示经营收入、农业收入、补贴收入、工资收入和其他收入。

着农村以及农业的改革，农业收入的减贫效应也有巨大的变化。从表 2.5 中可以看出，在 1989—1993 年、1993—1997 年、1997—2000 年、2000—2006 年、2006—2011 年以及 2011—2015 年这六个阶段中，农业收入的贫困效应分别为-2.099%、-8.774%、1.345%、-2.818%、-9.09%、2.00%。在 1997 年之前农业收入的减贫效应达到-2.099%和-8.774%，但随着“三农”问题的加剧，在 1997 年至 2000 年，农业收入反而不利于减贫。其后，“三农”问题受到了党中央的高度重视，在 2003 年开始进行补贴、减税，在2004年开始试行免农业税，在2006年则彻底消除了农业税，这极大地提高了农民种田的积极性，从而使得农业收入成为农民收入的一种重要来源，对于农村减贫也起到了积极的作用。不过随着城市化的发展、农民的外出工务工和向外迁移，农业收入的重要性相对下降，很多农村留下来的都是非劳动力群体，农业收入在减贫中的作用变得很小，在2011—2015年农业收入反而导致贫困增加了2%。即使使用贫困深度和贫困强度两类指标，也得出了相同的结论，除了在1997—2000年和2011—2015年，农业收入的变化没有起到减贫的作用，在其他阶段，农业收入都具有积极的减贫效应。

第二，工资收入在农村减贫中也处于非常重要的地位，它对农村减贫起到越来越重要的推动作用。在这六个阶段中，工资收入的减贫效应分别为4.25%、6.768%、5.109%、1.488%、4.19%和4.69%。与总体的贫困变化相比，工资收入在农村减贫中的地位越来越重要。这与中国城乡人口流动的轨迹以及城镇化的加快是相契合的。不仅如此，除了2011—2015年，对于贫困深度和贫困强度两个指标，工资收入的增加对农村减贫也具有相似的积极效应。

第三，经营性收入的贫困效应总体上不是很显著。在这六个阶段中，经营性收入的贫困效应分别为-2.59%、-0.87%、-0.991%、-0.039%、0.1%、1.44%。说明经营性收入的贫困效应总体来说并不大，在2006年以前对农村减贫具有一定的贡献，但这种贡献在逐年下降，在2006年以后，经营性收入反而成为农村贫困增加的主要来源。这可能是因为伴随着农村人口的大量流出，以及2008年金融危机所带来的经济转型，农业以外的其他乡村经济日渐式微。因此，振兴乡村经济，不仅仅是振兴农业，需要全面振兴乡村商业、文化等。

第四，补贴收入对农村减贫的主要为负向影响，其他收入则有利于减贫。在1989—1993年和1993—1997年两个早期阶段，补贴收入的变化导致贫困增加非常显著，分别达到了 4. 33%和 4. 051%，但其后补贴收入的影响都非常小，不管是贫困发生率指标，还是贫困深度和贫困强度指标。除了 2011—2015 年这个阶段，其他收入的贫困效应为正，在其他阶段中，其他收入的变化都具有一定的减贫效应，并且逐年增加，由 1989—1993 年的 0. 861%增加到 2006—2011 年的 2. 11%。其他收入对农村减贫具有显著的正向促进作用，其他收入的转移支付性质恰恰说明了社会和政府救助对于农村减贫的积极作用，但是这种调节作用却非常有限。

第五，不同收入来源对农村不平等的影响不一，农业收入是推动农村不平等下降的主要因素，而工资收入则是农村不平等上升的主要原因。从表 2. 5 中的总体变化也可以看出，除了在 1993—1997 年和 2006—2011 年这两个阶段，农村基尼系数分别下降了 0. 007 和 0. 011，在其他四个阶段，农村基尼系数在持续增加，增加幅度分别为 0. 002、0. 029、0. 049、0. 066，增幅非常大。说明农村内部的不平等在持续恶化。其中，由分解结果可知，农业收入、其他收入和补贴收入是基尼系数下降的主要原因，工资收入的不平等则是农村基尼系数增加的主要原因，由此可见，农业收入在农村不平等和减贫中的重要作用。随着乡村振兴战略的实施以及中国城镇化的推进，农业收入和工资收入的共同作用会推动中国农村贫困减少，但一方面，需要防止城乡人口流动所带来的城市贫困问题；另一方面，工资收入越来越成为农村家庭的主要收入来源，工资收入所带来的农村不平等增加的压力也越来越大，进而不利于农村贫困的减少。

**2. 城市贫困变化的收入类型分解**

由于城市居民的家庭收入来源主要以工资收入为主，因此，在城市的贫困变化中，工资收入也一直发挥着主导作用。在这个六个阶段中，工资收入的减贫效应分别达到 8. 125%、14. 858%、4. 214%、1. 456%、5. 91%和 4. 37%。其他几种收入来源的减贫效应在大部分阶段都可以忽略。但是在早期两个阶段，补贴收入和其他收入的贫困效应也不低，尤其是在

表 2.5　不同阶段贫困变化的收入类型分解

（单位：%）

| | 年份 | 1989—1993 | | | | 1993—1997 | | | | 1997—2000 | | | |
|---|---|---|---|---|---|---|---|---|---|---|---|---|---|
| | 指数 | FGT0 | FGT1 | FGT2 | Gini | FGT0 | FGT1 | FGT2 | Gini | FGT0 | FGT1 | FGT2 | Gini |
| 农村 | busi | -2. 590 | -1. 400 | -0. 998 | 0. 006 | -0. 870 | -0. 129 | -0. 058 | 0. 010 | -0. 991 | 0. 094 | 0. 524 | -0. 000 |
| | agri | -2. 099 | -3. 025 | -2. 907 | -0. 014 | -8. 774 | -6. 673 | -3. 988 | -0. 034 | 1. 345 | 1. 643 | 0. 999 | 0. 013 |
| | sub | 4. 330 | 2. 961 | 2. 207 | 0. 005 | 4. 051 | 2. 360 | 1. 491 | 0. 003 | -0. 428 | -0. 057 | 0. 011 | 0. 008 |
| | wage | -4. 250 | -1. 821 | -0. 975 | 0. 012 | -6. 768 | -1. 752 | -0. 586 | 0. 021 | -5. 109 | -2. 422 | -1. 622 | 0. 012 |
| | other | -0. 861 | -1. 487 | -1. 563 | -0. 006 | -0. 132 | -0. 817 | -1. 064 | -0. 007 | -1. 618 | -1. 147 | -1. 146 | -0. 003 |
| | TC | -5. 470 | -4. 772 | -4. 2y37 | 0. 002 | -12. 493 | -7. 012 | -4. 205 | -0. 007 | -6. 800 | -1. 889 | -1. 235 | 0. 029 |
| | 年份 | 2000—2006 | | | | 2006—2011 | | | | 2011—2015 | | | |
| | busi | -0. 039 | 0. 087 | -0. 162 | 0. 016 | 0. 10 | 6. 29 | 559. 43 | 0. 04 | 1. 44 | -0. 96 | -138. 87 | 0 |
| | agri | -2. 818 | -1. 709 | -0. 127 | -0. 001 | -9. 09 | -4. 26 | -148. 92 | -0. 039 | 2. 00 | 4. 15 | 116. 67 | 0. 035 |
| | sub | 0. 479 | 0. 236 | 0. 200 | -0. 001 | 0. 53 | -0. 53 | -120. 64 | -0. 002 | 0. 33 | 0. 77 | 23. 96 | 0. 002 |
| | wage | -1. 488 | -0. 040 | 0. 263 | 0. 031 | -4. 19 | -2. 73 | -126. 25 | -0. 002 | -4. 69 | -2. 95 | 22. 37 | 0. 014 |
| | other | -1. 849 | -1. 784 | -1. 413 | 0. 005 | -2. 11 | -2. 53 | -121. 77 | -0. 008 | 1. 86 | 2. 68 | 27. 35 | 0. 015 |
| | TC | -5. 715 | -3. 210 | -1. 239 | 0. 049 | -14. 76 | -3. 75 | 41. 84 | -0. 011 | 0. 95 | 3. 68 | 51. 49 | 0. 066 |

续表

| | 年份 | 1989—1993 | | | | 1993—1997 | | | | 1997—2000 | | | |
|---|---|---|---|---|---|---|---|---|---|---|---|---|---|
| | 指数 | FGT0 | FGT1 | FGT2 | Gini | FGT0 | FGT1 | FGT2 | Gini | FGT0 | FGT1 | FGT2 | Gini |
| 城市 | busi | -0. 595 | -0. 400 | -0. 500 | 0. 019 | -0. 337 | -0. 396 | -0. 413 | 0. 013 | -0. 632 | -0. 047 | 0. 118 | -0. 006 |
| | agri | -0. 035 | 0. 750 | 0. 918 | 0. 008 | -0. 409 | 1. 017 | 1. 366 | -0. 000 | 0. 107 | 0. 651 | 0. 746 | 0. 005 |
| | sub | 10. 387 | 5. 913 | 4. 122 | 0. 036 | 4. 021 | 2. 108 | 1. 436 | 0. 005 | -0. 309 | 0. 008 | 0. 111 | 0. 016 |
| | wage | -8. 125 | -3. 090 | -1. 824 | -0. 002 | -14. 858 | -5. 746 | -3. 130 | -0. 011 | -4. 214 | -1. 787 | -1. 085 | 0. 021 |
| | other | 1. 531 | 0. 302 | -0. 238 | 0. 005 | 1. 561 | 0. 338 | -0. 053 | -0. 006 | -1. 639 | -0. 968 | -0. 779 | -0. 004 |
| | TC | 3. 163 | 3. 474 | 2. 479 | 0. 066 | -10. 023 | -2. 679 | -0. 793 | 0. 000 | -6. 688 | -2. 142 | -0. 888 | 0. 030 |
| | 年份 | 2000—2006 | | | | 2006—2011 | | | | 2011—2015 | | | |
| | busi | 0. 290 | 0. 649 | 0. 799 | 0. 021 | 0. 65 | 3. 43 | 100. 33 | 0. 032 | 0. 94 | -1. 66 | -130. 85 | 0. 003 |
| | agri | -1. 292 | -0. 636 | -0. 387 | -0. 005 | -0. 87 | 0. 59 | 13. 61 | -0. 009 | 0. 71 | 0. 65 | 30. 26 | 0. 014 |
| | sub | 0. 804 | 0. 430 | 0. 379 | -0. 002 | 0. 71 | 0. 77 | 14. 62 | -0. 002 | -0. 45 | 0. 97 | -19. 56 | -0. 005 |
| | wage | -1. 456 | 0. 189 | 0. 486 | 0. 025 | -5. 91 | -2. 25 | 3. 50 | -0. 052 | -4. 37 | -3. 66 | -9. 96 | 0. 018 |
| | other | -1. 572 | -1. 240 | -1. 088 | 0. 000 | 0. 56 | -0. 11 | 11. 63 | 0. 004 | 0. 70 | 0. 76 | -14. 82 | 0. 010 |
| | TC | -3. 225 | -0. 608 | 0. 189 | 0. 039 | -4. 86 | 2. 43 | 143. 69 | -0. 028 | -2. 47 | -4. 87 | -144. 93 | 0. 039 |

注：busi 表示经营收入；agri 表示农业收入；sub 表示补贴收入；wage 表示工资收入；other 表示其他收入；TC 表示贫困的总变化；Gini 表示基尼系数。FGT0、FGT1 和 FGT2 分别表示贫困发生率、贫困深度和贫困强度。

1989—1993 年这个阶段，它们大大超过了工资收入的减贫效应，从而导致城市贫困增加。在 2000—2011 年间，农业收入对于城镇贫困的减少也起到了积极的作用，虽然其减贫效应与工资收入的减贫效应相比较小，但也体现了 2000 年到 2011 年间农业税取消以及其他的农村和农业改革对于中国减贫的重要贡献。

在城市的收入不平等变动方面，除了在 2006—2011 年这个阶段中，基尼系数下降了 0. 028。在其他阶段，城市的基尼系数都在增加，增幅分别为 0. 066、0、0. 030、0. 039 和 0. 039。从这个增幅可以看出，城市内部的不平等一直在加剧，从 1989 年至 2015 年，城镇基尼系数增幅达到 0. 146，相对农村来说，更为严重。在城镇不平等的增长方面，不同阶段的不同收入来源对于不平等贡献不一样。在早期的 1989—1993 年和 1993—1997 年两个阶段中，经营性商业收入和补贴收入主要是城市不平等增加的重要来源，工资收入和其他收入是不平等下降的重要推动要素。在 1997—2000 年这个阶段，补贴收入和工资收入的不平等是基尼系数增加的主要原因。在 2000 年以后，工资收入的作用开始占据主导地位，不管是 2000—2006 年和 2011—2015 年不平等的增加，还是 2006—2011 年不平等的减少，主要都是因为工资收入。

## 四、中国未来扶贫展望

中国的扶贫已经走过了一段非常长的历史路程，也取得了举世瞩目的成就，2020 年中国完成了绝对贫困人口的全部脱贫。如何应对未来的扶贫问题成为我们必须要思考的问题。本章基于中国扶贫政策的演化历程对中国农村和城市的贫困进行分解分析，可以发现，一方面，早期区域性扶贫开发具有显著的减贫作用，虽然经济增长的减贫效果在不断下降，但它依然是中国农村和城市减贫的主要力量，经济危机所带来的经济下行严重阻碍了减贫的进程；另一方面，随着不平等的加剧以及通货膨胀所带来的生活成本上升，减贫的速度在下降，减贫的难度也在增加。在未来，不管是在新的贫困标准下，还是使用相对贫困测度，扶贫也依然将是经济增长过程中必须要面对的重要问题。不仅是农村贫困，城市贫困未来也将成为扶贫重要的领域，尤其是城镇化的加速，会在减少农村贫困的同时加剧城市不平等和城市贫困问题，这是当前中国扶贫演进过程中所忽略的。如何将农村贫困与城市贫困统一到一个可持续的扶贫制度框架中来，将是中国未来扶贫部门的重要工作。

在农村的发展历程中，农业收入在农村减贫中起到了至关重要的作用，尤其在改革开放之初的农村改革以及 2003 年至 2006 年的农村税费改革期间，农业收入是中国农村减贫的主要力量。随着农村劳动力不断向城市流动，以及中国城镇化进程的加快，农村居民的收入来源开始与城市趋同，以工资收入为主。工资收入在减贫和收入分配中发挥着越来越重要的作用。但是，农村劳动力的流动，同时也会导致农村发展的空心化问题，农村商业的发展有待进一步探索，如农业未来的发展模式、农村留守儿童的教育等问题都需要重点关注。因此，如何继续推动农业、农村和农民的可持续发展是未来中国农村扶贫应当关注的问题，它是农村扶贫长效机制构建的关键点。在乡村振兴的大背景下，需要继续发挥农业在农民收入增长中的基础性作用，也需要振兴乡村活力，全方位振兴乡村文化、经济，促进乡村经济多元化发展。在农村人口加速流动以及城镇化加快的大背景下，工资等劳动收入将是未来农村和城市家庭的主要收入来源，它是将农村和城市纳入到同一个扶贫体系下的契合点，但也需要注意的是，工资收入已成为农村不平等的主要来源。而加快城乡社会保障体系统一化的进程，将是促进城乡扶贫体系融合，推动乡村振兴的重要手段。

总体而言,无论是在多维度视角还是收入视角下,中国农村扶贫都取得了显著的成绩。但是,中国农村家户在教育、健康、生活质量三个维度的贫困程度依然相对严重,尤其是生活质量维度中的卫生设施、饮用水、做饭燃料,以及教育维度中的教育水平和健康维度中的营养不良等指标。虽然农村义务教育和新农合等一系列改革也推动了儿童教育贫困和农村居民健康的改善,但随着城乡教育资源和医疗资源差距可能会相对拉大,如何保障农村后续阶段的教育和医疗的可获得性和可持续性,是未来扶贫政策机制设计需要关注的重点。在当前中国扶贫模式走向精准扶贫和精准脱贫的大背景下,综合家庭各方面能力的信息能够提高贫困瞄准的精准性,也便于建立长效的可持续的精准扶贫体系。然而,由于中国城镇和农村家户的可行性能力体系不同,如果未来需要建立城市和农村统一的扶贫体制框架,则如何选取具有可行性、可比性、代表性的多维贫困测度体系还需要综合考虑。

自然灾害、疾病以及经济危机等一系列的负向外部冲击会导致个体或家庭落入贫困,而这些不利因素是不会随着时间的推移而消失。因此,在未来,除了对那些极端贫困群体的持续跟踪与扶持外,“因病致贫”、“因灾致贫”等贫困脆弱性所带来的暂时性贫困将是中国未来的贫困主体,暂时性贫困的动态变化将是未来扶贫体制设计研究关注的重点。提升个体能力和建立负向冲击预警体系是降低贫困发生的重要手段,而构建一个城乡统一的完善高效的社会保障和救助体系是应对暂时性贫困动态变化与防止陷入贫困陷阱的重要保障。从贫困者行为研究中国的贫困动态将是制定可持续的贫困瞄准和扶贫政策体系的重要视角,它可以提高贫困瞄准的前瞻性,进行贫困者行为的前期干预也能提高扶贫政策的效率。

# 第三章　从行为视角研究中国贫困问题

贫困是人类社会发展进程中始终存在的重大问题,贫困研究也始终贯穿于经济学、社会学等各学科的发展。虽然世界减贫取得了显著的成绩,如贫困人口(以2011年购买力平价计算的每天1.9美元的国际极端贫困线以下人口数量)比例从1990年的近4/10下降至2013年的1/10。但是,全球仍有超过7.67亿人生活在1.9美元贫困线下①,扶贫道路依然在路上。随着世界各国扶贫的深入,扶贫难度也越来越大,贫困主体越来越集中化,贫困特征越来越显性化,传统的贫困研究已无法满足当前扶贫的需要。实验经济学和行为经济学的兴起为传统的贫困研究注入了新的活力(Bertrand et al.,2004;Banerjee & Duflo,2009)。将行为分析融入传统的贫困研究中,能使贫困研究跳出"贫困是什么"的贫困特征问题,转向"为什么贫困"的贫困动态问题(方迎风,2019)。从"贫困是什么"出发的传统贫困研究实质上都是静态分析,其结论具有事后性特征,相对静态和平面的不利于贫困的动态监测、不利于贫困的前瞻性预测、不利于提高扶贫政策的效率,甚至可能使政策导向产生偏误。

传统的贫困研究主要以贫困测度为基础,分析贫困特征以及政策的减贫效应。贫困测度与识别至今还没有也很难跳出Sen(1976)和Foster

① 统计数据来自世界银行网站http://www.worldbank.org/en/understanding-poverty。

et al.(1986)提出的方法体系。在 Foster 等人的方法体系下,大量学者通过获取各国的收入、支出以及资产等数据来分析各国的贫困特征和贫困动态(Chen & Ravallion,2010;Glauben et al.,2012)。但是,由于健康、教育等可行性能力的交易市场并不完善,不对称信息下收入减贫政策的瞄准效率也不高,多维贫困测度开始兴起(Alkire & Foster,2011;Alkire & Fang,2019;方迎风,2012;邹薇和方迎风,2011)。建立多维贫困测度体系,测算各国多维贫困状况成为收入贫困测度之外的另一种政策导向指标。但因指标和指标权重的选择没有一致的权威界定,多维贫困的应用也受到很大的限制。

基于传统的贫困测度,还存在大量从宏观和微观两个角度研究减贫的文献。其一,宏观层面的研究大都试图通过计量实证分析和贫困分解方法,剖析一国或地区经济增长的益贫性、贸易的减贫效应、金融发展与贫困的关系以及宏观经济波动和贫困等(Dollar & Kraay,2002;Bhagwati & Srinivasan,2002;Jeanneney & Kpodar,2011;万广华、张茵,2006;林伯强,2003;蔡昉、都阳,2002)。但是,他们也只局限于宏观经济发展与贫困之间的相互关系,并没有深入研究两者之间的内在传导机制,这不仅削弱了相关扶贫政策的实施效率,政策着力点也缺乏精准性,进而导致其对扶贫政策制定的指导意义比较有限。其二,微观层面的传统贫困研究则主要探讨非福利主义目标①和不对称信息框架下的最优减贫政策及其行为激励效应(Besley & Coate,1995;Cavalcanti & Correa,2014),这些研究主要探究减贫目标下最优税收(转移支付)体系和劳动供给决策。

近年来,随着实验经济学和行为经济学的兴起,以及计量经济学的快速发展,微观减贫政策的实证评估开始成为贫困与发展经济学研究的重

① 非福利主义目标由 Sen(1985)提出,以与传统的福利主义目标相区别。传统的福利主义目标以效用为基础构建社会福利函数,从而最大化社会福利。而非福利主义则不以个体福利为目标,比如,在减贫中,经常以最小化贫困程度或者相等贫困程度下最小政府支出为目标。

点。而行为与贫困的相互作用效应又是微观减贫政策评估研究中的关键点。2017年诺贝尔经济学奖就授予了在行为经济学领域作出突出贡献的美国经济学家理查德·塞勒(Richard H. Thaler)。Bertrand et al.(2004)也指出,行为将是贫困研究的新视角,需要更多的实证研究去检验行为驱动型减贫政策的效率。Banerjee & Duflo(2007)就特别关注贫困者的生育、消费、教育、健康、工作等一系列行为特征。Bernhem et al.(2015)研究指出,贫困者行为选择对贫困动态有显著的决定性影响。贫困者行为是解释"为什么处于贫困状态"的最佳视角之一。Banerjee & Duflo(2011,2015)开始使用随机控制试验和双重差分法去评估不同政策的减贫效果,并通过实验、观察和访谈研究贫困者的心理与行为如何影响减贫政策的效率。因此,在政策实验框架和贫困者行为视角下,分析贫困动态与扶贫政策将成为未来发展经济学和贫困研究的重要方向。基于上述分析,本章将从贫困者行为视角对当前国外贫困研究现状和未来动向进行梳理与评述,为本书其后章节的贫困分析提供理论基础和方法框架。

## 一、贫困者行为特征研究

由于不同收入等级群体的风险偏好、反应能力、思维方式、拥有资源、社会网络等存在巨大差异,导致他们在行为选择上也存在很大的差异。在贫困约束下,个体选择会偏离传统经济假设下的最优行为决策,产生行为偏差,加强其贫困状况。对于贫困者来说,留给错误行为的余地非常小(narrow margins for error),行为偏差所导致的结果会更糟糕(Bertrand et al.,2004)。那么,当前研究所考察的贫困者经济行为主要有哪些呢?基于已有研究可知,主要包括贫困者的消费、储蓄(投资)、借贷、就业、子女投资、保险以及医疗保健等行为。然而,现有贫困研究主要关注的仍是贫困群体特征而不是贫困者行为特征。贫困群体特征主要包括年老体弱、伤残多病、教育缺乏、无工作、生活在生态环境脆弱地区等。贫困者行为特征则关注贫困者如何进行行为决策,如贫困者如何在食物和非食物消费之间进行支出分配,如何在消费与投资之间进行资金配置、愿意提供多少劳动、是否愿意购买保险等。Banerjee & Duflo(2007)提出了一系列贫困者行为特征问题:为什么贫困者并没有花费更多的支出用于食物?为什么贫困者不对教育进行更多投资?为什么贫困者在信贷约束、保险缺乏以及劳动市场刚性的情况下不进行更多储蓄?为什么贫困者不进行永久性迁移?等等。Banerjee & Duflo(2011)更是在《贫穷经济学》一书中,进一步通过多国的实际案例全方位描述和解释了他们发现的贫困者的一些不理性行为,如一些贫穷国家的贫困者宁愿购买电视和手机,也不愿购买食物来补充营养或者为他们的子女接种费用低廉的疫苗。总体而言,现有文献、理论对贫困者行为特征的研究主要包括以下三个方面:

首先,贫困者因风险承受能力有限而不愿从事一些有风险的活动,导致其在就业和生产行为上表现相对保守。Dercon & Krishnan(1996)发现在坦桑尼亚和埃塞俄比亚,贫困者主要从事一些进入成本低的工作和生产活动,比如收集柴火、制作木炭以及临时农业工人等,而富农主要从事一些高收益的非农作物工作,如饲养牛以及经营商店等。Bandiera et al.(2017)在孟加拉国也实施了一项大规模随机控制试验,涉及 1309 个村庄的 21000 个家户,主要用来研究不同群体在生产活动上的选择,以及如何促使贫困群体选择他们富裕同伴的生产活动而进入可持续的脱贫轨迹。他们研究发现,大部分贫困家庭的妇女会选择低收益和季节性的临时工作,如家仆和农业劳动;而富裕家庭的妇女主要进行家畜饲养等资本密集型的生产活动。不仅如此,在农业生产上,贫困者也不愿意冒风险采用改良或新的农业技术。Duflo(2006)就指出,在印度,贫农比富农较少采用高产量的有一定风险的新型杂交种子。并且,由于固有的当地社会网络的约束，贫困者（尤其是极端贫困者）迁移风险和迁移成本都比较高，导致贫困者迁移的意愿一般都比较低（Sabates-Wheeler et al.,2008）。这会使贫困者在职业选择和收入来源上变得较为单一，都主要集中在农业生产活动上，从而加大了外部冲击下其收入波动的风险。Germenji & Swinnen（2007）研究阿尔巴尼亚的农村居民迁移时也发现，移民很少来自于贫困农户，主要是因为他们受教育程度较低、收入来源单一、受到信贷约束以及迁移网络的局限。

其次，在借贷与储蓄行为上，Carvalho et al.（2016）也强调贫困者与非贫困者的行为特征很不一样，如贫困者习惯赌博、不愿储蓄、愿意以高利率进行借贷等。Shah et al.（2012）指出，贫困者之所以出现过度借贷行为而加强其贫困状况，主要是因为贫困会导致人们注意力的重新配置，产生注意力忽视（attentional neglect）和注意力转移（attentional shift）。注意力是一种稀缺资源，注意力稀缺会使得个体主要关注当前的支出压力，只注意到借贷的好处，忽视其未来的高成本，进而倾向于过度借贷。那么，贫困者为什么不通过储蓄或者购买保险来应对外部的负向冲击呢？Dupas & Robinson（2013）通过在肯尼亚农村设置的田野实验解释为什么贫困者不储蓄：他们发现存储技术、家庭内部成员的阻碍以及时间不一致性是主要原因，而不是因为他们的贫困。Karlan et al.（2014）也认为贫困者能够并且应当储蓄，但由于存在交易成本、缺乏信任、监管障碍、信息与知识差距以及社会约束等五类约束，贫困者宁愿不储蓄。

最后，贫困者在消费行为方面存在扭曲。虽然食物和能量支出依然是贫困家庭的主要支出，但占比越来越低，进而导致贫困者在劳动市场的努力水平不断下降（Meenakshi & Vishwananthan,2003）。在非食物支出方面，大多数贫困者的支出主要用于烟、酒等物品，并且一些节日支出是很多极端贫困家庭预算中的重要组成部分（Banerjee & Duflo,2007）。这主要是因为“面子”（用于炫耀）问题。出于炫耀或展示地位，很多贫困者会选择一些不利于其脱贫的行为，他们会花费大量的收入消费一些对脱贫没有任何用处的商品（Moav & Neeman，2012；Charles et al.，2009）。Moav & Neeman（2012）就指出，那些具有低水平人力资本的个体更倾向于花费较多的收入用于消费炫耀性商品（conspicuous goods），而这不利于他们的人力资本积累和脱贫，更容易使他们陷入持久性贫困。Charles et al.（2009）也发现，美国的某些群体会将他们的大量支出用于炫耀性商品（如衣服、珠宝和车）。Banerjee & Mullainathan（2010）试图在经典消费理论框架下构建理论模型，分析贫困者为什么会出现这类消费行为，他们将消费品分为诱惑品（temptation goods，如烟、酒等）和必需品，并指出诱惑品边际消费递减假设对于解释贫困者的投资、储蓄、借贷和风险接受等行为有较大意义。因此，在资源约束下，贫困者的消费和投资行为容易产生扭曲，极易陷入恶性循环，落入贫困陷阱。但是，贫困者行为为什么会呈现出这些特征尚处于争论中：其是贫困者在贫困约束下的最优选择？还是贫困导致了贫困者行为选择的偏差？对于这些问题的回答都还需要大量的理论与实证研究。因此，贫困者行为的研究将是未来贫困研究的重要方向。

## 二、行为选择与贫困之间的作用机制

行为与贫困之间相互影响，贫困会导致个体行为产生偏差，而这种行为偏差又会进一步导致个体及其家庭的贫困程度加剧，使得这些个体或家庭陷入贫困陷阱。贫困者会因为贫困而产生心理压力并做出对子女投资以及自身行为选择的错误决策，导致持久性贫困、代际贫困传递、贫困聚集等各种形态的贫困均衡的产生。但是，各种贫困形态与行为之间的传导机制各不相同，而且还相互交织。贫困者行为与主要几种贫困形态之间相互作用的加强机制如下。

### （一）精神贫困的行为传导与持久性贫困

贫困一般有两种类型:暂时性贫困和持久性贫困,其中,暂时性贫困是个体或家户因受到暂时性负外部冲击而落入贫困,冲击消除后又能很快脱离贫困;持久性贫困是指个体或家户始终无法摆脱或不想摆脱贫困的一种类型。在扶贫中,相对暂时性贫困、持久性贫困容易识别,但是很难根除,其中精神贫困是贫困均衡很难被打破的重要阻力。因为较之于物质贫困,志气、自信或希望丧失所致的精神贫困的后果更为严重,它会使得贫困者缺乏摆脱贫困的动力,或者行为选择产生偏差而不利于其脱贫。Ray(2006)和 Dalton et al.(2016)从理论视角指出,贫困者易于陷入精神贫困,他们会选择较低的志向和努力水平,而且两者会相互强化,从而导致他们陷入行为意义上的贫困陷阱,即持久性贫困。Mookherjee(2006)也论述道:“长期贫困的这种自我延续以及深陷其中,从根本上说,是与缺乏希望相伴。”

就传导机制而言,一方面,贫困通过影响个体的生理和心理健康而影响到个体的行为选择。Dean et al.(2017)详细阐述了贫困可能影响个体的认知功能(cognitive function)进而影响其经济结果的各种可能机制。他们认为认知功能包括注意力、抑制控制(inhibitory control)、记忆以及其他高阶认知功能。Bernheim et al.(2015)指出,具有较低的初始资产会限制个人的自我控制能力,使得这些人和其家庭陷入贫困。Spears(2011)发现,贫困者会因为经济决策更为困难而消磨掉其对认知的控制。Mani et al.(2013)则进一步指出,贫困导致认知能力下降的机制可能是注意力转移,即贫困所引起的注意力消耗导致运用在其他事物上的精神资源被消减,使贫困者处理其他事物的能力减弱。作为政策制定者,需要充分认识贫困对个体认知能力的影响,在进行转移支付等各项扶贫支持时,应当简化程序，并为贫困者提供帮助。

另一方面，贫困还会导致个体产生某些心理问题，进而产生一些不利于其脱离贫困的经济行为。Rojas（2011）研究拉美地区贫困者的心理压力时发现，贫困者相对富裕者具有更大、更明显的心理压力，并且快速的经济增长还可能进一步恶化穷人的心理健康。Haushofer & Fehr（2014）则指出，贫困使人产生的压力和负面情绪，会导致贫困者短视，并做出所谓倾向于风险规避的决策，进而导致个体容易陷入持久性贫困，这些对于扶贫项目的设计不容忽视。Bryan et al.（2017）进一步强调克服行为障碍对于提高脱贫效率的重要性，他们主要讨论个体所具有的非理性的现时偏差（present bias）以及贫困对个体视野的限制（limited attention）。但是，Chivers（2017）也分析指出，个体的投资决心与其收入高低程度有关系：如果个体收入很高，则其会愿意投资风险资产，并且有信心取得成功；如果收入刚好在贫困线上，则其可能会比较保守；而如果收入远低于贫困线，则其有可能非常渴望跳出贫困陷阱，并为此奋力一博投资风险资产。总之，要一劳永逸地解决贫困问题，需要激发贫困人口的内生动力，把扶贫同扶志、扶智结合起来。

### （二）贫困的行为传导与代际贫困

贫困的代际传递主要是指家庭因物质、资源的匮乏以及观念落后所导致的贫困在父代与子代之间持续传递。研究中一般讨论贫困从父母向子女的传递。代际贫困的传导机制和影响因素很多且复杂，Bird（2013）基于美国的经验对贫困代际传递机制作了相应的梳理，他从家户内部因素和家户外部因素分别进行讨论：其中，家户内部因素包括家户的组成、赡养负担、健康与营养、生产性资产、抚养质量、培养、教育、儿童劳动力等；家户外部因素包括冲突、文化和心理、种族和宗教等。但是，从代际贫困的传导链条来看，行为以及行为传递是其中非常关键的因素。家庭贫困不仅对父母和子女行为会直接产生不良影响,也会通过对父母行为的影响间接传递给子女,进而不利于子女的未来发展,容易导致贫困的代际传递。因为贫困,父母在住房选择、子女教育投资、营养与健康投资等方面的选择余地很小,并且贫困父母本身的不良行为也会直接影响子女的行为,导致子女在能力和发展机遇上的欠缺以及不良行为的形成,进而致使子女也陷入贫困。Brooks-Gun & Duncan(1997)指出,收入贫困会通过影响孩子的生理健康、认知能力、学校的学习能力、心理健康以及行为等方面影响到孩子发展,其中,贫困对能力的影响要比对心理的影响强。不过,这篇文章只是从理论综述的角度对贫困影响孩子们的可能机制进行了阐述,并没有从理论和实证角度给出分析。但是它也为后续的代际贫困传递研究提供了很多思路和出发点。

当前,行为传导下的代际贫困传递的具体路径可归纳为以下几点:(1)贫困会影响父母对子女的教育和健康等投资行为,它会使得父母减少对子女的教育和健康等人力资本投资,从而不利于子女未来的职业发展和经济地位(Anderson & Teng,2009)。Lynch et al.(1997)以健康行为传递为对象研究为什么贫困者的行为表现很差,他们发现贫困者很多行为对健康有害,从而导致较低的受教育水平、较差的工作选择以及其子女较差的健康状况。Dahl & Lochner(2012)发现,家庭的当前收入对孩子的学习成绩有显著影响,尤其是对贫困家庭,收入增加对学习成绩提升的效应更大。而 Fletcher & Wolfe(2016)利用美国数据研究指出,家庭收入对儿童的学习方法、注意力、组织力、学习热情、独立性、适应能力、韧性等都有显著影响。Lee & Seshadri(2018)和 Solon(2004)则构建了代际间人力资本投资的理论模型框架,分析代际收入流动的理论机制。(2)贫困影响家庭的消费行为。贫困家庭一般拥有较低的食物支出,并倾向于消费一些高胆固醇的非健康食品等(Cornia,1994),从而导致子女在营养上摄入不足。现有的生物医学研究也显示,贫困会影响到儿童的大脑发育,使其认知能力、记忆等下降(Nobel et al.,2015)。而 Hair et al.(2015)指出,贫困通过影响儿童大脑发育,影响儿童的学业,贫困的时间越长,影响会越大,并且这种模式会进一步对其未来职业发展和收入产生不利影响。(3)父母的一些行为也会对其子女的行为产生显著的直接影响。比如,贫困导致父母的志向丧失,进而使其子女的志向也容易丧失(Besley,2017)。Dobbie & Palme(2018)发现,父母如果被监禁会导致其子女辍学率和犯罪率上升、就业机会下降,从而增加了贫困和犯罪行为的跨代持续性,而犯罪又与贫困高度正相关。

### (三)社会交互效应下的行为选择与贫困聚集

社会交互效应(Social interaction effect)是区域性贫困聚集形成的重要机制,它通过对个体行为的影响传导到个体的未来发展,从而也是区域性贫困陷阱产生的一种重要机制。社会交互作用效应是外部性的特殊形式,它指个体的行为偏好会受到其生活的某一特定群体行为的影响,而这个特定群体可以是个体的家庭、邻里、朋友、同事、族群等。因不同群体的定义,社会交互作用效应的具体表现形式有群体效应(group effect)、邻里效应(neighborhood effect)、同群效应(peer effect)等。社会交互作用效应被认为是个体行为决策的显著影响因素之一,因此被用来研究各种社会经济行为问题,如人力资本积累(Ichniowski & Preston,2014)、种族分隔(Logan & Parman,2015)、项目和政策的参与与实施(Dahl et al.,2012)、不良行为的形成(Nakajima,2007)等。Galster(2012)更是列出了社会交互作用效应影响个体行为或健康结果的可能的 15 种机制,并将其归为四大类:社会交互机制、环境机制、地理机制、制度机制。其中,社会交互机制包括社会感染(social contagion)、集体社会化(collective socialization)、社会网络、社会凝聚力和控制、竞争、相对剥夺以及父母中介调节;环境机制包括暴露在暴力、衰败的建筑和基建设施,不健康的污染物等环境中;

地理机制包括空间错配(如缺少工作机会)、稀缺或次等的公共服务;制度机制包括社会烙印化(stigmatization)、较少的本地制度资源(如慈善机构、日托所、学校、医疗诊所等)、特定的本地市场参与者。作为社会交互作用效应领域的开拓者,Wilson(1987)较早系统性地分析地理上持久的贫困聚集现象。Durlauf(2000)则正式从群体效应的角度研究贫困问题,他认为,个体所在群体会通过同群效应、榜样效应、社会学习和社会互补性四类因素影响该成员的行为选择而影响其结果。

贫困邻里效应与贫困家庭相互作用对个体行为选择极其不利,尤其是对儿童的发展,容易导致家庭贫困持久性和落后地区的贫困聚集。基于 Galster(2012)和 Durlauf(2000)对邻里效应行为机制的研究,邻里效应下贫困聚集形成的行为传导路径可归纳为:(1)邻里效应的信息渠道所产生的贫困加强机制。在贫困邻里较高的门槛效应下,贫困邻里的同群行为传递的信息会严重地低估或错估流动、教育、外出就业等行为的收益,使得贫困个体做出错误的行为选择(Chen et al.,2009;Fang & Zou,2014;邹薇、方迎风,2012)。(2)贫困地区脆弱的生态环境、较差的基础设施以及固化的本地社会网络产生的高成本束缚了个体流动、子女教育、商业投资、婚姻等行为(Chen et al.,2009),进而导致个体容易陷入贫困陷阱。(3)贫困邻里的同群效应,个体在读书、就医、消费、就业行为上等容易受到其兄弟、朋友、邻里、同事行为选择的影响,贫困邻里也是低收入青年不良行为产生的重要因素,包括犯罪、吸烟、劳动、辍学等(Eriksson et al.,2016),这些不良行为都不利于个体发展,容易使他们陷入贫困。Sharkey & Elwert(2011)研究发现,如果一个家庭长期生活在贫穷的邻里环境下,小孩的认知能力会显著下降。Fang & Zou(2014)分析指出,邻里效应的确也是中国农村区域性贫困聚集的重要作用机制之一。

因此,要推动贫困地区快速脱贫,在政策上可以充分利用社会交互效应的正向反馈机制,推动贫困家庭选择有利于其脱贫的行为。Chen et al.

(2009)指出,同群效应正向反馈的确能够显著加强中国城乡人口流动,因此,在政策上,可以通过加大信息传播,鼓励城乡人口流动,提高中国农村教育投资。Ludwig et al.(2013)研究指出,如果反贫困政策的目标是改善穷人家庭的福利而不是仅局限于减少收入贫困,则保护穷人家庭免受住在危险的、贫困邻里的不利影响还是非常值得放入政策菜单中。Macours & Vakis(2014)也指出,社会交互效应能够显著地提高贫困家户在教育、营养以及创收活动上的投资,并且能够影响贫困家户对待未来的观点。但是,Durlauf(2000)只是对社会交互作用效应影响贫困的可能机制进行了理论阐述,而现有其他研究也仅仅分析得出社会交互效应与贫困形成之间存在显著的关系,并没有研究其如何通过贫困者行为选择影响贫困,以及通过哪些行为。因此,社会交互作用效应下的行为选择与区域性贫困动态研究还有很大的前景。

## 三、行为视角下的减贫政策选择

对于贫困者的行为选择与贫困相互作用机制的研究,不仅能够分析和预测贫困的动态变迁,还能对干预式扶贫政策的制定提供参考和指导。不仅如此,贫困者行为还会与减贫政策相互作用,进而影响到减贫政策的效率。Chetty(2015)指出,从行为视角出发,能更好地评估当前公共政策的效应,扩大政策的选择面,获得与传统福利主义目标不一样的新福利内涵。因此,从行为视角对扶贫政策进行评估将会是很好的突破点。现有扶贫政策的行为及减贫效应的研究分为理论研究和实证研究两部分。其中,理论研究起步较早,在不对称信息框架下,许多经济学家将贫困减少作为福利目标,分析行为激励效应下的最优政策选择和政策的减贫效应(如 Kanbur et al.,1994;Besley & Coate,1992,1995 等)。而近些年,随着实证分析技术的发展,越来越多的经济学家开始从不同的视角关注实践中扶贫政策的减贫效应(如 Banerjee & Duflo et al.,2015a,2015b 等)。

### (一) 政策行为效应的理论研究现状

减贫政策与个体行为选择的理论研究主要是基于信息不对称框架。由于个体的能力和收入等信息是私人的,政府要正确判断哪些家户是扶助对象存在一定的困难。在此情形下,政府要提高政策瞄准的精确性,就必须制定相应的自选择契约来缓解信息不对称所导致的政策扭曲与福利损失,而这正是精准扶贫和精准脱贫的内涵所在。

#### 1. 最优减贫政策的选择研究

实践中的减贫政策有很多,目前,学术研究中讨论较多的是现金转移支付、实物转移支付(in-kind transfers)以及工作福利化(Workfare)。如果政府能够完全观察到私人信息,则通过有条件的现金转移支付能够达到最优。但是,由于存在信息不对称,传统的现金转移支付此时不再是最优的减贫政策,实物转移支付与工作福利化能够达到次优(second-best)。不仅如此,Cunha et al.(2018)指出,实物转移支付下的价格效应也相对占优,实物转移支付下的价格水平要显著低于现金转移支付下的价格水平。因此,此处只讨论两种常见的政策:税收(转移支付)和工作福利化。

首先,税收(转移支付)政策。在减贫政策的最优税收(转移支付)分析中,非福利主义目标具有较强的实践意义,最优税收的结论也更符合直观解释,比如减贫中的非福利主义目标是既定支出下的最小化贫困程度或既定贫困目标下的最小化政府支出(Pestieau & Racionero,2009)。在最优收入税的研究中,福利主义的问题是在一定的资源约束和激励约束下最大化社会福利,他们的主要结论是:(1)边际税率处处为非负;(2)只要每个人在最优水平提供劳动,最低收入者的边际税率为零;(3)只要工资有上界,最高收入者的边际税率为零(Tuomala,1990)。Kanbur et al.

(1994)在收入贫困最小化目标下研究发现,只有最高收入者的边际税率与福利主义目标下的结论相一致,即最优边际税率为零,因为不能扭曲最高收入者工作的积极性。但是,福利主义目标下的其他结论被颠覆:在贫困最小化目标下,如果最低收入者获取工作是最优的,则收入分布的左尾边际税率应该严格为负,即对收入非常低的贫困主体应当给予边际收入补贴。另外,对于商品税率的差异性设定也能引导贫困者选择有利于脱贫的行为(Pirttila & Tuomala,2004),例如,对劳动供给具有促进作用的商品,应该实行低税率或进行补贴(比如补充能量的食品以及生活必需品等),对劳动供给起负向作用的商品,则应实施高税率(比如烟、酒、奢侈品等)。如果某一商品是贫困主体大量消费或是贫困标准中选择的商品之一,则对该商品以及与该商品互补的商品应该实行低税率或进行补贴,如果与该商品是替代关系或者是高收入群体大量消费的商品,则应该实行高税率。

其次,工作福利化。工作福利化要求贫困群体必须参与公共项目建设才可以获得相应的补贴。在中国,扶贫中相类似的政策有以工代赈、生产奖补、劳务补助等。在非福利主义目标下,工作福利化可以缓解政府在扶贫中遇到的信息不对称问题,获得次优结果(Besley & Coate,1992,1995)。工作福利化可以通过筛选机制实现自我瞄准(self-targeting),并且能够鼓励减贫方面的投资,但是工作福利化也有相应的成本,它会挤出私人投资。Ravi & Engler(2013)评估印度的农村就业保障计划(NREGS)时发现,工作福利化在印度的减贫中非常有效。但是,在非福利主义目标下,通过最小化政府支出来消除贫困,如果忽略贫困主体之间差异,则实施工作福利契约对政府来说并不会支出最小。接受工作福利契约会挤出私人劳动,导致贫困缺口增加(Besley & Coate,1992),政府将为这种扶贫计划付出更高的代价。现有的文献在讨论信息不对称问题时,都只考虑补贴及相应的扶贫措施会向非贫困者滴漏,而没有去分析贫困者内部的异质性所导致的自选择机制失效问题。忽视贫困者内部的差异会导致扶贫政策的执行产生偏差，这是目前分析贫困理论中信息问题的一大缺陷。因此，在非福利主义目标下，要真正减贫，则既要考虑贫困主体的异质性，还要考虑政府行为对个体行为的影响。

**2. 信息不对称下政策的行为激励效应研究**

政府的扶贫政策会因个体信息的缺乏而对贫困者产生行为激励效应，使政策的减贫效果大大减弱。一方面，不对称信息下扶贫政策实施会存在道德风险问题，如贫困者可能将政府补贴用于非必要生活部分。这些与贫困主体的“习惯形成”和“攀比效应”有关（Alonso-Carrera et al.，2005）。“习惯形成”与“攀比效应”还会使传统的“平滑消费理论”失效，在经济出现波动时，贫困者因为当前的消费习惯而难以降低消费水平，也就不能进行预防性储蓄来消除未来风险。与此同时，贫困者在信贷市场中比富裕主体受到更强的信贷约束，因而当风险来临时，更易受到冲击的影响。信贷约束还影响贫困主体子女的人力资本投资，这种不良循环是贫困均衡形成的一种加强机制。

另一方面，不对称信息下扶贫政策会存在逆向激励效应，如降低贫困主体参加工作的积极性，或降低贫困主体对可能遇到的风险进行保险的程度。这是一种“撒玛利亚困境”（the Samaritan’s Dilemma），即人们预期到，如果自己未来仍处在贫困中，政府肯定要对其进行救助。因此，在当期，贫困主体会过度消费而不进行人力资本投资，或不愿意去私人部门获取工作，他们会降低私人劳动供给以达到符合救助的条件，其最优选择是将劳动供给降低到零（Cavalcanti & Correa，2014）。对“撒玛利亚困境”采取的办法是实行条件转移支付或实物支持，而不是直接进行现金转移支付，比如，实行特定教育或医疗投资、进行技能培训、提供特定的食品补贴等。Coate（1995）也研究指出，穷人在面对风险损失时，的确存在“撒玛利亚困境”，即不愿意购买私人保险，主要依赖其他群体的救助，政府此时的最优策略是向其提供特定的保险，如给低收入群体提供健康保险，给小农提供作物保险等。Currie & Gahvari(2008)认为这些措施在不完全信息下可达到次优的福利结果。但也有研究指出(Araujo et al.,2016)，在中短期，现金转移支付不一定会减少贫困个体的工作努力程度。总之，在缺乏劳动及收入等私人相关信息时，政府制定目标政策时必须要考虑目标政策的效率与行为激励效应之间的权衡。

### （二）减贫政策与行为的实证研究

随着微观家户调查数据不断完善、随机控制试验大量应用以及实证计量方法快速发展，减贫政策的实证研究在近十多年来大量涌现。由于减贫政策与贫困者行为相互影响，使得这些实证研究可归为两类：一方面，由于减贫政策存在“事前”和“事后”的行为激励效应，很多实证研究主要关注政策执行前后的个体行为特征；另一方面，行为又反向作用于减贫政策，影响减贫政策的效率，也有一些研究侧重评估政策的减贫效应。

#### 1. 减贫政策与行为相互作用的实证结论

首先，减贫政策的行为激励。现有很多实证研究均指出，扶贫项目对个体行为有显著的异质性影响，包括消费支出及其结构、子女教育、医疗保健以及工作与否等。Banerjee et al.(2015a)基于在埃塞俄比亚、洪都拉斯、加纳、印度、巴基斯坦、秘鲁 6 个国家分别执行的随机控制实验，研究了扶贫项目对个体消费、房屋投资、食品安全、时间利用、心理健康、借贷、女性决策等行为的影响。结果发现，该项目对于极贫群体的消费和心理状态等多个行为都有显著的改善作用，对消费的影响有一定的持续性。但是，该项目对洪都拉斯和秘鲁两个国家的极贫个体行为影响要相对较弱。而 Banerjee et al.(2015b)发现印度尼西亚团体小额信贷项目会增加小微企业的投资，但是，借贷家户的消费并没有显著增长，对家庭的健康、教育、女性赋权也都没有显著改变。Hoynes & Schanzenbach(2009)从实证分析的角度研究实物转移支付如何影响个体的消费,他们在分析美国粮票计划对美国居民消费影响时发现,该食品券减少了贫困者的零食支出,增加了总体食物的支出。

在实证分析中,有时得到的结论与理论研究的结论也不相一致,如Barrientos & Villa(2015)研究哥伦比亚城市区域的现金转移支付项目时发现,哥伦比亚的现金转移支付对劳动市场总体上有正向效应,显著提高了劳动参与率,但这种效应对于不同家庭结构的劳动参与率的影响是不一样的。Skoufias et al.(2013)基于墨西哥的食物支持计划研究指出,现金转移支付与实物转移支付对食物消费产生相同的正向影响,并且对男性劳动力在农业向非农业活动转换过程中的时间配置影响都非常显著,现金转移支付的边际效应更大。所以,Skoufias 等人认为,现金转移支付比实物转移支付更能缓解市场的不完美性。

对于中国,目前能够获取微观数据的扶贫项目较少。Gao & Zhai(2010)利用 2002 年中国家庭收入调查(Chinese Household Income Project,CHIP)的城市调查数据研究指出,获得低保的家庭会优先进行人力资本投资(支付教育和健康),而不是用于基本生活所需(如食物、衣物、住房等)。Gao et al.(2014)继续利用中国家庭收入调查(CHIP)2007年中的城镇调查,分析政府福利项目对于贫困者行为的影响,他们发现接受福利的家庭在健康和教育支出上的优先性依然要高于非接受者。可见,对于不同国家,不同扶贫项目的行为激励效应很多时候是不一致的。在分析时,需要结合各国国情,剖析政策与行为相互作用的内在机制,才能够正确地实施和制定政策。

其次,政策的减贫效应评估。贫困者行为选择也会反向负作用于政策,显著地降低政策的减贫效率。Ben-Shalom et al.(2011)主要评估美国的证明审核制和社会保险项目等众多减贫项目的效率。他们发现,很多项目都具有显著的行为效应,不过这些项目的共同作用带来的影响非常小,并且对总体贫困的数量不会产生显著影响。Bailey & Goodman-Bacon(2015)研究美国针对穷人的社区医疗中心的长期健康效应发现,社区医疗中心的设立显著降低了50岁及以上人群的死亡率,但对婴儿和儿童死亡率没有显著影响。Araujo et al.(2016)使用断点回归方法研究指出,现金转移支付能够提高厄瓜多尔中等教育的完成率,但影响较小,现金转移支付对减弱厄瓜多尔的贫困代际转移有适度的作用。

总体而言,虽然国内外对于扶贫政策的评估研究在最近几年开始大量出现,但对于扶贫政策减贫的内在机制的实证研究却非常少,尤其是信息不对称框架下的实证研究。行为选择是影响政策减贫的一个非常重要的机制。

**2. 政策行为效应的实证分析框架**

在扶贫政策的评估中,由于贫困和行为决策的影响因素较多,实证分析中不仅可能存在双向因果关系,还存在很多不可观察的个体特异性因素。因此,要准确分离出政策的行为效应和减贫效应,对数据质量和实证技术的要求很高。在评估政策的因果推断模型中,使用较多的是Neyman-Rubin因果模型(Causal Model)(Heckman & Vytlacil,2008)。如果在政策随机分配以及样本量很大等一系列假设下,加入政策虚拟变量,一般的回归模型就可以识别出政策效应。但是,在实际的政策评估中,大多数数据样本会存在选择性偏误,是否享受政策不可能是随机的外生变量,尤其是扶贫政策,它与个体的贫困测量得分高度相关。此时,可以通过寻找合适的工具变量,使用工具变量法进行估计。不仅如此,由于抽样误差、个体固定效应、时间效应等也会导致随机误差项与政策变量相关,常规的OLS估计会导致结果存在偏差。因此,很多政策研究希望通过获取面板数据,结合工具变量法,使用固定效应模型或者加入被解释变量的滞后项等方法估计政策效应。

近些年来,减贫项目的实证研究数据开始寻求于随机控制实验和政策的自然实验。随机控制试验是评估政策效应的黄金标准（Athey & Imbens,2017），它对当代发展经济学的发展具有显著的推动作用（Banerjee & Duflo,2009）。在随机控制试验下，通过构建两类尽量相似的群体，其中一组群体给予政策干预（处理组），另一组群体则不实施政策干预（控制组），此时出现四类状态，处理组在项目实施前后两个状态，以及控制组在项目实施前后两个状态。基于此类随机实验数据，我们能够相对准确地识别政策效应。根据随机控制试验下贫困研究的数据特征，当前常用的分析方法是双重差分法（Difference-in-Difference）。需要注意的是，国内贫困分析的数据主要来源于各类微观家户调查，并根据调查中涉及的政策自然实验信息进行实证分析，处理组与控制组的成员相似度并不高，很难满足双重差分法对数据条件的苛刻要求，所以在借鉴该分析工具时应根据具体实际有所取舍，切不可用此工具套用。

断点回归方法（Regression Discontinuity Design）因此成为解决非实验数据下因果推断问题的一个标准评估框架（Black et al.,2007），它要求的假设相对其他非实验方法更弱，因果推断结果相对典型的自然实验策略也更为可信（Lee & Lemieux,2010）。Lemieux & Milligan（2008）研究加拿大魁北克省社会救助的就业激励效应时就指出，相对双重差分法，断点回归方法能更为稳健地应对各种模型设定。因此，断点回归方法近年来开始广泛被用于政策的评估。断点回归方法的理论和应用的详细阐述可参考 Lee & Lemieux（2010）这篇文章。

## 四、中国未来扶贫启示

随着行为经济学和实验经济学的兴起，贫困研究开始进入新的阶段，融入行为分析可以使贫困研究从静态转向动态。贫困者因为受到物质约束而呈现出一些非理性的行为特征，所以本章从精神传导、代际传递以及社会群体传导三个视角解释贫困者行为选择偏差如何产生持久性贫困、代际贫困传递以及贫困聚集。这些传导机制将为研究和制定扶贫政策提供新的借鉴和启示。扶贫政策不仅要进行物质支持，更应注重对贫困者心理进行干预、对贫困者进行行为约束和引导，以及充分利用社会交互作用效应产生的正反馈机制。而且，贫困者行为与减贫政策之间也会相互作用，一些减贫政策对贫困者行为会产生负向激励效应，行为选择偏差又进一步负反馈于减贫政策，导致减贫效率下降。因此，在进行政策制定时，需要考虑到政策的行为效应所带来的效率损失，通过建立可行的约束机制和筛选机制来提高政策的瞄准效率。

就中国的扶贫实践来说，贫困者行为能够很好地解释贫困聚集、儿童贫困以及贫困者收入增长的动力不足等中国农村贫困问题。贫困会通过影响个体的心理和生理、子女的投资教育、社区邻里环境等对个体行为产生显著的负面影响，从而导致贫困持久性、贫困的代际传递以及区域性贫困聚集。目前，国内大部分研究主要集中分析中国农村的贫困识别和贫困变化，即如何定义贫困、谁是贫困等一些静态特征，很少有研究关注贫困动态的原因以及贫困者的各项行为特征，即为什么他们贫困，贫困者如何进行生产、投资和消费活动决策，贫困主体变迁模式如何，等等。在这个意义上而言，国内现有研究需进一步深化，尤其是要注重范式的演变，根据我国的实际情况，充分吸取和借鉴已有的研究成果，建立符合中国特色的分析工具与理论模型，并在实践中予以检验和修正。

基于《中国农村贫困监测报告》2015 年和 2016 年中关于中国农村不同收入群体在消费结构和耐用品消费上的数据进行分析可以发现，中国农村贫困人口在医疗保健、教育等类别上的支出不足，食物消费支出的恩格尔系数并不是很高，衣着、居住等消费支出的比例反而不低；贫困者在电视机、手机、摩托车等耐用品上的消费比例也不低。这些消费行为与传统的理性经济人假设下的最优行为选择不相一致。方迎风、邹薇(2013)、方迎风(2014)则基于CHNS和CHIPS的数据研究发现,在健康冲击和自然灾害等外部冲击下,中国农村居民在卫生投资、教育支出、消费支出、生产性支出、培训支出等的下降对贫困有显著的不利影响,使得贫困居民容易陷入贫困陷阱。因此,行为反向也会显著作用于贫困动态变化。而现有国内研究更多地将焦点放在识别谁是贫困,这种贫困静态特征的研究不利于持久性脱贫政策的制定,行为选择会显著地影响贫困动态变化,对贫困者行为选择特征的识别才更便于贫困的动态瞄准和精准预测。

中国新时期采用的点对点扶贫、电商扶贫、产业扶贫、易地搬迁扶贫等精准扶贫模式取得了巨大的成功,但扶贫模式与扶贫成就都还有待从理论与实践评估中进行总结与推广。与此同时,这些精准扶贫下的政策行为效应,以及行为效应所引致的长期贫困和贫困动态变化也还有待进一步研究。这些问题的分析能为新时代下的相对贫困问题与全球其他国家的扶贫提供中国经验。因此,从行为视角进行扶贫研究,进而从行为特征出发动态监测贫困和进行贫困的早期干预,有利于贫困的动态识别瞄准,有利于贫困动态的前瞻性预测,有利于准确评估和提高减贫政策的效率,从而有利于建立一套中国特色的可持续的贫困动态识别和减贫的体制,为乡村振兴提供有力的制度保障。

# 第四章　多维视角下的贫困测度方法研究与中国应用

贫困是各国经济发展中不可规避的重要问题。党的十八大以来，扶贫攻坚始终是中国经济发展中的核心议题之一。党和政府非常重视当前中国贫困现状、强调扶贫的重要性，着重强调精准扶贫。简言之，贫困研究主要有三大部分：贫困的识别与测度、扶贫政策的制定以及宏观经济增长与贫困。其中，最为核心的还是贫困的识别与测度。不过从理论的发展历程来看，贫困测度方法研究已经相当成熟，主要有单一的收入(或支出)贫困测度和多维贫困测度两大类。本书认为，在精准扶贫目标下，多维贫困测度因更能揭示贫困的内涵、反映贫困者的行为、提出更有针对性的扶贫政策而显得更优，在当前与未来的贫困治理中，多维度进行贫困的识别应当是扶贫的主要方向。

然而，多维贫困测度需要进行维度、维度权重和加总方法的选择，从而使得多维贫困测度的结果有很大的不确定性，进而阻碍多维贫困测度在实际中的应用。如果不同的维度和权重组合导致贫困识别的结果有巨大的差异，则政策制定者会无所适从。而且，如果决策者有倾向性地选择特定的组合，很容易扭曲扶贫政策的初衷、有损扶贫政策的效果。因此，若要使多维贫困测度的方法进入实际操作层面，必须要确保测度结果的稳定性。本章要进行的稳定性分析，旨在从众多维度和权重组合中筛选出尽可能达到稳定性的组合，并分析维度和权重影响稳定性的机制。

与国内外既有研究相比，本章的研究工作具有以下特点：首先，本章重新构建随机占优方法，借此研究多维度识别结果在不同维度与权重选取下的敏感性，进而探讨影响多维贫困测度的稳定性机制，获取尽可能最优的测度体系，以提高多维贫困测度在实际中的应用。其次，本章以精准扶贫为目标，分析收入测度结果与多维贫困测度结果之间的关联性，并探讨不同收入群体内部的多维贫困差异。最后，本章以 CHNS（1989—2011 年）9 轮 22 年的数据为例分析稳定性，并测算中国多维贫困的动态变化趋势。

贫困动态的相关研究是以构建贫困指标为前提。从 Sen（1976）提出构建公理化贫困指标到 Foster 等人（1984）提出的一类满足可分可加性、单调性等公理的完备的贫困测度指标（以下简称“FGT 指数”），单一维度的贫困测度方法研究从此进入成熟阶段。然而，单一的收入贫困测度会忽视家户的脆弱性和贫困的长期性，也无法精准定位贫困的根源和起因。此后，Sen（1985）提出“能力贫困”的新视角，认为贫困应当被视为“基本能力的剥夺”，需要从教育、健康等多个维度构建多维贫困指数。贫困测度的研究从此有了新的发展方向——多维贫困测度。但是，由于各类指标无法做到一致，且部分指标数据存在非连续性等问题，多维贫困测度并不如收入贫困测度那样轻而易举，致使多维贫困测度在实际中的应用非常有限。Bourguignon 和 Chakravarty（2003）等大量文章研究公理化、可操作性的多维贫困测度方法，但也没有找到公认较好的测度方法。

Alkire 和 Foster（2011）提出了一种“双界线（dual cut-off）方法”来构建多维贫困指数。类似 FGT 贫困指数，该类多维贫困指数具有良好的性质，一经提出就被广泛应用于各国实际的贫困研究中（Ballon 和 Duclos，2015）。邹薇和方迎风（2011）等也都基于此方法构建多维贫困指数，研究中国多维贫困的现状与动态变化。目前，多维贫困测度研究主要集中在方法的修正和完善上，如权重选择（Cavapozzi 等，2013；邹薇、方迎风，

2012；Alkire、Fang，2019）、维度选择（Alkire，2010）以及稳健性研究（Alkire & Santos，2014）等。本章将基于“双界线”方法构建多维贫困指数，并主要研究多维度视角下的贫困识别结果在不同维度、不同权重下的稳定性。

## 一、多维贫困测度方法及稳定性分析方法

### （一）多维贫困测度指数构建

假设有 $n$ 个家户，$d$ 个维度。其中，第 $j$ 个家户第 $a_{ij}$ 个维度的值为 $a_{ij}$，$i=1,2,\cdots,n$，$j=1,2,\cdots,d$。维度 $j$ 的权重为 $w_j$，维度 $j$ 的贫困线为 $z_j$。“双界线”方法的多维贫困指数构建步骤如下（Alkire & Foster，2011）：

第一步，计算每个家户每一维度的贫困识别结果 $f_{ij}$。当第 $i$ 个家户第 $j$ 维度的取值 $a_{ij}$ 小于 $z_j$ 时，则该家户在此维度即为贫困，$f_{ij}$ 取值为 1，否则为 0。

第二步，计算每个家户的总体贫困状况 $\rho_i$。令 $c_i = \sum_{j=1}^{d} w_j f_{ij}$。假设维度贫困的临界值为 $k$，当 $c_i \geqslant k$ 时，则该家户为总体贫困的，此时 $\rho_i = c_i$；否则该家户不是总体贫困的，$\rho_i$ 取值为 0。

第三步，计算多维贫困指数 $M_0$。$M_0 = \frac{1}{n} \sum_{i=1}^{n} \rho_i$。如果假设总体贫困的家户数为 $q$，则 $M_0 = \frac{q}{n} \cdot \frac{1}{q} \sum_{l=1}^{q} \rho_l = H \cdot A$，其中 $\rho_l = \rho_i \neq 0$，$H = \frac{q}{n}$ 表示总体贫困发生率，$A = \frac{1}{q} \sum_{l=1}^{q} \rho_l$ 表示家户被剥夺的程度。

### （二）多维贫困测度稳定性分析方法：随机占优法

随机占优法在贫困和不平等测度的比较分析中使用较多，但之前在

贫困中的应用主要集中在贫困测度关于贫困线的敏感性上(Davidson、Duclos,2000)。本章则修正该方法,并将其引入多维贫困指数关于权重和维度变化的稳定性分析中。首先将多维贫困指数结果按收入由小到大进行排列,计算出每个收入以下的人口累积比例 $p$。按 $p$ 多维贫困的累积分布函数 $F(p)$。如此构造有三个方面的好处:其一,可以比较不同维度和权重组合下的多维测度结果差异;其二,可以比较多维测度结果与收入贫困测度结果之间的关系;其三,可以测度贫困群体内部的不平等。

假设 $F_1(p)$ 和 $F_2(p)$ 为两个不同权重或不同维度组合下的多维贫困累积分布。则 $F_1(p)$ 一阶占优 $F_2(p)$ 当且仅当 $F_1(p)<F_2(p)$。此时,一阶占优有三重含义:第一,说明不同权重和维度组合下的多维贫困测度结果之间有差异,并且两个分布离得越远,测度结果间的差异越大。第二,如果多维贫困累积分布越靠近 45 度线,则说明多维度识别的贫困结果与收入识别的结果差异越大。如果与 45 度线重合,则说明多维度识别的贫困群体均匀分布在各个收入点上。第三,如果 $F_1(p)$ 一阶占优 $F_2(p)$,则说明相对于 $F_1(p)$ 分布,$F_2(p)$ 分布下的群体中,多维不平等程度更为严重。

## 二、中国健康与营养调查数据下的多维贫困测度结果

### (一) 数据介绍

本章分析数据来自中国健康与营养调查(China Health and Nutrition Survey,简称 CHNS)。该调查始于 1989 年,到目前为止共进行了 9 次(分别在 1989 年、1991 年、1993 年、1997 年、2000 年、2004 年、2006 年、2009 年、2011 年)。在 1997 年之前调查包括 8 个省份,辽宁、山东、江苏、河南、湖北、湖南、贵州和广西,在 1997 年用相邻的黑龙江代替未能参加调

查的辽宁，从 2000 年开始对以上 9 个省份都进行调查，该 9 个省份的地理位置与发展水平都具有一定的代表性（东部的山东和江苏；东北部的黑龙江和辽宁，中部的河南、湖北和湖南以及西部的贵州和广西）。2011 年的调查增加了北京、重庆、上海三个直辖市，但考虑到数据的完整性，本章并未将该三个城市的数据纳入分析。该调查采用多阶段的随机集群抽样方法，每年大约 3400—4400 个家庭住户共 19000 左右的个体样本。

### （二）多维测度中的维度说明

在维度的选取上，本章选取了健康、教育、卫生设施、饮用水、做饭燃料、住房、耐用品拥有以及电话拥有共 8 个维度。其中，健康和住房的数据在 1997 年之前和 2009 年、2011 年都是缺失的。因此，本章在测算多维贫困动态变化时，选用除健康和住房以外的其他 6 个维度。而在进行稳定性分析时，则以 2006 年作为研究对象进行分析。另外，考虑到现代社会电话拥有是信息流通的主要方式，因此将电话拥有单独拿出来作为一个指标。各维度以及维度贫困线的说明如表 4. 1 所示。

在测度收入贫困时，本章使用 2300 元/人年（2010 年不变价）的国家贫困线（该贫困线在当年的平均汇率下，基本相当于国际贫困线 1 美元/人天），同时，家户收入进行价格和家户规模调整。另外，由于考察的是家户数据，部分维度与维度贫困线的选取比较特别。例如，健康维度的贫困是指，如果家户中有一个成员认为其健康为差，则认定该家户存在健康贫困。教育维度贫困是指，如果家户中最高教育水平是没有小学毕业，则认定该家户为教育贫困。另外，还有部分维度的贫困具有区域特征，比如农村的饮用水、做饭燃料以及卫生设施。其他各维度的贫困线的介绍参见表 4. 1。

表 4.1　指标说明及贫困线界定

| 指标名称 | 指标的说明 | 指标贫困线 |
| --- | --- | --- |
| 收入 | 家户净收入经价格和家户规模调整 | 2300 元/人年(2011 年不变价) |
| 健康 | 选用自评健康指标,有 4 个等级:非常好、好、一般、差 | 家户中如果有成员认为健康为差,该家户即为健康贫困 |
| 教育 | 教育有以下类别:小学没毕业、小学毕业、初中毕业、高中毕业、中职毕业、大学及以上毕业 | 家户中最高教育水平如果是小学没毕业即为贫困 |
| 卫生设施 | 厕所类型:没有厕所,室内冲水,室内马桶、室外冲水公厕,室外非冲水公厕,开放式水泥坑,开放式土坑,其他 | 如果家户没有室内冲水厕所、室外冲水厕所和室外公厕即为贫困 |
| 饮用水 | 水源:地下水(>5 米);敞开井水(<5 米);小溪、泉水、河、湖泊;冰雪水;水厂;其他 | 如果家户用水来源不是大于 5 数据的地下水或水厂即为贫困 |
| 做饭燃料 | 做饭燃料有煤;电;煤油;液化气;天然气;木柴、柴草等;木炭;其他 | 如果家户做饭燃料使用的是木柴、柴草和木炭即为贫困 |
| 住房 | 国家的;单位的;租私人的;自己的;免费居住;部分产权 | 如果住房不是国家、单位的和私人的即为贫困 |
| 耐用品 | 电视机、冰箱、空调、洗衣机、缝纫机和相机 | 如果所列的耐用品家户都不拥有即为贫困 |
| 电话 | 固定电话、手机 | 如果家户没有电话或手机即为通信贫困 |

### (三)收入贫困与等权重下的多维贫困动态差异

首先,在 2300 元/人年(2011 年不变价)的国家贫困线下,中国的收入贫困发生率由 1989 年的 42.49%下降到 2011 年的 12.4%(如图 4.1 所示)。而在 6 个维度下,测算的多维贫困发生率由 1989 年的 49.87%下降到 2011 年的 6.9%。说明在这 20 年内,相对于收入来说,家户生活质量的提高更为明显。在 8 个维度下,测算的多维贫困发生率由 1997 年的 38.15%下降到 2006 年的 18.57%,多维贫困指数值由 2000 年的 0.1424 下降到 2006 年的 0.0838。因此,不管是收入贫困还是多维贫困在 2011 年都依然相对严重。多维贫困测度的结果关于维度贫困线的选择也变化较为明显，当维度贫困线由 2 增加到 4 时，2011 年的多维贫困发生率由 23. 39%下降到 2. 35%。

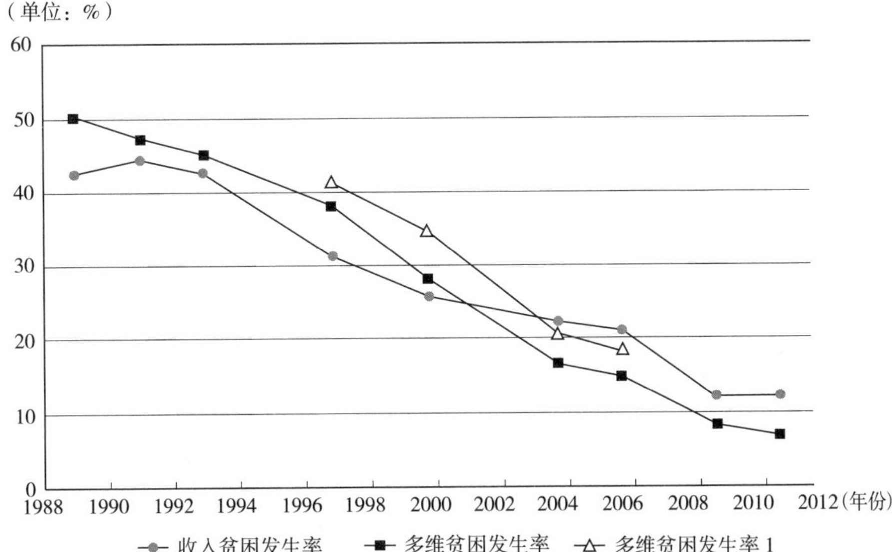


**图 4. 1　1989—2011 年 CHNS 数据收入贫困发生率和多维贫困发生率的动态变化**

注：(1) 多维贫困发生率是在维度贫困线为 3 的情况下计算的；(2) 图标多维贫困发生率是指在教育、饮用水、卫生设施、做饭燃料、耐用品、电话 6 个维度下的贫困发生率，图标多维贫困发生率 1 则是在包括健康、住房 8 个维度下的贫困发生率。

其次，以 2011 年为例，如表 4. 2 所示，在维度贫困上，卫生设施贫困最为严重，卫生设施不达标的比例达到 37. 88%，其中农村的卫生设施贫困发生率达到 52. 07%，城市卫生设施不达标比例为 8. 06%。教育、饮用水、做饭燃料、耐用品和电话的贫困发生率分别为 13. 11%、8. 07%、16. 12%、2. 16%、7. 61%。由于中国农村的长期生活习惯，饮用水、卫生设施、做饭燃料的高贫困发生率主要来自农村。此外，由于经济、各种投入资源的差异，城市在教育、耐用品和电话拥有方面具有主要优势，因此，根据所选的指标，相对城市，农村的多维贫困更为严重，两者的多维贫困差距要远超过收入贫困。

**表 4.2　2011 年多维贫困指数测算及各指标贫困发生率**

| | 贫困发生率 | | |
|---|---|---|---|
| | 总计(%) | 城市(%) | 农村(%) |
| 收入和 2011 年 | 12.40 | 9.49 | 13.78 |
| M0(K=3)和 2011 年 | 6.90 | 1.07 | 9.67 |
| 教育 | 13.11 | 8.27 | 15.41 |
| 卫生设施 | 37.88 | 8.06 | 52.07 |
| 饮用水 | 8.07 | 2.07 | 10.93 |
| 做饭燃料 | 16.12 | 2.35 | 22.67 |
| 耐用品 | 2.16 | 0.93 | 2.75 |
| 电话 | 7.61 | 3.7 | 9.47 |

最后,以 2011 年为例,九个省份的多维贫困程度按高到低排列依次为:贵州、湖北、山东、河南、黑龙江、广西、江苏、湖南、辽宁。它们的总体贫困发生率分别为 13.59%、7.87%、7.16%、6.61%、6.29%、5.79%、5.35%、5.10% 和 4.19%。多维贫困的省份排序与经济发达程度的排序并不一致,经济发达的山东的多维贫困程度排在第三位,中部的湖南和东北的辽宁多维贫困程度是最轻的,贵州依然是多维贫困程度最为严重的地方,多维贫困发生率达到 13.59%。由此可见,在精准扶贫的大背景下,需要根据所关注的目标制定相应的减贫政策。如果我们更看重个体的生活质量,在多维贫困测度体系下,减贫政策的制定与收入贫困测度下有很大的差异。

## 三、多维贫困测度的稳定性分析

虽然较之于单一维度的收入贫困,多维贫困更能说明家户的贫困内涵,对扶贫政策的指定也更具有现实针对性,但是,由图 4.1 可知,维度的减少会显著地改变多维贫困的发生率。因此,多维贫困测度的结果极易受到维度和权重选择的影响,本节将以2006年的数据为例来分析维度和权重的变化对多维贫困的识别结果所产生的影响,以测试多维贫困测度的稳定性。

### (一) 维度变化引起的多维贫困变化

在8个维度中任意选择7个维度构建多维贫困指数,共有8种组合,每一种组合是以缺失的维度进行命名,然后比较任意两种多维贫困之间的变化。首先进行随机占优的比较。从图4.2的多维贫困累积分布可以看出,缺失卫生设施组合的累积分布明显被其他组合的累积分布占优,并且其他组合的累积分布之间的占优关系不是很明显,基本上是重合的。也就是说,缺失卫生设施组合的多维贫困累积分布偏离对角线更远。该现象一方面,说明除了缺失卫生设施的组合外,其他组合所识别的贫困排序的差别基本不大;另一方面,说明相比于删除其他维度,卫生设施的删除对多维贫困的影响更为严重,并且删除这一维度后,多维度下所识别的贫困人口集中于较低收入群体。

然后,本章进而观察各种维度组合之间的贫困识别一致比例。从表4.3中可以看出,如果将不同组合所识别的贫困差距进行排序。首先,缺失卫生设施维度的组合所识别的贫困与其他组合所识别的贫困之间的差距最大,其与M0识别一致的比例为90.94%。但删除卫生设施后的组合与收入所识别的比例最高。综合说明,删除卫生设施后,多维测度结果更为稳定。其次的顺序为电话、做饭燃料等。对比表4.3中的结果可以发现,相对M0来说,维度的改变对多维贫困识别的影响主要取决于各自维度贫困对多维贫困的贡献。8种组合中任意两种组合之间识别的差异也基本符合这种规则,而与此规则有出入的地方可能与维度之间属性关联度有关系。进一步确认发现,不同组合所识别贫困之间的差异与各自所缺失维度的总体贫困发生率之间的相关系数非常一致。

因此,维度选取的随意性会影响多维贫困识别的结果。由于在现实世界中,不同群体会因其文化、生活习惯、地理位置等因素而具有属于其特有的能力贫困,而此类特有贫困会因其对多维贫困的贡献不一样使多维贫困识别的结果有差异。例如,针对城乡来说,假设用一个缺失卫生设施(或者饮用水、做饭燃料)的多维组合和另一个缺失住房的多维组合进行比较分析,则可知两种组合的结果在城乡之间的差异将非常大。原因是,卫生设施、饮用水、做饭燃料在农村中非常严重,而住房则在城市中较为严重,各自的变化会极大改变各维度对多维贫困的贡献。

但是,如此也会导致维度的选择存在矛盾:一方面,如果要增加多维贫困测度结果的稳定性,则要求维度组合中任一维度的删减不能显著地改变其他维度对多维贫困的贡献。例如,由图 4.2 可知,在等权重下,应该选择不包含卫生设施这一维度的组合。另一方面,根据前述原则选择维度来测度贫困,则又不能准确地刻画不同地区的贫困。比如,农村可能就是因为卫生设施(饮用水、做饭燃料)非常贫乏,从而使得贫困状况更甚,如果为了稳定性删除它显得不太合理。尽管如此,多维贫困测度因其更能全方位地揭示贫困的内涵而在扶贫指导中相对更较有价值。

### (二)不同权重下的多维贫困比较

#### 1. 权重的构造与计算

相对之前的等权重,接下来将考虑另外两种权重:专家权威法和频率法。第一种是类似 Alkire 和 Foster(2011)的做法,结果如表 4.3 所示。第二种是频率法,原则是发生贫困频率越小的指标,给予的权重越大。此权重的基本思想是,在越是日常普遍使用的物品上不能得到满足,说明该家户越是贫困,因此应该给予该维度更高的权重。本章借鉴方迎风

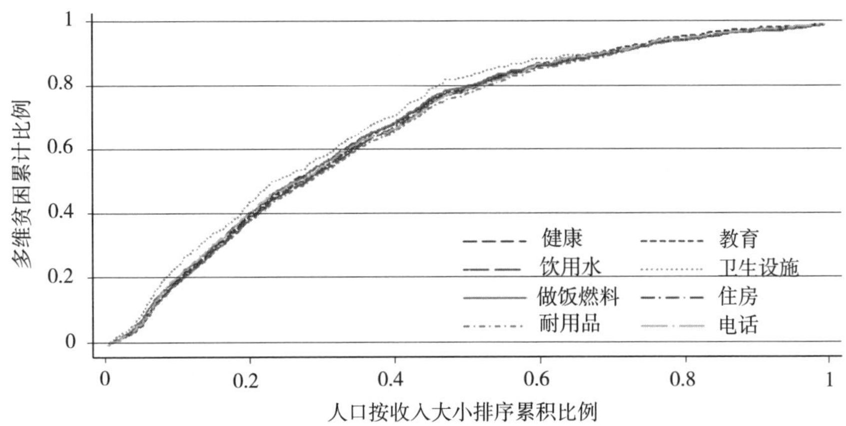


**图 4.2 2006 年不同维度组合下的多维贫困累积分布**

注:图中图例名称是以缺失维度命名,如健康,表示的是 7 个维度中不包括健康,表 4.3 中健康、教育、饮用水、卫生设施、做饭燃料、住房、耐用品和电话也是同理命名。

(2012)在用模糊集方法测度多维贫困中的做法构建该种类型的权重。假设每个维度的贫困发生率为 $h_j$,则每个维度的权重构建公式如下: $w_j = \ln(1/h_j)/\sum_{j=1}^{d}\ln(1/h_j) = \ln h_j/\sum_{j=1}^{d}\ln(h_j)$ 。从表 4.3 中可发现,由于住房和耐用品的贫困发生率最小,因此它们在频率法下的权重最高,分别达到 0. 1927 和 0. 1984。

**表 4.3 专家权威法和频率法两种方法构建的权重及测度结果**

| | 健康 | 教育 | 饮用水 | 卫生设施 | 做饭燃料 | 住房 | 耐用品 | 电话 | M0 (K=3) |
|---|---|---|---|---|---|---|---|---|---|
| 专家权威法 | 1/6 | 1/6 | 1/9 | 1/9 | 1/9 | 1/9 | 1/9 | 1/9 | 0. 0689 |
| 频率法 | 0. 1164 | 0. 1209 | 0. 1331 | 0. 0470 | 0. 0937 | 0. 1927 | 0. 1984 | 0. 0978 | 0. 0333 |

## 2. 不同权重下的多维贫困比较

由表 4.3 可知,经过合理的调整过后,相应的多维贫困指数结果下降了很多，在维度贫困线为 3 的情况下，多维贫困指数结果由等权重的 0.838 下降到专家权威法的 0.0689 以及频率法的 0.0333。这意味着权重的改变对多维贫困指数的结果改变非常大。

进一步地，观察不同权重下贫困识别结果的差异。首先，表 4.4 中可以观察到专家权威法与等权重法下识别结果的重合比例达到 95.63%，而频率法权重与等权重下识别对象重合比例为 88.14%。其次，由图 4.3 可知，等权重与专家权威法的多维贫困识别结果的累积分布基本重合，不存在明显的占优关系，而频率法权重下的多维贫困累积分布被其他两种严格占优。此现象说明，相对于专家权威法，频率法权重与等权重下的识别结果差异较大。图 4.3 中的结果还表明三种权重下的多维贫困识别结果与收入贫困识别结果有一定的差异。其中，相对另外两种权重的累积分布，频率法下的累积分布更远离对角线，所以其与收入贫困识别结果的差异更小。同时，表 4.4 中也显示，频率法权重下识别的贫困与收入贫困重合的比例是最高的，达到 78.25%。由于维度的变化主要取决于各维度对多维贫困结果的贡献，因此，就不再重复地去计算不同维度组合之间的一致比例。当然，频率法较等权重更为复杂的是，随着维度组合的变化，权重也在发生变化。因此，在频率法权重下，维度的改变不仅需要看维度的贡献变化，还需要看权重的变化。

因此，在当前的各种权重比较中，由于频率法权重构建原则是贫困发生率越低的维度给予较高的权重，这样就降低了一部分由于特殊情况而带来的较高贫困发生率维度对多维贫困测度结果的影响，也就提高了多维贫困测度结果的稳定性。因此，从当前论述中可以得出的结论是，频率法权重下的多维贫困测度结果具有较高的稳定性。当然，这不是严格的证明，只是针对本章的比较分析而得出的结论，至于验证可能还需要进行大量的其他不同权重的选择、维度选取以及加总方法选择情况下的分析。

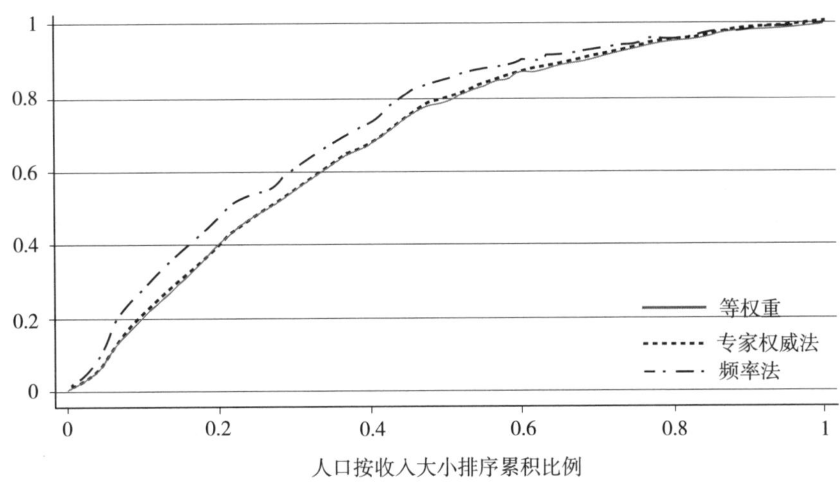


**图 4.3 2006 年不同权重下多维贫困累积分布**

**表 4.4 各种维度组合下的贫困识别相一致的比例** （单位:%）

| | 收入 | M0 | M01 | 健康 | 教育 | 饮用水 | 卫生设施 | 做饭燃料 | 住房 | 耐用品 | 电话 |
|---|---|---|---|---|---|---|---|---|---|---|---|
| M0 | 75.03 | | | | | | | | | | |
| M01 | 76 | 95.63 | | | | | | | | | |
| M02 | 78.25 | 88.14 | 92.23 | | | | | | | | |
| 健康 | 76.25 | 97.13 | | | | | | | | | |
| 教育 | 76.21 | 95.93 | | 94.21 | | | | | | | |
| 饮用水 | 75.66 | 96.99 | | 95.17 | 94.16 | | | | | | |
| 卫生设施 | 77.89 | 90.94 | | 92.16 | 92.99 | 92.80 | | | | | |
| 做饭燃料 | 76.71 | 94.46 | | 93.98 | 92.83 | 93.66 | 95.20 | | | | |
| 住房 | 75.36 | 99.40 | | 96.76 | 95.61 | 96.57 | 91.03 | 94.32 | | | |
| 耐用品 | 75.15 | 99.29 | | 96.60 | 95.68 | 96.37 | 91.06 | 93.98 | 98.74 | | |
| 电话 | 76.92 | 93.66 | | 93.17 | 94.18 | 93.03 | 94.44 | 92.76 | 93.56 | 93.95 | |

注:M01 表示专家权威法权重下的多维贫困程度,M02 表示频率法权重下的多维贫困程度。

## 四、总结与讨论

在精准扶贫的目标下，相对于收入贫困测度，多维贫困测度更能破除信息不对称所导致的识别偏差，提高贫困识别的精准度，使得扶贫政策的出台更有针对性也更有效率。不仅如此，随着时代的进一步发展，多维度衡量一个人或家庭的贫困状况将日益重要。当然，不容忽视的是，多维贫困测度的结果易受到维度指标、权重和加总方法选择的影响，这些又会增加识别的不稳定性，从而阻碍多维贫困测度的应用。本章基于多维贫困指数测算研究多维贫困指数关于维度选取、权重选择的稳定性。经过分析，本章得到了以下结论：

1. 相对于收入贫困，多维视角下识别的贫困下降更为明显，但是，在2011 年的贫困发生率依然有 6.9%。其中西部贵州多维贫困最为严重。由于多维贫困测度下的省份排序与经济发展程度的排序有很大的差异，因此，在以改善个体的能力和提高家户的生活质量为扶贫目标时，扶贫政策的制定就必须以多维贫困作为瞄准对象。另外，由于生活习惯和生活资源缺乏，相对城市，农村在教育、卫生设施、饮用水、做饭燃料、耐用品、电话方面的贫困都要严重。这说明贫困地区的居民不仅收入贫困严重，生活质量、能力等也非常贫困。因此，扶贫将不仅是一个现金转移支付的过程，还需要有针对性地对个体的教育、健康等能力和生活质量进行提升。

2. 在等权重下，多维贫困测度下识别的贫困与收入识别的贫困随着时间推移越来越一致。不同维度组合下贫困识别的差异主要决定于缺失维度对多维贫困的贡献，卫生设施对多维贫困的贡献最大。因此，缺失卫生设施维度的多维贫困识别结果与没有任何维度缺失下的贫困识别结果差别最大,与缺失其他维度组合下的多维贫困识别结果也差异较大。

3. 不同权重下多维贫困指数的变化较大,尤其是频率法权重与等权重之间,频率法下不同维度对多维贫困的贡献与等权重下也变化较大。频率法权重下的多维贫困指数值显著地低于等权重下的,并且与收入贫困识别的结果一致性更强。由频率法权重设置的原则致使各维度对多维度贫困的贡献并没有等权重下那么大,频率法权重下的各维度组合测度的多维贫困识别的结果稳定性更高。但是,频率法权重下各种维度组合之间的比较复杂得多,因为每一种组合的权重都会发生变化。另外,目前还没有研究得出到底哪类权重更为合理,并且在一个统一的福利框架下找到满足所有人偏好的权重是不可能的,而异质性的权重又不利于决策者制定政策,因此,权重的选择还需要进一步研究。

总之,以精准扶贫为目标,从健康、教育、资产等各维度获取更多的信息是政府评估个体以及家户贫困状况的较优方法。如果从多维的视角来扶贫,则要求投入更多的资源用于提升居民的健康、教育等能力以及其生活质量。如果想真正地将多维贫困测度方法贯彻使用,则需要选择合适的维度反映家户的能力,选择合适的权重反映维度配置,降低维度选取和权重选择随意性可能引起的贫困识别波动较大的问题。

# 第五章 多维视角下相对贫困的测算方法及中国的可能性应用

中国农村减贫取得了举世瞩目的成就,农村贫困人口从 2012 年的 9899 万人锐减到 2019 年的 551 万人,共计减少 9348 万人,贫困发生率从 2012 年的 10.2%下降至 2019 年的 0.6%。在现行贫困标准下,2020 年底,中国完成现行标准下全体脱贫的目标,全面建成小康社会。虽然新冠肺炎疫情的暴发,使得脱贫攻坚遇到了挑战,但绝不影响中国人脱贫的决心。习近平总书记在 2020 年 3 月 6 日决胜脱贫攻坚座谈会强调,到 2020 年现行标准下的农村贫困人口全部脱贫,是党中央向全国人民做出的郑重承诺,必须如期实现。与此同时,习近平总书记也指出:“脱贫摘帽不是终点,而是新生活、新奋斗的起点,要继续推进全面脱贫与乡村振兴有效衔接,推动减贫战略和工作体系平衡转型。”

在全面建成小康社会、实现第一个百年奋斗目标的关键节点,党的第十九届四中全会明确指出:“坚决打赢脱贫攻坚战,巩固脱贫攻坚成果,建立解决相对贫困的长效机制。”这表明在现行贫困标准下,绝对贫困问题的解决并不意味着扶贫工作的终结。新时代的扶贫工作在巩固扶贫成果的同时,应逐步将工作重心从消灭绝对贫困转移到缓解相对贫困。相对贫困将成为 2020 年后的“后扶贫时代”中国扶贫体系构建的核心基础,相对贫困人口将是未来中国扶贫的主要对象。

在当前阶段,中国衡量相对贫困的主要标准大多停留在收入层面,且没有形成相对成熟的相对贫困衡量标准，因而新型贫困标准的制定对未来扶贫战略而言至关重要。随着时代的发展，相对贫困的内涵不断得到丰富，从中国全面建成小康社会的要求和联合国可持续发展峰会提出“2030 年前消除一切形式的贫困”的目标出发，2020 年后的贫困定义和贫困标准必定是多维度的（王小林，2016；Alkire & Fang，2019）。针对新时代相对贫困标准制定问题，本章参考、借鉴 Alkire-Foster 多维贫困测度方法和收入相对贫困标准设定原则，尝试构建多维视角下的相对贫困测度方法，并结合 Sen（1999）提出的可行性能力理论，纳入教育、健康、生活水平等其他维度指标，建立多维情形下的相对贫困测度体系。最后，基于构建的多维相对贫困测度体系，本章采用中国家庭追踪调查（CFPS）2010 年、2012 年、2014 年、2016 年、2018 年共五次调查数据，对多维情形下的相对贫困和绝对贫困进行测算，分析中国贫困的动态变化情况。并通过实证研究，观察多维绝对贫困和多维相对贫困的特征，为后续针对相对贫困展开的扶贫战略提供政策思路。

## 一、相对贫困的研究脉络

早期，学者倾向于将贫困划分为基于生存需求界定的绝对贫困和以相对收入界定的相对贫困。早期的绝对贫困标准源于 Rowntree（1901）提出的“最低温饱线”理论，在此理论中用“获得维持体力的最低需求”的“购物篮子”来测量贫困。在此之后，国际上通常采用满足饮食、住房、交通等基本生存需求所需最低经济水平来衡量贫困。在全球经济和社会内部发展不平衡的背景下，部分学者逐渐认识到贫困不仅仅是指基本生存需要，还包含着在生活中的不平等和相对剥夺。Strobel（1996）提出个人如果不能享有参与社会活动等的基本社会权利，那么也属于贫困。Foster

(1998)认为,贫困的测度应当基于需求资源的比较,在资源达不到贫困线水平时,就处于贫困状态。

在能力贫困理论被提出后,学者们逐渐转向用多维视角分析贫困问题。Sen(1976)将个体获得食品、健康、教育、社会参与等各种功能性活动的能力称为可行性能力。随后,Sen(1999)提出在上述功能性活动的能力被剥夺的情形下出现贫困。能力贫困理论指出了贫困的核心内涵,良好的生活状态和福利水平是人们所向往的目标,而收入只是实现目标的一种手段,这一理论极大地拓展了社会对贫困问题的视角。

目前,我国正处于由治理绝对贫困到缓解相对贫困的过渡时期,整体贫困状况呈现出绝对贫困与相对贫困并存的特点。贫困人口的收入水平和生活状况均与社会平均水平有较大的差距,相对贫困问题不容忽视。李永友、沈坤荣(2007)提出,相对贫困问题很难由市场机制解决,需要政府重新调整社会财富的分配状况。其中,一种解决方式即为调整对相对贫困的认知,构建相对贫困衡量体系(顾昕,2011;池振合、杨宜勇,2012)。然而,由于在特定的发展阶段,国内对贫困问题的研究集中在绝对贫困问题上(童星、林闽钢,1994;邓维杰,2014;汪三贵、郭子豪,2015)。相对贫困问题的研究相对较少,近几年才开始兴起。其中,刘宗飞(2013)较早地对吴起县的相对贫困进行了动态测度,偶有文献尝试讨论相对贫困这一概念(孙久文、夏添,2019),王小林、冯贺霞(2020)则尝试提出多维相对贫困标准的政策取向。沈扬扬、李实(2020)建议分城乡设置相对贫困标准,并将相对贫困标准设定为居民中位收入的40%。

当前其他主要研究则多是兼论相对贫困,如李永友、沈坤荣(2007)讨论财政支出结构、相对贫困与经济增长,蔡昉、都阳(2002)在讨论迁移时,检验相对贫困假说,陈宗胜等(2013)则在讨论中国农村贫困状况的绝对和相对变动时,对相对贫困线的设定给予了讨论。鉴于中国衡量相对贫困的主要标准为考量收入层面的相对贫困线,并没有形成相对成熟的相对贫困衡量标准,因此,相对贫困标准的重新制定对未来扶贫战略而言至关重要。

在基本消除绝对贫困的背景下,重新制定相对贫困标准时有两个问题不容忽视:一是评估相对贫困的维度,即在相对贫困衡量过程中究竟是采用单一的收入维度还是选取多维度的方式对相对贫困进行评估。现有文献大多采用单一收入维度评估相对贫困状况。其中,Zheng(2001)采用平均收入的百分比作为贫困线进行分析,Ravallion 和 Chen(2011)提出放宽收入水平限制的弱相对贫困线理论,孙久文、夏添(2019)提出在不同时期选用不同比例的居民平均收入作为相对贫困线。然而,贫困不仅仅包含收入不能满足基本需求引起的"贫",也包括健康、教育等功能性活动能力被剥夺造成的"困"(王小林、Alkire,2009;王小林,2012;邹薇、方迎风,2012)。从我国实现全面小康、全面发展的要求出发,2020 年后的贫困定义和标准必然是多维度的。目前已有学者尝试从多维视角评估相对贫困程度,王小林、冯贺霞(2020)基于可行能力理论构建了多维相对贫困标准概念框架,提出中国 2020 年后多维相对贫困标准的政策取向,施琳娜、文琦(2020)将多维度减贫效应延伸至相对贫困机制的建立,仲超、林闽钢(2020)尝试分析相对贫困家庭的多维剥夺状况及其影响因素。

另一个问题则是在多维视角下相对贫困测度方法的选取问题。事实上,在单一维度方面已经存在相当多的测度方法(程永宏等,2013;Maria 和 Stefan,2015;Philip 和 Guido,2020),然而多维相对贫困的测度方式与前者具有较大的差异性,而更接近于多维贫困的测度方式。目前,多维贫困的测度方法可以简单总结为两大类:一类是不考虑不同维度间关系边缘分布方法;另一类是考虑维度间关系联合分布的方法(Alkire et al.,2015)。边缘分布方法中比较简单的是仪表盘法,该方法将多维贫困的每一维度单独处理,此外还有一种边缘分布方法是综合指数法(Seth,

2009),如由联合国开发计划署发布的人类贫困指数。联合分布方法则是更为广泛使用的多维贫困测度方法,常用的方法有反映不同贫困维度间交叉剥夺的维恩图(Ferreira 和 Lugo,2013),基于聚类分析、因子分析的统计学方法(Caruso et al. ,2014)等。由 Alkire 和 Foster 所开发的 AF 多维贫困测度方法正是满足了多维贫困测度的若干公理化准则(Alkire 和 Foster,2011),被联合国开发计划署所采纳,成为目前测量和评估多维贫困的主流方法。

## 二、多维情形下相对贫困体系的构建

### (一) 多维贫困线的划定

本章拟在 Sen 的可行能力研究法理论基础上,采用 AF 方法来构建绝对情形下的多维贫困指数。

首先假设社会中有 $n$ 个独立个体,任取其中一个个体 $i$,$i$ 的社会福利状况由收入健康教育等共 $d$ 个指标度量($d \geqslant 2$)。考虑 $n*d$ 维矩阵 $Y=[y_{ij}]$,其中 $i=1,\cdots,n,j=1,\cdots,d$。行向量 $Y_i$表示个体 $i$ 在各个维度下的状态,列向量 $Y_j$表示在维度 $j$ 下所有个体的状态。

为了从单个维度和整体多个维度下识别贫困个体,本章选用双临界值法来识别贫困个体,将两个临界值分别取为 $z$ 临界值和 $k$ 临界值,其中 $z$ 临界值用以识别单个维度下个体的贫困状态,$k$ 临界值用来判断在多维情形下个体的整体贫困状态。

取 $z_j$为维度 $j$ 的剥夺临界值,$Z$ 为剥夺临界值的行向量,也就是多维绝对贫困线。定义剥夺矩阵 $g^{\alpha}=[g_{ij}^{\alpha}]$,其中 $g_{ij}^{\alpha}$可以表示为:

$$g_{ij}^{\alpha}=\begin{cases}\left(\dfrac{z_j-y_{ij}}{z_j}\right)^{\alpha}, & y_{ij}<z_j\\ 0, & y_{ij}\geqslant z_j\end{cases} \tag{5.1}$$

当 $\alpha=0$ 时，$g_{ij}^{\alpha}$表示个体 $i$ 在维度 $j$ 的剥夺状况，当 $g_{ij}^{\alpha}=1$ 时表示被剥夺，相当于在维度 $j$ 上处于绝对贫困的状态，当 $g_{ij}^{\alpha}=0$ 时表示未被剥夺，即是在维度 $j$ 上不处于贫困状态。

取维度 $j$ 的权重为 $\omega_j$，将权重对应到个体 $i$ 的各个维度以完成赋权过程。个体 $i$ 在各个维度上被剥夺情况的加权总和即为个体 $i$ 的加权剥夺总分，加权剥夺总分可以用 $c_i$表示，$c_i$可以表示为：

$$c_i = \sum_{j=1}^{d} \omega_i g_{ij} \tag{5.2}$$

第二个临界值为 $k$ 临界值，将 $k$ 临界值与 $c_i$进行大小，比较以识别多维情形下个体的整体多维贫困状态。若 $c_i\geqslant k$，个体被剥夺程度大于或者等于 $k$ 临界值，在整体上个体 $i$ 被视为处于多维贫困状态，若 $c_i<k$，则在整体上个体 $i$ 不被视为处于多维贫困状态。

### （二）多维情形下相对贫困线的划定

本章基于 Sen（1999）的可行能力理论，参照 Alkire 和 Foster（2007）对多维贫困程度的设定，将相对贫困线从由收入决定的一维情形拓展到受多个维度影响的多维情形，构建多维情形下的相对贫困衡量体系。

从 AF 多维绝对贫困的识别过程可以发现，整体的界定过程中有两个关键指标，$z$ 临界值和 $k$ 临界值。然而模型在临界值的设定方面做得并不完善：其中 $z$ 临界值在 AF 方法中被设定为衡量单个维度是否被剥夺的临界值，适用性局限于单个维度对应单个指标的情形，当选取的维度中包含多个指标时，$z$ 临界值并不能良好地评估维度的被剥夺情况。

同时临界值的大小也在整个贫困识别过程中起到关键性作用。在

AF 模型中,国际通常采用的 $z$ 临界值和 $k$ 临界值均为确定的,具有很强的主观性和限制性。为了使识别结果能够真实反映多维情形下相对贫困情况,本章考虑将 $z$ 临界值和 $k$ 临界值进行重新定义,分别将其替换为 $m$ 临界值与 $h$ 临界值,从而得到在一维和多维情形下相对贫困的衡量结果。具体的设定如下。

当维度 $j$ 内,定义 $c_j$ 为加权剥夺总分,选取 $m_j$ 为加权剥夺总分 $c_j$ 均值的一定比例值,用 $a$ 来表示该特定比例,从而 $m_j$ 可以表示为:

$$m_j = \bar{c}_j * a \tag{5.3}$$

定义 $m_j$ 为维度 $j$ 的相对贫困剥夺临界值,并重新定义剥夺矩阵 $g^{\alpha} = [g_{ij}^{\alpha}]$,$g_{ij}^{\alpha}$ 的取值为:

$$g_{ij}^{\alpha} = \begin{cases} 0, & c_{ij} < m_j \\ \left(\dfrac{c_{ij} - m_j}{m_j}\right)^{\alpha}, & c_{ij} \geqslant m_j \end{cases} \tag{5.4}$$

当 $\alpha = 0$ 时,$g_{ij}^{\alpha}$ 表示个体 $i$ 在维度 $j$ 的剥夺状况,当 $g_{ij}^{\alpha} = 1$ 时表示被剥夺,相当于个体 $i$ 在维度 $j$ 上处于相对贫困状态,当 $g_{ij}^{\alpha} = 0$ 时表示未被剥夺,也就是不处于贫困状态。

接下来对 $h$ 临界值进行设定。首先,对各个维度进行赋权,假设维度 $j$ 的权重为 $\omega_j$,个体 $i$ 在各个维度上的加权即为个体 $i$ 的加权剥夺总分 $c_i$,其中 $c_i = \sum_{1}^{d} w_i g_{ij}$,从而可以得到 $c_i$ 的分布状况。其次,基于相对贫困是将低于社会平均福利水平一定比例的人群定义为相对贫困人口,本章将 $h$ 临界值设定为一个被剥夺维度数占平均被剥夺维度数量的比例阈值,即加权剥夺总分 $c_i$ 均值的一定比例,假设用 $b$ 来表示该特定比例,则 $h$ 可以表示为:

$$h = \bar{c}_i * b \tag{5.5}$$

例如,考虑在 $h$ 取值为 $h = 0.3 * \bar{c}$,并且平均被剥夺维度数量为 $k$ 的情形下,当被剥夺维度数量超过平均维度数的 30%,可以判定该个体处于多维相对贫困状态,其他情形则不处于多维相对贫困状态。

### (三) 多维情形下相对贫困指数的计算

Alkire 和 Foster(2011)对多维贫困模型进行了修正,根据贫困识别函数对剥夺矩阵进行删减,这里定义剥夺矩阵的表达式为:

$$g_{ij}^{\alpha}(k)=g_{ij}^{\alpha}*\rho_k(Y_i,M) \tag{5.6}$$

其中 $\rho_k(Y_i,M)$ 为贫困识别函数,当个体 $i$ 在多维情形下处于相对贫困状态时,记 $\rho_k(Y_i,M)=1$,否则记其为 0。简而言之,即将非贫困人口剥夺矩阵设为 0,贫困个体剥夺矩阵保持不变。

根据剥夺矩阵的选定,可以得到个体 $i$ 的加权剥夺总分,将其记为 $c_i(k)$,$c_i(k)$ 可以表示为:

$$c_i(k)=\sum_{j=1}^{d}\omega_j g_{ij}^{\alpha}(k) \tag{5.7}$$

在实际计算中取 $\alpha=0$,后续表达式中 $\alpha$ 也相应地选取为 0。将个体的贫困剥夺总分 $c_i(k)$ 与 $h$ 临界值进行比较,即可识别出多维相对贫困人口。将识别出来的贫困人口进行加总处理,得到多维相对贫困人口总数记为 $q$,从而多维情形下的相对贫困发生率 $H$ 可以表示为:

$$H=\frac{q}{n} \tag{5.8}$$

其含义为多维相对贫困人数占总人数的比例,也可以理解为贫困的广度,$H$ 越大,表明在多维情形下相对贫困发生率越高,贫困广度也越大。

接着我们记多维状态下相对贫困人群平均被剥夺程度为 $A$,$A$ 可以表示为:

$$A=\frac{1}{q}\sum_{i=1}^{n}c_i(k)=\frac{1}{q}\sum_{i=1}^{q}\sum_{j=1}^{d}\omega_j g_{ij}^{\alpha}(k) \tag{5.9}$$

其含义为多维状态下相对贫困人口被剥夺的平均维度数,也可以理解为贫困的深度。$A$ 越大,表明在多维情形下相对贫困人口平均被剥夺维度数越高,贫困人口的相对贫困状况更加堪忧。

由于多维相对贫困指数 $M_0$ 表示总人口的福利状况平均被剥夺程度,因而基于上述信息可以得到多维状态下相对贫困指数 $M_0$ 的数学表达示为:

$$M_0 = \frac{1}{n}\sum_{i=1}^{n} c_i(k) = \frac{q}{n} * \frac{1}{q}\sum_{i=1}^{n} c_i(k) = H * A \tag{5.10}$$

根据多维相对贫困指数等于多维贫困深度和多维贫困发生率之积,可以进一步得到多维状态下相对贫困指数更加全面的表达形式为:

$$M_\alpha = P(\alpha, Y, M) = \frac{1}{n}\sum_{i=1}^{n}\sum_{j=1}^{d} \omega_j \left(\frac{m_j - y_{ij}}{m_j}\right)^\alpha \rho_k(Y_i, M) \tag{5.11}$$

式(5.11)中 $\alpha$ 的取值范围为 0,1,2。随着 $\alpha$ 的取值的变动,对应的多维状态下相对贫困指数的含义也各不相同:当 $\alpha=0$ 时,$P(0,Y,M)=M_0$,该式含义为所有处于多维相对贫困状态个体的被剥夺维度数量加总占总体维度数量的比例。当 $\alpha=1$ 时,$P(1,Y,M)=M_1$,该式含义为多维状态下相对贫困之间的差距;当 $\alpha=2$ 时,$P(2,Y,M)=M_2$,该式含义为多维相对贫困深度。

### (四) 多维情形下相对贫困指数的可分解性

多维情形下相对贫困体系还需要符合一些特定的标准,为了能够观测到不同维度不同人群对最终相对贫困人口的识别结果的影响,通常需要满足可分解的性质。相对贫困指数的可分解性主要体现在维度可分解性和子群可分解性两个方面上,下面将分别在这两个方面对指数的可分解性进行探讨验证。

#### 1. 维度可分解性

首先从维度方面验证多维情形下相对贫困指数的静态可分解性。假

定个体 $i$ 的第 $j$ 维度的相对贫困指数用 $P(\alpha, Y, m_j)$ 来表示，进而可以根据式(5.11)得到该维度下相对贫困指数的表达形式为：

$$M_{\alpha j} = P(\alpha, Y, m_j) = \frac{1}{n}\sum_{i=1}^{n} \omega_j \left(\frac{m_j - y_{ij}}{m_j}\right)^{\alpha} \rho_k(Y_i, M) \tag{5.12}$$

从上述相对贫困指数的函数表达形式可以得到：个体 $i$ 在多维情形下整体相对贫困指数的大小等于每个单一维度相对贫困指数之和。因而记单一维度 $j$ 对个人整体相对贫困指数的贡献比例为 $N_{\alpha_j}$，用数学公式可以表示为：

$$N_{\alpha j} = \frac{M_{\alpha j}}{M_{\alpha}} \tag{5.13}$$

各个维度对整体相对贫困的贡献比例 $N_{\alpha_j}$ 反映了不同维度的福利剥夺情况对个人整体相对贫困状态的影响。从式(5.13)中可以得出各个维度相对贫困指数对整体相对贫困指数的贡献比例之和为 1 的结论，即多维情形下的相对贫困指数在维度上符合静态可分解性。

其次，动态情形下的可分解性质，即从动态视角出发，将整体相对贫困指数的变化分解为各个维度相对贫困指数的变动。假定在一段时期中，整体相对贫困指数从时期 $t_1$ 到 $t_2$ 发生了大小为 $\Delta M_{t1}$ 的变动，依据整体相对贫困指数的静态可分解性，可以将其表示为：

$$\Delta M_{t1} = M_{t2} - M_{t1} = \sum_{j=1}^{d} (M_{\alpha j, t2} - M_{\alpha j, t1}) \tag{5.14}$$

这表明在不同时期之间整体相对贫困指数的变动可以表示为不同时期各个维度相对贫困指数变动之和。因而在时期 $t_1$ 到 $t_2$ 之间，单一维度 $j$ 的相对贫困指数变动对该个体的整体相对贫困指数变动的贡献比例为：

$$N_{\alpha j, t1} = \frac{M_{\alpha j, t2} - M_{\alpha j, t1}}{\Delta M_{t1}} \tag{5.15}$$

各个维度被剥夺情况的变动对整体贫困变化的贡献 $N_{\alpha_{j,t_1}}$ 反映了单个维度福利剥夺的变化情况对单个个体的整体相对贫困指数变动的重要性。同时,这也体现了各个维度对整体相对贫困贡献率之和为1,即多维情形下的相对贫困指数在维度上符合动态可分解性。

综上所述,多维情形下的相对贫困指数在维度方面具有动态可分解性和静态可分解性。

**2. 子群可分解性**

与维度可分解性从单个个体及其维度的角度出发对可分解性进行验证不同,子群可分解性的验证需要将研究层面扩大到某个地区的待研究人口。

假定在一个地区中个体总数为 $N$,并且存在例如青年人子群等共 $w$ 个不同的子群,其中某个子群 $i$ 占所在地区总人口比例记为 $\theta_i$,显然可以得出所有子群占总人口的比例之和为1。因而该地区在多维情形下整体相对贫困指数可以由各个子群的相对贫困指数按人口权重加权得到。

记子群 $i$ 的状态矩阵为 $Y_i$,当地全部人口的相对贫困状态矩阵为 $Y$,那么该地区整体相对贫困指数 $M_\alpha$ 可以表示为:

$$M_\alpha = P(\alpha, Y, M) = \sum_{i=1}^{w} \theta_i P(\alpha, Y_i, M) \tag{5.16}$$

相似的,可以得到该地区在多维情形下整体相对贫困指数的大小等于每个子群的多维情形下相对贫困指数之和。与之对应,可以得到子群 $i$ 对整体相对贫困指数的贡献比例,用数学公式可以表示为:

$$N_{\alpha i} = \frac{\theta_i M_{\alpha i}}{M_\alpha} \tag{5.17}$$

进一步的,我们根据不同子群的贡献比例来判断该子群对整体相对贫困指数的影响大小,占比越大的子群影响相应地也会更大。从式(5.17)中可以得出各个子群相对贫困指数对该地区多维情形下整体相对贫困指数的贡献比例之和为1的结论,即多维情形下的相对贫困指数在维度上符合静态可分解性。

此外还需要从动态视角下对子群可分解性进行验证，与维度的动态可分解性的验证方法相似，考虑将不同时期内多维情形下总体相对贫困指数的变动分解为不同子群相对贫困指数的变化之和。假定在一段时期内，整体相对贫困指数从时期 $t_1$ 到 $t_2$ 发生了大小为 $\Delta M_{t_1}$ 的变动，依据整体相对贫困指数的静态可分解性，可以将其分解为：

$$\Delta M_{t1} = M_{t2} - M_{t1} = \sum_{i=1}^{n} (\theta_{i,t2} M_{\alpha j,t2} - \theta_{i,t1} M_{\alpha j,t1}) \tag{5.18}$$

这表明在不同时期之间多维情形下整体相对贫困指数的变动可以表示为不同时期各个子群的相对贫困指数变动之和。同样的，可以计算出每个子群相对贫困指数的变动对整体相对贫困指数变动的贡献：

$$N_{\alpha j} = \frac{\theta_{i,t2} M_{\alpha j,t2} - \theta_{i,t1} M_{\alpha j,t1}}{\Delta M_{t1}} \tag{5.19}$$

根据式(5.19)即可判断出：在多维情形下，不同子群的相对贫困状况的变动对整体的相对贫困变动的重要性。同时，这也体现了各个子群对整体相对贫困的变动贡献率之和为 1，即多维情形下的相对贫困指数在子群上符合动态可分解性。

综上所述，多维情形下的相对贫困指数在子群方面具有动态可分解性和静态可分解性。因而可以在多维情形下，从维度层面和子群层面对整体相对贫困进行分解，探讨不同维度或者不同子群对整体相对贫困的影响大小。

## 三、中国相对多维贫困状况的测算

### （一）数据与指标的选取

#### 1. 数据来源

本章利用中国家庭追踪调查(China Family Panel Studies，简称 CFPS)

2010 年、2012 年、2014 年、2016 年和 2018 年共 5 轮追踪数据进行分析。CFPS 由北京大学中国社会科学调查中心实施，通过收集个体、家庭和社区三个不同层次的数据，为包括与经济活动、家庭关系、人口迁徙等在内的多个主体相关的学术研究和政策分析提供数据支持。CFPS 调查样本覆盖了中国 25 个省份、自治区和直辖市，所覆盖区域占全国总人口的 95%，因此加权样本具有全国代表性。

**2. 指标的选取**

本章参考马来西亚使用的多维贫困指数指标体系，并结合中国的国情，在 UNDP 发布的健康教育与生活水平三大维度的基础上增加了收入维度，重点考察健康（包括健康自评、长期健康、重疾状况三个指标）、教育（包括最高受教育年限、儿童入学率两个指标）、生活水平（包括生活燃料、用水状况、住房状况三个指标）和收入（以人均纯收入衡量）共 4 个维度 9 个指标的多维情形下相对贫困状况。本章借鉴 UNDP 多维贫困指数构造方法，赋予每个维度相同的权重，同时对每个维度下的指标的权重也进行平均分配。

各个维度和指标的具体设定如表 5.1 所示。关于表 5.1 中的指标设定还有以下四点需要说明：

一是在多维贫困衡量过程中涉及个人层面与家庭层面的指标，比如健康、教育反映了个人层面的剥夺情况，生活水平和人均纯收入反映了家庭层面剥夺情况。鉴于中国人口的家庭聚居特性，本章选取家庭为最小分析单元，因此在变量预处理时按年份分别将家庭、成人、儿童和成员 4 个数据库用家庭编号整合在一起，得到符合本章多维贫困研究的样本。最终得到的有效样本量分别为 4198、3550、3636、3568。

二是在此指标体系中将剥夺临界值从绝对贫困标准替换为相对贫困标准，在后续使用 $m$ 临界值和 $h$ 临界值的条件下，单一维度被剥夺家庭将被视为在该维度处于相对贫困状态，满足多维相对贫困条件的家庭将被视为在多维条件下处于相对贫困状态。例如，假设某个家庭在健康维度的加权剥夺总分 $c_i$ 为 0.23，小于取值为 0.25 的 $m$ 临界值的情形下，即可认为该家庭在健康维度上处于相对贫困状态。如果该家庭在其他维度的被剥夺情况良好，整体的加权剥夺总分低于 $h$ 临界值，则其在多维情形下不处于相对贫困状态。

三是在数据处理过程中，由于 CFPS 数据中每年调整后的家庭人均纯收入均与 2010 年的家庭人均纯收入具有可比性，因此在后续分析中本章选取 2010 年为基准年份，并且根据 2010 年多维情形下的相对贫困状况选取适合的 $h$ 临界值，以进行下一步的分析。

四是在未知各个维度和指标对多维情形下相对贫困指数影响大小的情形下，本章借鉴 UNDP 多维贫困指标的构建方式，将各个维度取等权重，同时每个维度下的指标也分别取等权重，用这种方式来体现不同维度和各个维度下的指标在评估过程中的同等重要性，以最稳健的方式得到分析结果。

**表 5.1　多维贫困指标体系的说明**

| 维度 | 指标 | 剥夺临界值 | 权重 |
| --- | --- | --- | --- |
| 健康 | 健康自评 | 家庭成员中有自评健康为不健康的赋值为 1，否则为 0 | 1/12 |
| | 重疾状况 | 家庭主要成员去年住院次数不小于 1 赋值为 1，否则为 0 | 1/12 |
| | 长期健康 | 家庭成员患有慢性病，赋值为 1，否则为 0 | 1/12 |
| 教育 | 最高受教育年限 | 家庭主要成员最高受教育年限低于 6 年，赋值为 1，否则为 0 | 1/8 |
| | 儿童入学率 | 家庭 6—16 岁儿童存在未上学情况，赋值为 1，否则为 0 | 1/8 |
| 生活水平 | 生活燃料 | 家庭使用柴草时赋值为 1，否则为 0 | 1/12 |
| | 用水状况 | 家庭使用非清洁用水时赋值为 1，否则为 0 | 1/12 |
| | 住房状况 | 家庭成员完全拥有住房所有权时赋值为 0，否则为 1 | 1/12 |
| 收入 | 人均纯收入 | 经调整后的年家庭人均纯收入低于 2300 元时赋值为 1，否则为 0 | 1/4 |

### （二）测算分析

在明确单个维度下相对贫困衡量与多维情形下整体相对贫困测算后，本章对以下两种情形的中国多维贫困状况分别进行测算：第一种情形为使用 $z$ 临界值与 $k$ 临界值，即多维绝对贫困的测算；第二种情形为使用 $m$ 临界值与 $h$ 临界值，即采用多维情形下相对贫困的测算方式。

关于这几个临界值还有三点需要说明：第一，在进行多维绝对贫困的测算时，$k$ 临界值是一个重要的影响因素，为了使测算结果具有国际可比性，本章借鉴 UNDP 发布的多维贫困指数的设定，取 $k$ 临界值为 0.33。

第二，作为一维情形下的临界值，参考在收入维度中以平均收入的60%为相对贫困线的设定，取 $m$ 为 0.6，$m_j$ 为维度 $j$ 加权剥夺总分 $c_j$ 的5/3。由于本章设定 2010 年为基准年份，临界值 $m_j$ 均根据 2010 年数据计算得出，即在维度 $j$ 剥夺总分大于的 $m_j$ 视为该维度被剥夺，相当于处于一维相对贫困状态，否则不处于贫困状态。

第三，考虑到在实际计算过程中本章选取维度数量并不多，并且各个维度的权重均等，因此本章采用的 $h$ 临界值为发生多维相对贫困的最小维度数量，从而能够得到 $h$ 的所有变动情况对整体贫困识别的影响，结果如图 5.1 所示。当 $h$ 小于 4 时多维贫困指数会随着时间的推移而逐渐减小，而 $h$ 等于 4 时，多维贫困指数出现了反常的波动。查阅资料后发现，数据库中 2012 年的数据有些反常，过大的波动导致最终结果也可能会受到影响，有部分学者甚至会舍弃该年的数据。本章为了减小该波动的影响，$h$ 值选取为 3。

在此基础上，我们展开对不同设定下中国多维贫困状况的测算与分析。

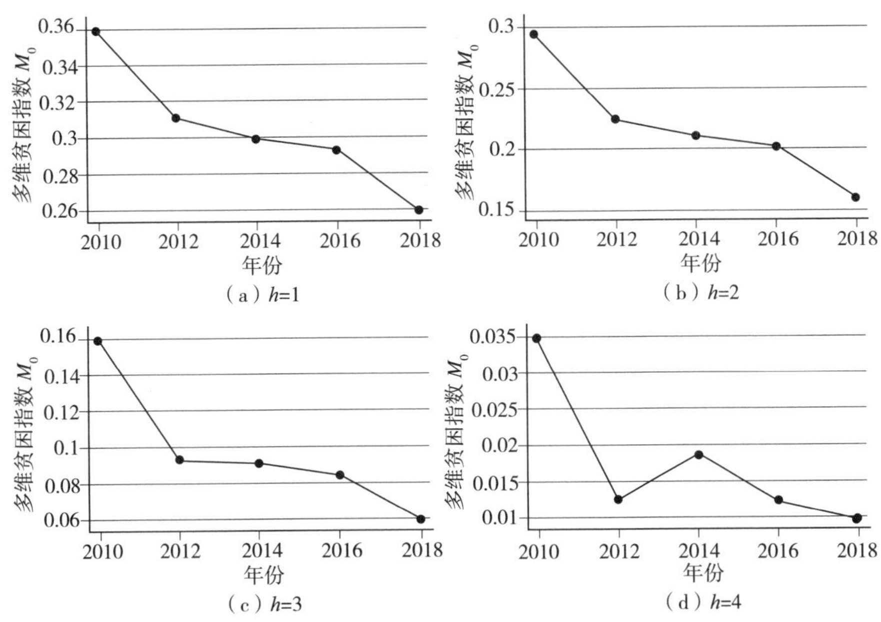


**图 5.1　$h$ 临界值的选取对多维贫困指数的影响**

### 1. 使用 $z$ 临界值与 $k$ 临界值的情形

在此情形下，双界值分别采用 $z$ 和 $k$ 临界值，等同于多维情形下绝对贫困的测算，其中 $k$ 临界值为 0.33。

**表 5.2　采用 $z$ 临界值和 $k$ 临界值时中国多维贫困测算结果**

| 年份 / 主要测算指标 | 2010 | 2012 | 2014 | 2016 | 2018 |
|---|---|---|---|---|---|
| 贫困发生率($H$) | 0.263 | 0.264 | 0.218 | 0.211 | 0.165 |
| 贫困剥夺强度($A$) | 0.454 | 0.426 | 0.431 | 0.428 | 0.423 |
| 多维贫困指数($M_0$) | 0.119 | 0.113 | 0.094 | 0.090 | 0.070 |

表 5.2 呈现了中国多维贫困从 2010 年至 2018 年间的变动情况，从各个指标的跨期变动来看，中国总体多维贫困的改善趋势比较明显，多维

贫困指数从 2010 年到 2018 年下降了近 40%。同时在 2010—2012 年间中国多维贫困指数几乎保持不变，贫困发生率甚至还有提高，可以适当认为这是由于 CFPS 在 2012 年的研究中新加入几个中西部省份的数据所致——这些省份在多维情形下主要贫困测算指标均处于较高水平，从而使得整体的多维绝对贫困状况被影响，干扰了测算指标的实际变动。

通过比较贫困发生率与贫困剥夺强度的变动情况，可以发现多维贫困指数的下降主要归功于贫困发生率 $H$ 的下降幅度较大，这意味着贫困人数出现大幅下降，而贫困剥夺强度的变动幅度并不大。然而不可忽视的是，由于本章共设有 4 个维度，在 $k$ 取值为 0.33 的情况下，多维贫困发生率 $H$ 表示至少有两个维度被剥夺的概率（$0.25<k<0.5$），在 2016 年时中国贫困发生率依然高达 21%，贫困剥夺强度也居高不下。这说明虽然中国在近几年扶贫工作有不小的成就，然而在 2016 年，贫困人口庞大的绝对数量并没有被完全消灭，多维情形下贫困人口的整体福利状况在这几年内并没有很大的提升，生活条件依然不容乐观。

### 2. 使用 $m$ 临界值与 $h$ 临界值的情形

在此情形下，双界值分别采用 $m$ 和 $h$ 临界值，等同于多维情形下相对贫困的测算，取 $m$ 临界值为 0.6，$h$ 临界值为 3。

**表 5.3　采用 $m$ 临界值和 $h$ 临界值时中国多维贫困测算结果**

| 主要测算指标 \ 年份 | 2010 | 2012 | 2014 | 2016 | 2018 |
|---|---|---|---|---|---|
| 贫困发生率（$H$） | 0.202 | 0.120 | 0.116 | 0.110 | 0.078 |
| 贫困剥夺强度（$A$） | 0.793 | 0.776 | 0.791 | 0.778 | 0.782 |
| 多维贫困指数（$M_0$） | 0.160 | 0.093 | 0.092 | 0.086 | 0.061 |

表 5.3 呈现了多维情形下相对贫困指标的测算结果，其中测算指标的变动幅度很大，多维相对贫困指数在 2010—2018 年间减少了 60%，同

时贫困发生率也从2010年的20.2%下降到2018年的7.8%,出现了大幅度的下降,这展示了在精准扶贫过程中人民生活水平逐渐提高的事实,在消灭绝对贫困的同时相对贫困状况也得到了很大幅度的改善。由于 $h$ 临界值的设定,6年间贫困剥夺强度并没有出现明显的波动。

与表5.2相比,由于多维贫困识别门槛的上升,在人群的选择范围上更加狭小,贫困发生率也有很大幅度的下降。从数值上来看,采用 $m$ 和 $h$ 临界值的贫困发生率较低而剥夺强度相对较高,这是由 $h$ 临界值的取值导致的,$h$ 取值越大,多维相对贫困的门槛越高,剥夺强度也相对较大,贫困发生率自然处于较低水平。

值得注意的是,在2010年到2012年间,多维贫困指数出现了很大的波动,与表5.1中的轻微震荡有着明显的差距,其中多维贫困指数的大幅下降主要归功于贫困发生率的减小。由于本章选取2010年为基准年份,各个指标均与2010年的数据具有可比性,因此考虑两年之间指标状况的大幅度改善导致贫困发生率的下降,这点在后续的维度分解部分会进行详细的阐述。

### (三) 多维相对贫困的进一步分析

#### 1. 维度的分解

首先,维度的静态分解。多维相对贫困指数按照维度的静态分解旨在将多维相对贫困指数分解为各维度剥夺的总和,由此也可以看出每一维度的剥夺在总体多维相对贫困中的比重。表5.4汇报了贫困临界值 $m=0.6,h=3$ 时,多维相对贫困指数 $M_0$ 维度静态分解的结果。

从表5.4中可以观测到不同维度对整体多维相对贫困的贡献大小存在明显的区别,变动趋势也不尽相同。从数值上看,收入和生活水平这两个维度始终保持着较高的贡献率,同时健康和生活水平维度对多维相对贫困的影响相对较小。

表 5.4 多维相对贫困维度静态分解结果

| 年份 | $M_0$ | 各个维度的贫困指数及贡献率 | | | |
|---|---|---|---|---|---|
| | | 健康 | 教育 | 生活水平 | 收入 |
| 2010 | 0.160 | 0.0280 | 0.0350 | 0.0490 | 0.0482 |
| | | 17.49% | 21.84% | 30.58% | 30.10% |
| 2012 | 0.093 | 0.0199 | 0.0165 | 0.0286 | 0.0285 |
| | | 21.27% | 17.65% | 30.62% | 30.47% |
| 2014 | 0.092 | 0.0210 | 0.0181 | 0.0273 | 0.0254 |
| | | 22.85% | 19.70% | 29.74% | 27.72% |
| 2016 | 0.086 | 0.0201 | 0.0167 | 0.0255 | 0.0234 |
| | | 23.47% | 19.46% | 29.76% | 27.31% |
| 2018 | 0.061 | 0.0149 | 0.0114 | 0.0184 | 0.0160 |
| | | 24.52% | 18.76% | 30.39% | 26.33% |

在2010年到2018年间，收入、教育和生活水平三个维度的贫困指数大小和贡献率出现了均下降的趋势，其中教育和收入维度贡献率的下降相对明显，表明参与调查人民的人均经济收入和教育水平得到了一定程度的提高，从侧面体现了我国精准扶贫政策和义务教育普及的积极效果。与此同时，尽管健康维度的贫困指数出现下降，但其对多维贫困指数的贡献率却不降反升，这表明我国居民的身体健康情况跟不上收入教育等其他维度的提升速度，健康问题需要引起广大居民群体的重视。

然而，可以注意到表5.4中2012年的数据出现了异常的波动，主要表现为4个维度贫困指数出现反常的大幅度下降。可以认为这是由于CFPS在2012年的数据中新加入多个中西部省份的数据所致——而这些省份的主要贫困测算指标均处于较高水平，从而干扰了测算指标的实际变动；同时本章以2010年为基准年份，不排除2012年各个指标相比2010年出现大幅改善的可能性。

其次，维度的动态分解。在维度静态分解的基础上，本章将多维贫困指数的变化分解为各维度剥夺程度的变化，结果如表 5.5 所示。可以发现，在 2010 年到 2018 年间，整体的多维相对贫困指数出现了较大幅度的下降，而教育、生活水平和收入三个维度贫困指数的下降对整体多维相对贫困指数的下降起到不可或缺的作用，其中生活水平和收入维度的贡献率相对较高，分别贡献了 30.70%和 32.40%。健康维度对整体贫困指数下降的贡献不高，仅占 13.19%。这表明中国广大居民的健康状况虽然在不断改善，但却跟不上生活水平和收入等其他福利水平的提升速度。

**表 5.5　维度动态分解**

| 时间 | $M_0$ 变动 | 各个维度的贫困指数变动及贡献率 | | | |
|---|---|---|---|---|---|
| | | 健康 | 教育 | 生活水平 | 收入 |
| 2010—2018 年 | −0.099 | −0.013 | −0.024 | −0.031 | −0.032 |
| | | 13.19% | 23.71% | 30.70% | 32.40% |

## 2. 子群的分解

首先，子群的静态分解。为了进一步探讨不同子群对整体多维贫困的影响，本章将全部参与问卷调查者按城乡划分为农村和城镇两个子群，并通过子群静态分解分别将整体多维相对贫困指数和多维绝对贫困指数分解为所有子群多维贫困指数按人口权重的加权。子群静态分解结果如表 5.6 所示。可以发现，在 2010 年到 2018 年间多维绝对贫困指数和多维相对贫困指数均出现不同程度的下降，其中多维相对贫困指数的下降幅度很大，表明在 6 年间中国相对贫困状况随着扶贫的进程也得到了很大程度的改善。城乡之间的贫困状况有着明显的差别，农村地区的多维贫困状况更为严重，贡献率远远高于城镇地区的贡献率。

表 5.6　多维贫困的城乡静态分解

<table>
<tr><td rowspan="3">年份</td><td colspan="6">多维贫困指数、比例及贡献率</td></tr>
<tr><td colspan="3">多维相对贫困</td><td colspan="3">多维绝对贫困</td></tr>
<tr><td>$M_0$</td><td>农村</td><td>城镇</td><td>$M_0$</td><td>农村</td><td>城镇</td></tr>
<tr><td rowspan="3">2010</td><td rowspan="3">0. 160</td><td>0. 231</td><td>0. 058</td><td rowspan="3">0. 119</td><td>0. 169</td><td>0. 048</td></tr>
<tr><td>0. 591</td><td>0. 409</td><td>0. 591</td><td>0. 409</td></tr>
<tr><td>85. 31%</td><td>14. 69%</td><td>83. 58%</td><td>16. 42%</td></tr>
<tr><td rowspan="3">2012</td><td rowspan="3">0. 093</td><td>0. 137</td><td>0. 028</td><td rowspan="3">0. 113</td><td>0. 150</td><td>0. 057</td></tr>
<tr><td>0. 599</td><td>0. 401</td><td>0. 599</td><td>0. 401</td></tr>
<tr><td>87. 83%</td><td>12. 17%</td><td>79. 73%</td><td>20. 27%</td></tr>
<tr><td rowspan="3">2014</td><td rowspan="3">0. 092</td><td>0. 130</td><td>0. 042</td><td rowspan="3">0. 094</td><td>0. 125</td><td>0. 053</td></tr>
<tr><td>0. 577</td><td>0. 423</td><td>0. 577</td><td>0. 423</td></tr>
<tr><td>80. 90%</td><td>19. 10%</td><td>76. 05%</td><td>23. 95%</td></tr>
<tr><td rowspan="3">2016</td><td rowspan="3">0. 086</td><td>0. 126</td><td>0. 032</td><td rowspan="3">0. 09</td><td>0. 123</td><td>0. 048</td></tr>
<tr><td>0. 577</td><td>0. 423</td><td>0. 577</td><td>0. 423</td></tr>
<tr><td>84. 18%</td><td>15. 82%</td><td>77. 90%</td><td>22. 10%</td></tr>
<tr><td rowspan="3">2018</td><td rowspan="3">0. 061</td><td>0. 090</td><td>0. 024</td><td rowspan="3">0. 07</td><td>0. 092</td><td>0. 043</td></tr>
<tr><td>0. 577</td><td>0. 423</td><td>0. 577</td><td>0. 423</td></tr>
<tr><td>82. 30%</td><td>17. 70%</td><td>71. 54%</td><td>27. 46%</td></tr>
</table>

然而，值得注意的是，农村人口的多维绝对贫困指数和多维相对贫困指数均出现较大幅度的下降，而且对整体贫困指数的贡献率呈不断下降的趋势，这表明农村地区多维贫困状况的明显好转，体现了农村扶贫工作的有效性。同时，城镇人口的多维贫困指数没有出现明显下降，对相对和绝对多维贫困指数的贡献率均出现小幅度上升，表明城镇居民的福利水平提升速度已经开始放缓。基于健康改善速度相对较慢的结论，结合城市工业化提高环境污染程度和居民生活水平大幅提高的社会背景，可以推断出城镇人口的身体健康状况的改善与生活水平的提升出现脱钩，健康风险出现较大的提高，即使在医疗环境日益提升的今天，居民也应当注

重自身的身体素质。

鉴于城乡之间的贫困状况巨大差别，后续扶贫需要统筹城乡，做到有机结合。在城乡统一的扶贫框架下，分地区制定相对贫困标准。

其次，子群的动态分解。本章将整体多维相对贫困指数的变化分解为每个子群多维相对贫困指数变化的总和，以考察不同子群多维相对贫困指数变化量对整体多维相对贫困指数下降的贡献大小。从表 5.7 中可以发现，在 2010 年到 2016 年间农村地区的多维相对贫困和多维绝对贫困指数的下降幅度都很大，并且在两种多维贫困情形下，农村地区的贫困指数变动在整体贫困指数的下降过程中均起着决定性作用。而城镇地区的贫困指数的下降幅度相对较小，甚至对整体多维绝对贫困指数的下降有一定的负面影响，结合维度的动态分解部分，可以推测健康维度的改善速度减缓是引起城镇地区多维相对贫困贡献率为负的主要因素。

**表 5.7　子群的动态分解**

<table>
<tr><th rowspan="3">时间</th><th colspan="6">各个地区的贫困指数变动及贡献率</th></tr>
<tr><th colspan="3">多维相对贫困</th><th colspan="3">多维绝对贫困</th></tr>
<tr><th>$M_0$</th><th>农村</th><th>城镇</th><th>$M_0$</th><th>农村</th><th>城镇</th></tr>
<tr><td rowspan="2">2010—2018 年</td><td rowspan="2">-0.099</td><td>-0.140</td><td>-0.033</td><td rowspan="2">-0.049</td><td>-0.077</td><td>-0.005</td></tr>
<tr><td>87.15%</td><td>12.85%</td><td>99.22%</td><td>0.78%</td></tr>
</table>

## 四、多维贫困测度的实证比较分析

因不同地区、不同家庭的多维相对贫困和多维绝对贫困的特征不尽相同，本章使用 2016 年数据，使用 Logit 模型分析多维相对贫困和多维绝对贫困的影响因素。主要选取一些个人变量（户主年龄、户主性别、户主最高学历、户主是否在婚、民族)、家庭变量(人均纯收入、家庭规模)以及社区变量(户口所在地)。结果如表 5.8 所示。

第一,户主最高学历的系数值始终显著为负,说明其对应的优势比(odds ratio)小于 1,表明随着户主最高学历提升,优势比将会变小。这意味着户主的受教育水平提高,家庭陷入多维贫困的概率会大幅降低。不仅如此,我们可以发现,户主的教育对相对贫困的影响明显高于绝对贫困,尤其是城镇地区。因此,教育不仅能改变贫困状况,还能改变相应的地位。与此类似,户主性别对家庭多维贫困状况有着较大的影响,相较于男性,女性户主家庭更容易陷入多维贫困状况,并且对多维相对贫困影响更为明显,而户主婚姻状态对家庭多维贫困状况影响并不显著。

第二,家庭人均年收入与多维贫困状况呈显著的负相关关系。随着家庭人均收入的提升,多维贫困发生的概率都出现相应的下降,这体现了收入维度对多维贫困的显著影响。通过比较系数的绝对值大小可以发现,收入水平的变动情况对多维绝对贫困状况的影响相比于多维相对贫困要更大,这间接表明本章多维相对贫困模型的合理性。

第三,户口所在地会显著地影响农村家庭的多维贫困状况。西部地区在多维相对贫困和多维绝对贫困方面都较为严重尤其是在多维相对贫困层面。中部地区的多维相对贫困相对东部地区也较为严重,但在多维绝对贫困方面,中部地区与东部地区之间已无显著差异。这意味着,虽然各地区发展较快,人们的生活水平都显著提高,绝对贫困下降,但地区间发展依然不平衡,中西部地区的相对贫困依然较高。不仅如此,这种发展的不平等效应在农村地区显得更为严重,而中西部地区的城镇在多维相对和绝对贫困间已无显著差异。

第四,城乡多维贫困状况存在较大的差异性。城镇地区的多维贫困已基本不存在较大差异的群体特征(尤其是在多维绝对贫困层面)。但地区发展的不平衡导致多维相对贫困依然有明显的差异。因此,在后续扶贫过程中应当按城乡分类分别制定相应的贫困标准，并契合城乡多维贫困群体的实际需求，做到精准扶持。

**表 5.8　多维贫困回归结果**

| 变量 | 全　国 | | 农村地区 | | 城镇地区 | |
|---|---|---|---|---|---|---|
| | 相对贫困 | 绝对贫困 | 相对贫困 | 绝对贫困 | 相对贫困 | 绝对贫困 |
| 户主年龄 | 0. 000 | 0. 012*** | 0. 002 | 0. 014*** | -0. 015 | 0. 008 |
| | (0. 005) | (0. 005) | (0. 005) | (0. 005) | (0. 013) | (0. 010) |
| 户主在婚 | -0. 094 | -0. 237 | -0. 051 | -0. 317 | -0. 340 | 0. 020 |
| | (0. 206) | (0. 188) | (0. 232) | (0. 215) | (0. 463) | (0. 404) |
| 女性户主 | 0. 589*** | 0. 319*** | 0. 561*** | 0. 325** | 0. 694** | 0. 282 |
| | (0. 131) | (0. 115) | (0. 147) | (0. 135) | (0. 296) | (0. 222) |
| 户主最高学历 | -0. 630*** | -0. 306*** | -0. 548*** | -0. 341*** | -0. 980*** | -0. 233** |
| | (0. 074) | (0. 058) | (0. 082) | (0. 071) | (0. 173) | (0. 104) |
| 家庭规模 | 0. 116*** | 0. 059** | 0. 126*** | 0. 041 | 0. 079 | 0. 123** |
| | (0. 031) | (0. 029) | (0. 035) | (0. 034) | (0. 076) | (0. 060) |
| 人均年收入对数 | -0. 505*** | -1. 348*** | -0. 565*** | -1. 328*** | -0. 383*** | -1. 399*** |
| | (0. 040) | (0. 059) | (0. 051) | (0. 071) | (0. 070) | (0. 107) |
| 中部地区户口 | 0. 299* | 0. 126 | 0. 368* | 0. 166 | 0. 095 | 0. 022 |
| | (0. 172) | (0. 141) | (0. 196) | (0. 169) | (0. 371) | (0. 260) |
| 西部地区户口 | 0. 663*** | 0. 391*** | 0. 713*** | 0. 481*** | 0. 513 | 0. 122 |
| | (0. 162) | (0. 139) | (0. 183) | (0. 162) | (0. 355) | (0. 279) |
| 城镇户口 | -0. 890*** | -0. 441*** | | | | |
| | (0. 161) | (0. 127) | | | | |
| Constant | 2. 405*** | 9. 813*** | 2. 546*** | 9. 731*** | 2. 444** | 9. 418*** |
| | (0. 497) | (0. 586) | (0. 586) | (0. 703) | (1. 045) | (1. 102) |
| Observations | 3. 381 | 3. 381 | 1. 970 | 1. 970 | 1. 411 | 1. 411 |
| Pseudo R-squared | 0. 221 | 0. 368 | 0. 167 | 0. 313 | 0. 230 | 0. 414 |

注：括号中的数值为标准误；*** p<0. 01，** p<0. 05，* p<0. 1。

## 五、主要结论及策略建议

本章根据AF多维贫困指数模型将相对贫困从一维情形拓展到多维情形,构建多维相对贫困的衡量体系,并对比分析在不同情形下贫困指数的差异,随后将多维相对贫困指数分别从维度和子群角度进行分解,探讨贫困指数的影响因素。本章得出的主要结论有以下几个:

首先,与多维绝对贫困的变动趋势一致,多维相对贫困指标出现大幅度下降。这得益于在具有中国特色社会主义的道路上,中国经济的高速发展和政府大力开展扶贫工作,人民收入水平得到了大幅度的提高,进而引起绝对贫困发生率的大幅度下降。与此同时,多维相对贫困发生率也出现了大幅的下降,然而贫困剥夺强度的变动并不明显。

其次,不同维度对多维相对贫困的影响具有很大的差异性。生活水平、教育和收入三个维度对多维贫困指数变动的贡献率较高,其中教育、生活水平和收入维度的改善对多维相对贫困指数的下降起着决定性作用。然而,尽管健康维度的贫困指数出现下降,但其对多维贫困指数的贡献率却不降反升,这表明我国居民的身体健康情况跟不上收入教育等其他福利水平的提升速度,健康问题需要引起广大居民群体的重视。

最后,城乡间的多维贫困状况出现显著的区别。在2010年到2018年间,农村地区的多维相对贫困状况出现了明显的改善,贫困指数也大幅降低。然而城镇地区的多维贫困状况改善幅度较小。其中,健康问题是阻碍城镇地区多维贫困状况改善的主要因素。不可忽视的是,城乡之间的发展水平存在巨大的差异,整体贫困程度也存在一定的差距,因而在后续的扶贫工作中应按城乡分别制定相对贫困标准,实现对相对贫困人口的精准扶贫。

因此,随着中国进入新的发展阶段,在贫困治理方面需注意以下方面:第一,应当重新构建适合新时代中国发展国情的贫困识别体系。在精准扶贫的理论指导下,构建多维度视角下的相对贫困测度体系将是符合"满足人民群众对美好生活的需要"这个发展要求,单一的收入维度已不能够全面地反映当前人民群众的美好生活诉求,多维绝对贫困测度也已经无法反映地区间和群体间发展的不平衡问题。第二,外部冲击下的贫困脆弱性将是未来扶贫的常态工作,尤其是健康贫困,已成为中国目前贫困的主要致因,宏观经济波动以及自然灾害的常态化将成为中国未来致贫和返贫的主要因素,因此,应从健康、教育、资产等多个维度构建多层次相对贫困测度体系,实现对贫困人口的精准动态识别。第三,需要构建城乡相对统一的贫困识别体系。在推动城乡融合的背景下,应当构建城乡统一的社会保障体系,将城市和农村的扶贫工作纳入统一的框架中;但同时也要特别注意到,城乡差距以及其他地区间发展的不平衡问题依然严峻,维度指标和相对贫困线的选择还需要根据地区发展和生活习惯的差异进行科学的论证,做到动态的相对统一,在扶贫政策上也要因地制宜,实现对不同地区、不类型贫困人口的精准扶持。

# 第六章　中国家庭的贫困脆弱性分析

党的十八大以来，中国扶贫工作一直以一个快速的步伐向前推进，在2300 元/人年(2010 年不变价)这一标准下，贫困人口从 2012 年的 9989 万人到 2020 年贫困人口全部脱贫，扶贫取得了举世瞩目的成就。但是，这并不意味着中国扶贫工作的结束，疾病等健康问题、宏观经济波动、自然灾害等外部冲击将成为中国未来贫困的主要来源，如何解决贫困程度深、长期贫困以及脆弱性较高的返贫人口也是未来扶贫的主要工作。由于教育、健康、资产等可行性能力较低，在负向的外部冲击下，这类个体或家户极易落入贫困，导致贫困群体分布波动比较大(方迎风、邹薇，2013；方迎风，2014)。因此，贫困脆弱性的研究对于中国未来的扶贫至关重要。鉴于贫困的脆弱性问题，扶贫将是一个长期和坚持的过程，扶贫政策不能仅局限于当前贫困人口，还要具有一定的前瞻性，瞄准那些有可能落入贫困或再次陷入贫困的群体。因此，贫困脆弱性的测度分析对中国精准性扶贫具有较强的实际价值。本章基于中国家庭追踪调查(CFPS)2014 年的数据，借鉴 Chaudhuri 等(2002)测度贫困脆弱性的方法，结合中国的具体情况测算不同群体的贫困脆弱性，即落入贫困的可能性，预测哪些人群是较为脆弱的，以此了解中国贫困脆弱性的特征，提出具有针对性的和前瞻性的可能性扶贫策略和措施。

## 一、贫困脆弱性测度方法

### （一）什么是贫困脆弱性

《世界发展报告》(2000/2001)将“贫困脆弱性”定义为负向冲击造成未来福利下降的可能性。这里的负向冲击,包括个人或家庭在某一段时间内可能面临的失业失学、患病、遭受自然灾害等风险。与贫困不同,首先,贫困脆弱性具有前瞻性,反映的是家庭未来的福利损失,用以描述个人或家庭未来陷入贫困的可能性。其次,贫困脆弱性是一个动态的概念,即它所体现的是一个由贫困到贫困或非贫困到贫困的过程。最后,贫困脆弱性同时与家庭/个人未来可能遭受的风险和处理风险的能力有关,巨大的风险和欠缺的风险处理能力都会增大贫困脆弱性。

当前国内外学术界对于贫困脆弱性的定义主要有三种,分别是期望贫困脆弱性、期望效用脆弱性、风险暴露脆弱性。这三种定义从不同的角度来描述未来贫困的可能性。期望贫困脆弱性是通过基于当前可能获取的所有信息计算个体或家庭未来可能落入贫困的可能性。期望贫困脆弱性由 Chaudhuri、Jalan & Suryahadi(2002)提出的,并将其应用于印度尼西亚家庭贫困脆弱性的测度上。期望效用脆弱性(VEU)为风险带来福利损失的估量,Ligon & Schechter(2003)用贫困线的效用与未来福利水平(消费)的期望效用之差来进行脆弱性测度,又将期望效用脆弱性研究通过变形、分解等进行拓展,最后将脆弱性分解为贫困、总风险、特殊风险和未解释风险与测度误差。风险暴露脆弱性是事后对由于负向冲击(如自然灾害等)导致的福利损失的评估,其思想主要是:缺乏有效的风险管理策略时,负向冲击会导致福利损失,因而是脆弱的。

这三种定义各有特点，其中期望贫困脆弱性和期望效用脆弱性都是前瞻性测度，而风险暴露脆弱性是事后型测度。在对贫困脆弱性进行研究时，由于家庭效用函数无法知晓，加上已有的数据维度难以描述家庭偏好和福利水平变动性，期望效用脆弱性较少被应用于实证研究。广泛被用于研究的是期望贫困脆弱性，原因是其定义直接明了，能同时刻画风险和风险造成的福利结果，加之其表达式通过各种简化变形，更容易为研究者应用在不同的实证研究中。本章就是根据期望贫困脆弱性的定义来计算家户贫困脆弱性的。

### （二）贫困脆弱性测度方法

本章所采用的测度模型是从期望贫困脆弱性的定义出发，借鉴Chaudhuri 等（2002）的模型，将福利水平（消费/收入）方程设定为：

$$\ln y_i = X_i\beta + \varepsilon_i \tag{6.1}$$

其中，$y_i$表示福利水平（本章使用人均可支配收入来描述），$X_i$表示可观测家庭特征（包括可观测到的影响家庭福利水平的各种因素），$\beta$ 表示家庭特征的参数向量，$\varepsilon_i$是干扰项，并且服从正态分布，即 $\varepsilon_i \sim i.i.dN(0, \sigma_i^2)$。

该福利水平方程是一个收入产生过程。在这个方程中，收入分布由对数正态分布来表示，采用对数正态分布是由于：以往的研究发现对数正态分布高收入部分的尾部密度小于帕累托分布，对描述低收入群体收入分布的适用性更高。由于该模型不考虑纵向数据，参数向量 $\beta$ 不随时间的变化而变化，因此假设同一家庭特殊冲击 $\varepsilon_i$在不同时间上独立同分布，$\varepsilon_i$包含了造成未来福利水平不确定性的特殊冲击和造成家庭福利水平不同的不可观测家庭特征。在这种情况下，$\varepsilon_i$的方差与 $\ln y_i$的方差相等。除此之外，还假设干扰项 $\varepsilon_i$的方差 $\sigma_{\varepsilon,i}^2$取决于家庭特征，即：

$$\sigma_{\varepsilon,i}^{2}=X_{i}\theta \tag{6.2}$$

选择该模型的原因之一，是由于该模型适用于用截面数据进行测度。由于获取数据的局限性，在发展中国家，足够长度和内容的面板数据极难获得，而能够描述丰富的家庭特征和福利水平信息的截面数据较容易获得。这里，可以使用截面数据来对家庭贫困脆弱性进行测度的一个重要假设是，截面方差可以用来估计跨期方差（intertemporal variance）。Tesliuc & Lindert（2002）中提出截面方差可以解释部分的跨时方差，主要是由于特异性因素或特定集群冲击。故在所有时期的风险分布和风险管理工具相似的假设下，本章所采用的模型可以良好测度脆弱性。

为了使用截面数据估计上述模型，本章采用阿莫米亚（Amemiya，1977）提出的三阶段广义最小二乘法（Three-Step Feasible Generalized Least Squares，FGLS）来估计 $\beta$ 和 $\theta$，从而据此计算出脆弱性进行分析。本章贫困脆弱性的测度步骤如下：

（1）用最小二乘法 OLS 估计对数回归模型（6.1），得到残差估计量 $\hat{\varepsilon}_{OLS,i}$。

（2）将残差估计量 $\hat{\varepsilon}_{OLS,I}$的平方对家庭特征做 $OLS$ 回归，得到参数向量估计量 $\hat{\theta}_{OLS}$，即

$$\hat{\varepsilon}_{OLS,i}^{2}=X_{i}\theta+e_{i} \tag{6.3}$$

（3）利用 $X_I\hat{\theta}_{OLS}$对方程（6.3）进行变形，即

$$\frac{\hat{\varepsilon}_{OLS,i}^{2}}{X_I\hat{\theta}_{OLS}}=\left[\frac{X_i}{X_I\hat{\theta}_{OLS}}\right]\theta+\frac{e_i}{X_I\hat{\theta}_{OLS}} \tag{6.4}$$

用最小二乘法 OLS 估计（6.4）式，得到一个渐近有效的 FGLS 估计量 $\hat{\theta}_{FGLS}$，并且有 $X_i\hat{\theta}_{FGLS}$是 $\sigma_{\varepsilon,i}^{2}$的一致估计量。

（4）利用$\hat{\sigma}_{\varepsilon,i}^{2}=X_i\hat{\theta}_{FGLS}$对方程（6.1）进行变形，即

$$\frac{\ln y_i}{\hat{\sigma}_{\varepsilon,l}}=\left[\frac{X_i}{\hat{\sigma}_{\varepsilon,l}}\right]\beta+\frac{\varepsilon_i}{\hat{\sigma}_{\varepsilon,l}}\text{或}\ \frac{\ln y_i}{\sqrt{X_i\hat{\theta}_{FGLS}}}=\left[\frac{X_i}{\sqrt{X_i\hat{\theta}_{FGLS}}}\right]\beta+\frac{\varepsilon_i}{\sqrt{X_i\hat{\theta}_{FGLS}}} \quad (6.5)$$

用最小二乘法 OLS 估计式(6.5),得到 $\beta$ 的一致渐近有效估计量 $\hat{\beta}_{FGLS}$。

(5)通过估计量$\hat{\theta}_{FGLS}$和$\hat{\beta}_{FGLS}$以及同一家庭跨期收入水平独立同分布的稳定性假设,未来收入水平分布的均值和方差可计算得到:

$$\hat{E}(\ln y_i \mid X_i)=X_i\hat{\beta}_{FGLS} \quad (6.6)$$

$$\hat{Var}(\ln y_i \mid X_i)=\hat{\sigma}^2_{\varepsilon,i}=X_i\hat{\theta}_{FGLS} \quad (6.7)$$

(6)在收入水平对数正态分布的假设下,估计量 $\hat{\theta}_{FGLS}$和 $\hat{\beta}_{FGLS}$可以被用来估计家庭贫困的可能性,即家庭贫困脆弱性水平:

$$\hat{V}_i=Pr(\ln y_i<\ln z)=\phi\left(\frac{\ln z-X_i\hat{\beta}_{FGLS}}{\sqrt{X_i\hat{\theta}_{FGLS}}}\right) \quad (6.8)$$

其中 $\phi$ 是标准正态分布的累积分布函数。该贫困脆弱性测度是一个事前测度,并且可以使用截面数据进行估计,计算的结果为给定 $t$ 期收入水平分布下的家庭在 $t$+1 期陷入贫困的概率。

该脆弱性测度模型的一个优点是它可以使用较容易获取且包含大量家庭特征的截面数据进行估计,并且通过 FGLS 的方法,能够使结果显著,模型拟合更优。但该脆弱性测度模型也存在以下两个问题:第一个问题是,当某一正常年份(即没有发生意料之外的冲击的年份)的截面数据被应用于该测度中,该测度方法不能够反映预期之外的严重的负面冲击,如金融危机等。第二个问题是,由于模型只是简单的线性模型,不能像 Logistic 形式一样能保证方差估计量总为正,因此,在用模型实际操作时可能会遇到部分观测的方差为负,需要对数据进行处理,否则无法计算估计量 $\hat{\beta}_{FGLS}$和脆弱性 $\hat{V}_i$。

## 二、数据来源与变量介绍

### （一）数据来源与介绍

本章使用的数据来源于中国家庭追踪调查(China Family Panel Studies,CFPS)。CFPS的数据主要分为个人(成人和孩子)、家庭、社区三个部分,通过问卷调查的形式,通过数据的形式来反映中国城乡经济、人口、健康、教育等状况。该调查覆盖16000户家庭,调查对象包含样本家庭中的全部家庭成员。本章选取了CFPS 2014年作为分析对象,因为2014年问卷调查中可以获取家庭、成人、孩子、社区四个层次的相关数据(而其他年份都没有公布社区的数据),便于我们对中国贫困脆弱性特征进行更全面的分析。剔除缺失了重要变量的家庭,将几个不同问卷得到的数据整理合并成一个以家庭为单位的容量为12219的样本,其中包含5389户城镇家庭和6830户农村家庭。

本章最终选择以家庭为单位对贫困脆弱性进行分析,如此选择的原因有两个:一是由于CFPS数据的特点。该数据包括了所调查家庭的所有家庭成员的信息,若以个体为研究对象,可能会产生同一家庭中部分成员未来可能陷入贫困而另一部分成员未来不会陷入贫困的矛盾结果。而若以家庭作为研究对象,在数据处理和贫困脆弱性测度过程中,能够充分地考虑家庭所处的社区环境、家庭总体情况以及家庭所有成员各自的信息,从而更好地测度贫困脆弱性。二是基于实际情况考虑。实际上,在中国的现代化进程中,个体与家庭是紧密交织的状态,一般难以将两者截然分开去考察,因此在考虑测度中国人口的贫困脆弱性时,更倾向于研究整个家庭的贫困脆弱性。

在众多的贫困线标准中，本章采用国家贫困线，即人均纯收入 2300 元（2010 年不变价）作为实证研究中的贫困线。这里的农民人均纯收入，指农村住户当年从各个来源得到的总收入相应地扣除所发生的费用后的收入总和。农民人均纯收入按人口平均的纯收入水平，反映的是一个地区或一个农户农村居民的平均收入水平，与城镇居民可支配收入相对应。

### （二）变量选择与介绍

#### 1. 收入水平

在测度贫困脆弱性时，因变量福利水平经常用收入或者消费来表示，并且许多研究表明，消费比收入更适合用于研究贫困方面的问题。CFPS 提供了家庭相关的收入数据，如过去 12 个月总收入、过去 12 个月总支出等，但缺乏消费数据，加上国内对于贫困线的定义是基于农民年人均纯收入（与城镇居民可支配收入相对应），因此，本章的福利水平采用的是家庭人均可支配收入。其中，家庭年人均可支配收入=（过去 12 个月总收入-过去 12 个月总支出+现金及存款总额-尚未归还的借款总额）/家庭人口数。由于采用该种计算方式的家庭人均可支配收入，所以后文计算的贫困程度相对要偏高。在测算贫困的过程中，由于部分居民收入水平为零，不能取对数计算，因此在数据处理过程中，将这些不能计算的数据用其余数据中的最小正数来替代。

#### 2. 环境特征

本章将自变量被分为环境特征和家庭特征两个方面。环境特征指的是家庭所处的村居环境，而家庭特征指的是家庭成员教育、工作、健康、社交等信息。在环境特征中，本章选择了城乡分类、自然灾害、整体经济状况和医疗可及性作为变量，其中地区、城乡分类和自然灾害是虚拟变量。

（1）城乡分类是 2014 年的社区村镇分类，城市用 1 表示，村镇用 0 表示。

(2)自然灾害包括旱灾、洪涝、森林火灾、冻害、雹灾、台风等,由于CFPS调查问卷的设计方式,从数据中只能够看出某社区发生过哪些类型的自然灾害,而不能体现出社区遭受自然灾害的频率,因此在数据处理时,简单地将此变量设定为是否发生过上述自然灾害。由于自然灾害普遍具有不确定性和突发性,因此严重的自然灾害可能会使非贫困家庭陷入贫困。

(3)整体经济状况是由走访调查的调查员根据在村/居调访时获得的信息所进行的整体评估。一个村/居的整体生活水平高,意味着当一个家庭即将陷入贫困时,该家庭有极大的可能性通过邻里帮助或者村/居援助走出困境,同时也意味着家庭的整体消费、收入水平都偏高。

(4)医疗可及性由最大医疗点面积(平方米)表示,医疗点面积越大,代表着该医疗点的医疗设备越完善,能够提供的医疗服务种类越齐全。家庭中有收入的成员生病将会导致家庭收入降低,支出增加;无收入的成员生病将导致家庭支出大幅增加。因此公共医疗服务的有无决定了家庭患病成员是否能够得到医治,不必要的交通成本和医疗成本是否能够被节省下来。

**3. 家庭特征**

在家庭特征中,本章选择了家庭平均受教育年限、家庭成员健康程度、家庭成员参保比例、家庭成员主要工作性质、抚养比例、亲戚交往联络、邻里关系作为变量。其中,家庭成员主要工作性质、亲戚交往联络和邻里关系是虚拟变量,变量的说明如表6.1所示。

(1)家庭的教育程度由家庭平均受教育年限来表示,教育是影响收入的一个重要因素,当前已有的不少理论研究文献中,将家庭的受教育程度用户主或家庭中主要收入来源者的受教育年限或最高学历来表示。由于CFPS覆盖了一个家庭中所有成员的数据,并且无法通过数据确认户主身份或主要收入来源者的信息,因此用平均值来表示家庭的教育程度。这里计算平均值时,本章排除16周岁以下未达到法定工作年龄的家庭成员。

**表 6.1　变量选择表**

| 变量 | | 变量说明 |
|---|---|---|
| 大类 | 小类 | |
| 环境特征 | 地区 | 从 d1 到 d7 依次为华北、东北、华东、华中、华南、西南、西北，划分标准参照国家统计局的行政区域划分 |
| | 城乡分类 | 城市=1;村镇=0 |
| | 自然灾害 | 是否遭受自然灾害:1 是;2 否 |
| | 整体经济状况 | 村/居经济状况看起来:很穷>—1—2—3—4—5—6—7—>很富 |
| | 医疗可及性 | 用最大医疗点面积(平方米)来表示 |
| 家庭特征 | 教育 | 家庭成员平均受教育年限=教育年限加总/16 岁及以上家庭人口数 |
| | 健康 | 用家庭中健康状况最差的成员的健康状况来表示 |
| | 参保比例 | 参保人数/家庭人口数 |
| | 工作 | 2=家庭主要工作为非农工作;1=家庭主要工作为农业工作;0=劳动年龄人口数为零 |
| | 家庭规模 | 家庭人口数，即同一 fid14 下的 pid 数 |
| | 抚养比例 | 抚养比例=(家庭人口数-劳动年龄人口数)/劳动年龄人口数 |
| | 亲戚交往联络 | 1=关系良好;0=几乎没有往来 |
| | 邻里关系 | 1=关系良好;0=关系紧张或几乎没有往来 |
| | 家庭人均可支配收入 | finc-fexp+ft1 |

(2)家庭成员健康程度用家庭成员中健康状况最差者的健康状况来表示，这是因为患病对家庭平均可支配收入的负面影响比不患病对家庭平均可支配收入的正面影响要大得多。

(3)家庭成员参保比例描述了家庭成员的参保情况，这里的保险包括离退休后从所在机关或事业单位领取离退休金、基本养老保险、企业补充养老保险、商业养老保险、农村养老保险(老农保)、新型农村社会养老保险(新农保)、城镇居民养老保险以及其他的保险项目。

(4)家庭成员主要工作性质是一个虚拟变量,描述了家庭主要工作是否为农业工作(农、林、牧、副、渔),由于一个家庭中有多个成员,这些成员可能从事不同性质的工作,因此以大多数成员的情况来描述整个家庭的情况。

(5)家庭规模用家庭中成员的数量来表示,描述这个家庭人口的多少。CFPS 问卷调查覆盖了一个家庭中的所有成员,因此在计算家庭规模时,本章计算同一家庭编号下成人和儿童的数量和。

(6)抚养比例描述了家庭中劳动年龄人口对非劳动年龄人口的负担,例如抚养比例=1 表明家庭中每个参与劳动者需要负担起一个不参与劳动者。该变量中部分家庭劳动年龄人口数=0,计算出来的抚养比例为无穷大,根据 CFPS 问卷调查的设计,所有样本家庭的人口数不超过10,因此抚养比例总小于 10,故在数据处理时将这些抚养比例为无穷大的数据赋值为 10。

(7)亲戚交往联络和邻里关系都是虚拟变量,仅简单地描述一个家庭与亲戚和邻居的关系好坏。

## 三、中国的贫困脆弱性特征

### (一) 贫困脆弱性测度结果

贫困脆弱性测度的整个过程包含 4 次回归,回归结果如表 6.2 所示。其中 $\hat{\beta}$ 是对数可支配收入关于家庭特征的回归系数,$\hat{\theta}$ 是收入方差关于家庭特征的回归系数。模型的拟合效果相对理想。同时从系数的估计效果来看,除了变量自然灾害、医疗可及性、参保比例和邻里关系以外,其他的变量系数都在1%或5%水平上显著,这说明这些自变量都能够有效地描述所选择的因变量。除此之外,大部分系数的符号与实践前的符号预判一致,说明这些自变量对因变量影响的正负性符合实际情况,即:家庭位于城镇、社区/乡镇整体经济状况良好、家庭成员平均受教育年限高、家庭成员健康良好、家庭主要从事非农工作、家庭规模小、抚养比例低以及与亲戚交往关系良好对家庭可支配收入可能存在正面影响。

**表6.2 截面数据三阶最小二乘估计结果**

| 变量 | $\hat{\beta}_{OLS}$ | $\hat{\theta}_{OLS}$ | $\hat{\theta}_{FGLS}$ | $\hat{\beta}_{FGLS}$ |
|---|---|---|---|---|
| 华北 | 3.24332* | 26.71871* | 27.22944* | 3.24491* |
| 东北 | 3.00066* | 25.80736* | 26.14869* | 3.05439* |
| 华东 | 3.92994* | 25.90823* | 26.19351* | 3.95994* |
| 华中 | 3.71705* | 23.68641* | 23.85549* | 3.74271* |
| 华南 | 3.23432* | 25.44606* | 26.01954* | 3.22785* |
| 西南 | 2.83811* | 27.08688* | 27.58734* | 2.83136* |
| 西北 | 2.92121* | 27.28304* | 28.07555* | 2.90515* |
| 城乡分类 | 0.73835* | −1.32780** | −1.70550* | 0.71296* |
| 自然灾害 | −0.22648** | −0.25217 | −0.78525 | −0.17044 |
| 整体经济状况 | 0.06258 | 0.04954 | −0.01634 | 0.07170** |
| 医疗可及性 | −0.00001 | 0.00055 | 0.00065 | −0.00001 |
| 教育 | 0.14659* | −0.11914 | −0.14322** | 0.14338* |
| 健康 | 0.47294* | −1.55920* | −1.52220* | 0.45500* |
| 参保比例 | 0.22840 | −0.79729 | −0.86129 | 0.21888 |
| 工作性质 | 0.22425** | −0.12054 | 0.01947 | 0.23215* |
| 家庭规模 | −0.14454* | −0.52349* | −0.43033* | −0.14841* |
| 抚养比例 | −0.04567** | 0.28799* | 0.30550* | −0.04191** |
| 亲戚交往联络 | 0.57421* | 1.45779 | 1.26721 | 0.56056* |
| 邻里关系 | 0.09002 | 0.21822 | 0.24504 | 0.08730 |

续表

| 变量 | $\hat{\beta}_{OLS}$ | $\hat{\theta}_{OLS}$ | $\hat{\theta}_{FGLS}$ | $\hat{\beta}_{FGLS}$ |
|---|---|---|---|---|
| 调整 R 方 | 0.6630 | 0.4315 | 0.3915 | 0.6757 |
| F 值 | 1266.38 | 489.17 | 414.72 | 1341.15 |
| Prob(F) | <0.0001 | <0.0001 | <0.0001 | <0.0001 |

注：* 表示在 1%的水平上显著，** 表示在 5%的水平上显著。

## （二）中国家庭贫困脆弱性的特征分析

接下来本章将对不同群体的平均脆弱性和脆弱发生率进行计算和分析，结果如表 6.3 所示。

**表 6.3　不同群体的贫困脆弱性比较**

| 总　体 | | 平均脆弱性 | 脆弱率 |
|---|---|---|---|
| | | **0.62** | **25.78%** |
| 家庭经济状况 | 贫困家庭 | 0.66 | 38.46% |
| | 非贫困家庭 | 0.60 | 17.22% |
| 地区 | 华北 | 0.62 | 18.80% |
| | 东北 | 0.62 | 21.44% |
| | 华东 | 0.55 | 5.21% |
| | 华中 | 0.59 | 16.26% |
| | 华南 | 0.65 | 33.33% |
| | 西南 | 0.69 | 51.61% |
| | 西北 | 0.68 | 49.82% |
| 城乡分类 | 城镇 | 0.56 | 6.03% |
| | 农村 | 0.67 | 41.36% |
| 自然灾害 | 发生过自然灾害 | 0.66 | 38.09% |
| | 未曾发生过自然灾害 | 0.57 | 9.01% |
| 整体经济状况 | 较富裕(6、7) | 0.59 | 16.00% |
| | 一般(3、4、5) | 0.63 | 26.92% |
| | 较贫穷(1、2) | 0.70 | 57.63% |

续表

| 总　　体 | | 平均脆弱性 | 脆弱率 |
|---|---|---|---|
| | | **0.62** | **25.78%** |
| 医疗可及性 | 高(>50) | 0.64 | 29.49% |
| | 低(≤50) | 0.60 | 22.97% |
| 教育 | 大专及以上(≥15) | 0.42 | 0.00% |
| | 大专以下(<15) | 0.63 | 26.62% |
| 健康 | 良好(3、4、5) | 0.56 | 7.84% |
| | 较差(0、1、2) | 0.66 | 38.20% |
| 参保比例 | 较高(≥0.5) | 0.60 | 21.51% |
| | 较低(<0.5) | 0.64 | 29.50% |
| 工作性质 | 无工作 | 0.65 | 31.85% |
| | 家庭主要工作为农业工作 | 0.68 | 45.30% |
| | 家庭主要工作为非农工作 | 0.58 | 14.17% |
| 家庭规模 | 规模较小(≤5) | 0.60 | 18.77% |
| | 规模中等(在5和10之间) | 0.68 | 46.82% |
| | 规模较大(≥10) | 0.76 | 81.82% |
| 抚养比例 | 较高(>1) | 0.65 | 32.37% |
| | 较低(≤1) | 0.61 | 22.97% |
| 亲戚交往联络 | 关系良好 | 0.62 | 23.98% |
| | 几乎没有往来 | 0.71 | 60.23% |
| 邻里关系 | 关系良好 | 0.61 | 22.86% |
| | 几乎没有往来 | 0.65 | 33.73% |

### 1. 贫困家庭和非贫困家庭脆弱性对比分析

对于贫困脆弱性高低，以往学者并没有提出一个明确的标准。鉴于本章关注的是极易陷入贫困的家庭，因此，将高低之间的分水岭设置为0.7，后文中计算脆弱率时也将使用这个标准。如表6.3所示，括号中表示在所有家庭中的比例。可见，贫困脆弱性高的家庭中，贫困家庭和非贫困家庭占所有家庭数量比例相近，分别为 15. 50%和 10. 28%；但非贫困家庭为低贫困脆弱性家庭的比例高达 49. 42%，远高于贫困家庭的比例。就各自的占比来看，贫困家庭中有 38. 46%脆弱性大于 0. 7，该比例明显超过非贫困家庭的 17. 22%；从低脆弱性部分来看，非贫困家庭相比较贫困家庭未来更不易陷入贫困。这就说明，贫困家庭在面对未来的负向冲击或风险时，比非贫困家庭更脆弱。

### 2. 城乡以及城乡社区经济状况对家庭脆弱性的影响

在城乡比较方面，无论是平均脆弱性还是脆弱率，城镇都远低于农村。城镇的贫困脆弱性为 0. 56，农村为 0. 67，城镇贫困脆弱率仅为 6. 03%，而农村则高达 41. 36%，这意味着农村中有 41. 36%的住户可能陷入贫困。城镇家庭现阶段的生活水平远超农村家庭，在未来遭受福利损失的可能性低于农村家庭，未来有可能陷入贫困的城镇家庭数量也少于农村家庭。图 6. 1[①] 则反映了社区/乡镇整体经济状况与贫困脆弱性的关系。这里的社区/乡镇整体经济状况是由调查员经过对社区/乡镇的详尽调查之后给出的整体评估，从 1 到 7 分别表示由很穷到很富的七个等级。显然，从整体来看，社区/乡镇越富有，居住其间的居民的陷入贫困的可能性就越低。

### 3. 教育、健康和工作性质对于贫困脆弱性的影响

家庭成员受的教育程度和健康状况，也是影响该家庭未来是否陷入贫困的可能性大小。例如家庭成员患病，可能导致家庭支出增加，负担加重，陷入贫困的概率增大；家庭成员接受教育程度高，即使当下的家庭生活水平不高，在未来也有可能因为升职加薪而改善家庭福利水平。图

---

① 由于样本数量庞大，本章中使用盒形图来分析影响因素。矩形框是盒形图的主体，中间的横线为数据中位线，矩形框上下两边为上下四分位数，在矩形框上下两边分别有一条纵向的线段，上截止横线是最大值，下截止横线是最小值。通常，盒形图可以用来比较分析分组的总体情况。

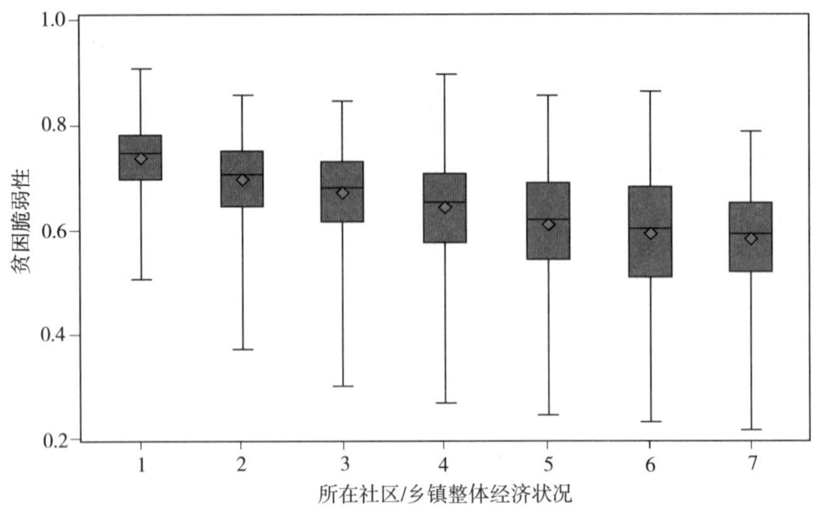


**图 6.1　整体经济状况与贫困脆弱性**

6.2 和图 6.3 分别给出了家庭成员不同教育程度和健康状况下的贫困脆弱性。图 6.2 中的横坐标代表家庭成员平均受教育年限,该图清晰地表明了家庭贫困脆弱性随着平均受教育年限的增长而显著下降,受教育的程度越高,未来陷入贫困的可能性就越低。表 6.3 中显示教育程度大专及以上的贫困脆弱性较其以下要小得多,大专及以上为 0.42,贫困脆弱率约为 0,而大专以下为 0.63,贫困脆弱率为 26.62%。由此可见,教育在降低个体脆弱性的作用非常显著。

除此之外,健康对贫困脆弱性的影响也十分明显。图 6.3 为家庭成员健康状况与家庭贫困脆弱性的关系,横坐标为 1 至 5,分别代表了健康状况最差的家庭成员的健康情况:不健康、一般、比较健康、很健康、非常健康。明显地,健康状况越好,家庭贫困脆弱性越低。与此同时,健康良好对应健康较差的贫困脆弱率为 7.84%对 38.2%。这意味着,当一个家庭每个成员都非常健康时,这个家庭不需要为家庭成员的健康支付医疗费用,可以将这笔钱用于提高家庭的生活水平;而当一个家庭存在至少一个不健康的成员时,家庭需要为该成员支付医疗费用;除此之外,患病带

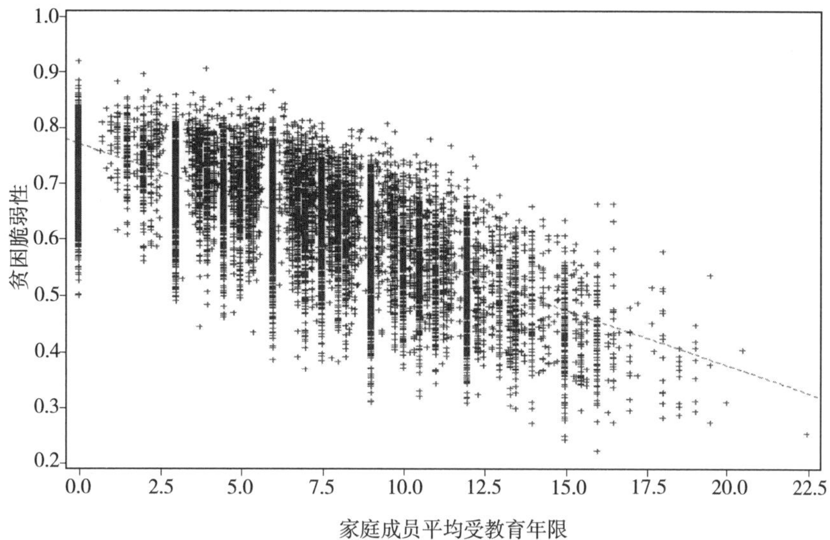


**图 6.2 不同教育程度的家庭对应的贫困脆弱性**

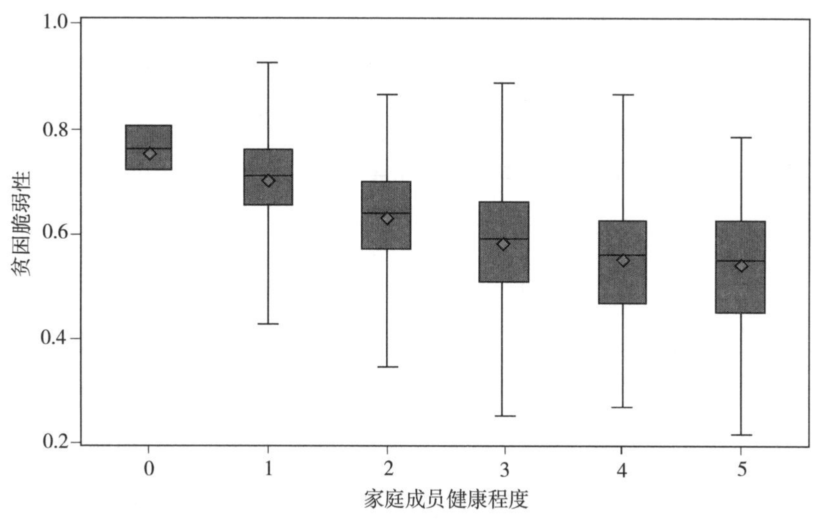


**图 6.3 健康状况与贫困脆弱性**

来的影响还在于收入能力的损失，如果该成员的收入是家庭的经济来源之一，该家庭的总收入也会降低，生活水平下降。

关于家庭的工作性质的贫困脆弱性差异方面，主要工作为非农工作的家庭平均脆弱性为 0.57，脆弱率为 8.64%，远低于主要工作为农业工作的家庭和无工作的家庭，尤其是从事农业工作的家庭，脆弱率达到了 45.3%。从事农业工作的家庭的高脆弱性，可能是因为其极易受到来自季节或气温反常、自然灾害突发等负向的冲击，从而影响其家庭收入，最终陷入贫困。而主要从事非农工作的家庭收入来源更为稳定，更不易陷入贫困。

**4. 其他因素对于贫困脆弱性的影响**

社交关系（包括亲戚交往联络和邻里关系）对于贫困脆弱性有一定的影响，见表 6.3 所示，在亲戚之间几乎没有往来的家庭中，脆弱率高达 60.23%，而拥有良好关系的亲戚交往联络和邻里关系的家庭脆弱率只有 23%左右。由此可见，良好的亲戚交往联络和邻里关系有助于降低家庭未来陷入贫困的概率。但图 6.4 显示，家庭规模越大，贫困脆弱性也增大。也就是说，大家庭比小家庭反而更容易在未来陷入贫困。这可能与我们对收入的定义有关，规模大的家庭意味着支出也会增加，更意味着当负向冲击，如失业、生病，发生在某一个家庭成员身上时，这个家庭的总收入减少，负担加重，没有能力应对负向冲击而陷入贫困。

虽然由表 6.3 可知家庭参保比例越高，抚养比例越低，家庭的贫困脆弱性较小，但由图 6.4 和图 6.5 所示，如果细分，我们会发现家庭成员参保比例和抚养比例对贫困脆弱性的影响并不明显。家庭成员参保比例的高低，对于贫困脆弱性的影响并不大，同一参保比例下的家庭贫困脆弱性有高有低，描述数据整体趋势的虚线几乎水平。这可能是因为，这里的保险绝大多数为各种类型的养老保险，只有少部分人填写除养老保险外的其他参保项目，而只有达到特定年龄的人群才能够获得养老保险金，因此这里所提及的保险并不能够及时有效地帮助遭遇负向冲击的家庭走出困境。抚养比例对贫困脆弱性的影响不明显，主要原因可能是抚养比例描

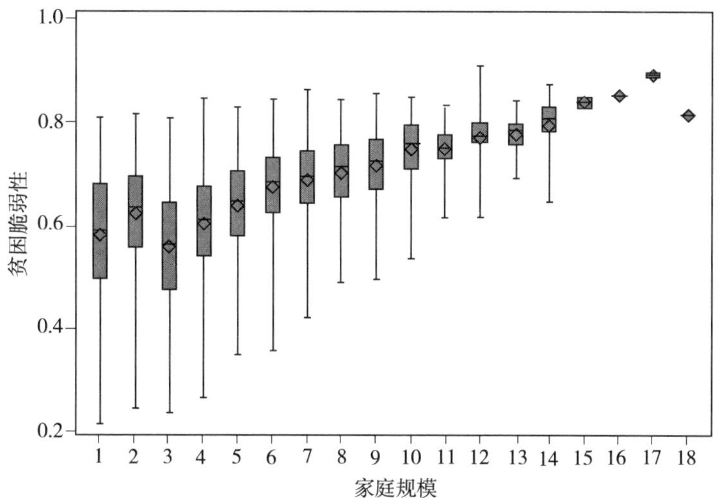


**图 6.4　家庭规模与贫困脆弱性**

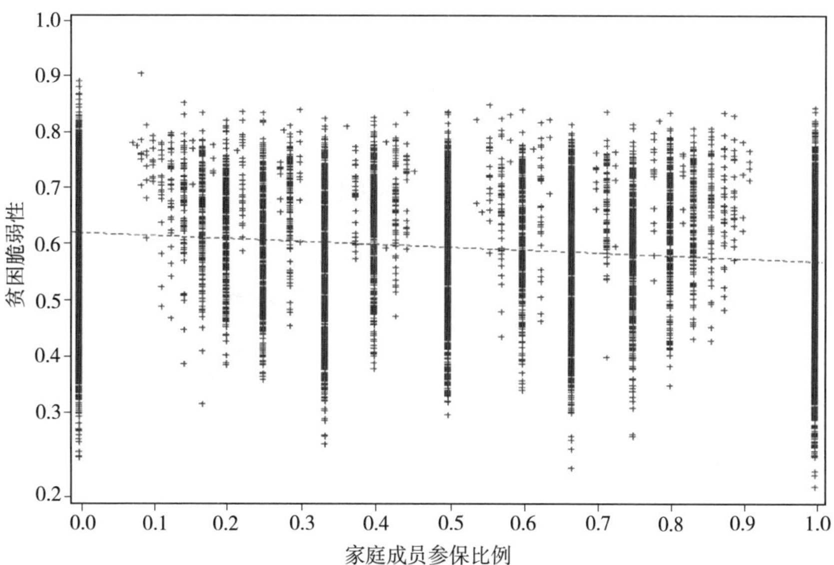


**图 6.5　家庭成员参保比例与贫困脆弱性**

述的主要是一种长久持续的状态，而不是突然的负向冲击，因此抚养比例可能更多地影响家庭是否贫困的状态，而不是陷入贫困的可能性。

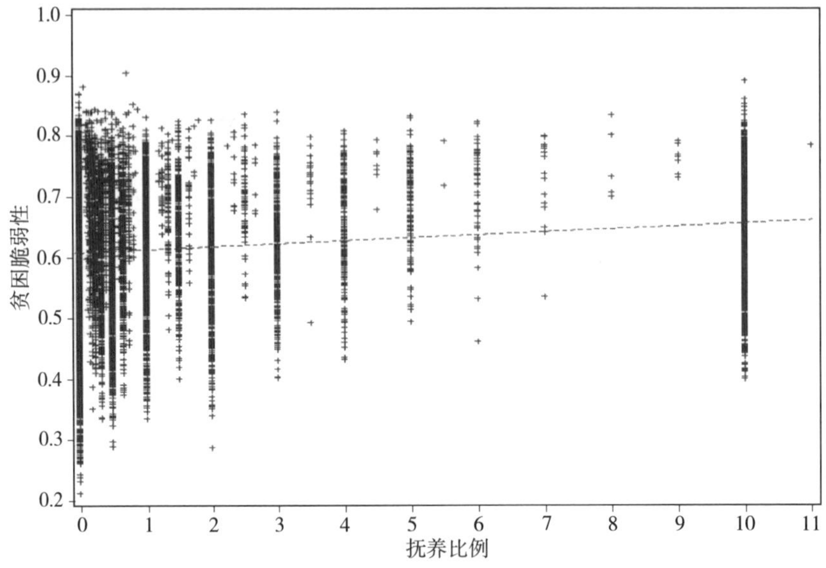


图 6.6　抚养比例与贫困脆弱性

## 四、贫困脆弱性分析结论与策略建议

由于贫困具有较强的波动性，为了更为精准地扶贫，测量贫困脆弱性是一个较为有意义的方法。本章通过测度不同群体的脆弱性来研究哪些因素会影响家户的脆弱性。研究发现经济状况较差地区的家户、农村农业家庭、贫困家庭未来落入贫困的可能性更高。而家庭成员健康状况和教育程度依然是减小未来陷入贫困可能性的重要因素。另外，农村地区的社会网络也是决定家户脆弱性的重要因素，良好的社交关系和邻里关系能够改善家庭的贫困脆弱性。家庭参保比例及抚养比例却与脆弱性大小没有显著的关系，但这并不能说社会保障对于家庭脆弱性并没改善，有保险的家庭贫困脆弱性还是要低一些，只是差异不显著，另外横截面数据本身也无法有效评估实施各类保险对于个体防范风险的作用。

由此可见，脆弱性是和贫困紧紧相连，贫困者下期落入贫困的可能性非常高，因此，要提高扶贫的精准性提升扶贫效率，要降低贫困脆弱性，增强个体抵御风险的能力。简单的“输血”式现金转移支付可能无法有效解决问题。改善社区经济环境、提升个体的能力，保证稳定的收入来源依然是个体家庭摆脱贫困脆弱性的重要力量。但是，需要处理好各种策略、措施之间的逻辑关系，需要从提升地区经济环境，改善地区基础设施，提升健康和教育，发挥社会保障网的作用，才有可能使家户走出贫困陷阱。构建社会网络对于家户防范脆弱性也是一种较为有效的方式，尤其是在贫困落后的地区，其效果可能比相应的一些保险更为有效。但是，在一些落后的地区，社会网络的形成也有可能有负作用，使得个体陷入其中无法跳出贫困陷阱，落后地区的社会网络是贫困陷阱形成一种的加强机制。总之，制定扶贫政策时，在有限的资金情况下，要建立一个政策执行的合理排序机制，提升个体的能力，降低脆弱性，使得扶贫更为彻底。

# 第七章　贫困冲击下中国家户的消费行为选择

中国扶贫进入了一个崭新的阶段,需要对精准扶贫和精准脱贫的长效机制进行研究。贫困者行为是最为主要的影响机制之一。贫困者行为会导致贫困持久性、贫困代际转移、贫困人口聚集等。Bernhem 等人(2015)研究指出,贫困者行为选择对贫困动态有显著性的决定影响。现有贫困研究主要关注的行为包括消费、储蓄、借贷、迁移、子女投资、医疗保健等。由于高低收入群体的风险偏好、反应能力、思维方式、拥有资源等存在很大差异,导致他们在行为选择上也存在差异。在有限的资源约束下,贫困者的消费和投资行为容易产生扭曲。Banerjee & Duflo(2007)通过调查研究发现并提出一系列贫困者行为选择的问题:为什么贫困者并没有花费更多的支出用于食物?为什么贫困者不对教育做更多的投资?为什么贫困者在信贷约束、保险缺乏以及劳动市场刚性的情况下不进行更多的储蓄?为什么劳动者不进行永久性迁移?Banerjee & Duflo 在其 2011 年《贫穷经济学》一书中进一步通过多国的实际案例全方位的描述和解释他们发现的一些非理性的贫困者行为,如一些贫穷国家的贫困者宁愿买电视和手机,也不愿买食物来补充营养或者为他们的子女注射费用低廉的疫苗。

虽然这些问题与中国的贫困者行为选择特征可能存在差异,但是,它们为分析中国的贫困者行为与贫困动态提供了很多思路和借鉴。中国目前也存在一些贫困人口缺乏自主脱贫的动力和能力，还是存在“等、靠、要”思想，在消费、投资等行为决策上存在偏差。表 7.1 和表 7.2 给出了中国农村不同收入群体在消费结构和耐用品消费上的差异，可以发现，贫困人口在医疗保健、教育等类别的支出不足，食物消费支出的恩格尔系数并不高，衣物、居住、生活用品等消费比例反而不低；另外，日常生活支出中的耐用品消费量与非贫困家户的差异并没有传统研究的那么大，贫困家户在摩托车、电视机、手机等上也有较大的拥有量。这些行为都会影响到扶贫政策的设计以及个体未来的贫困状态。方迎风等人（2013）则基于 CHNS 的数据研究发现，在健康冲击等外在冲击下，中国农村居民在卫生投资、教育支出、消费支出、生产性支出、培训支出等支出的下降对贫困有显著的不利影响，使得贫困居民容易陷入贫困陷阱。

**表 7.1 2015 年贫困地区不同收入群体的消费结构** （单位：%）

| | 低收入组 | 中低收入组 | 中等收入组 | 中高收入组 | 高收入组 |
|---|---|---|---|---|---|
| 食品烟酒 | 37.66 | 37.70 | 36.83 | 36.56 | 34.07 |
| 衣着 | 6.28 | 6.15 | 6.21 | 6.13 | 5.83 |
| 居住 | 20.68 | 20.94 | 20.26 | 20.62 | 20.84 |
| 生活用品及服务 | 5.82 | 5.92 | 6.19 | 6.33 | 6.35 |
| 交通通信 | 9.88 | 9.90 | 9.57 | 9.98 | 11.78 |
| 教育文化娱乐 | 10.01 | 10.37 | 11.54 | 10.76 | 8.99 |
| 医疗保健 | 7.87 | 7.46 | 7.79 | 8.01 | 10.28 |
| 其他物品及服务 | 1.80 | 1.60 | 1.61 | 1.60 | 1.86 |

注：数据来源于《中国农村贫困监测报告 2016》，表中各消费类别比例是笔者根据原始数据自己计算得出。

**表 7.2 全国农村与农村贫困人口 2014 年每百户耐用消费品拥有量**

| 指标名称 | 单位 | 全国农村 | 农村贫困人口 |
|---|---|---|---|
| 摩托车 | 辆 | 67.6 | 45.3 |

续表

| 指标名称 | 单位 | 全国农村 | 农村贫困人口 |
|---|---|---|---|
| 电动助力车 | 台 | 45.4 | 24.5 |
| 洗衣机 | 台 | 74.8 | 55.6 |
| 电冰箱 | 台 | 77.6 | 45.9 |
| 微波炉 | 台 | 14.7 | 5.5 |
| 电视机 | 台 | 115.6 | 99.9 |
| 空调 | 台 | 34.2 | 7.6 |
| 热水器 | 台 | 48.2 | 20.1 |
| 排油烟机 | 台 | 13.9 | 1.9 |
| 移动电话 | 部 | 215.0 | 170.2 |
| 计算机 | 台 | 23.5 | 5.1 |

注:统计数据来源于《中国农村贫困监测报告 2015》第 18 页。

本章研究贫困冲击下的家户消费行为特征。消费行为包括调整消费支出的规模和消费支出的结构。其中,现有消费理论主要关注消费支出规模的变化,较少有研究关注消费结构的变化。在外部冲击下,家户其实不仅可能通过储蓄和信贷等方式进行消费平滑,还可能通过调整消费结构进行消费平滑。尤其当家户在贫困冲击下,容易陷入信贷约束,储蓄与信贷方式下的消费平滑作用就丧失了,此时调整消费结构将成为他们的重要选择。在外部冲击和不同约束下,个体和家户可能会通过调整消费结构来减少效用损失。本章选用中国家庭追踪调查(CFPS)2012 年和 2014 年两年的微观家户数据研究贫困冲击下消费结构变化,即贫困会如何影响家户的消费支出的决策。本章通过家户两年的贫困状态变化构造贫困冲击指标,将由 2012 年非贫困状态进入到 2014 年贫困状态定义为家户受到贫困冲击,并使用倾向得分匹配方法进一步筛选样本,缓解样本的选择性偏差,在分析中使用工具变量法解决内生性问题。研究发现,在贫困冲击下,家户的消费支出结构中并未增加反映生存需要的食品支出比例,食品支出的比例反而显著下降。基于此问题,本章进一步研究为什么贫困冲击下的家户会出现这种消费支出倾向,并研究不同类型的收入波动所导致的贫困冲击、家户是否有低保等对家户消费结构的影响。

## 一、冲击下的消费研究综述与理论阐述

在传统的消费理论框架下,家庭在财富、信贷等不同类型的约束下,通过自己的预期选择最优消费束最大化其一生的效用。因而,在不同类型的收入冲击下,家户只会通过调整不同期的消费支出来平滑消费,收入冲击对居民消费支出有显著的影响(Gourinchas 和 Parker,2002;何平、高杰、张锐,2010;Berger 和 Vavra,2015;Arellano et al.,2017 等)。但是,这些研究主要关注不同的收入动态模式下收入冲击对消费支出的影响,并且研究结论都指出,由于收入来源的异质性,使得人们面对收入冲击时,消费变动也会产生异质性。收入的负向冲击会导致家户的消费支出减少。预防性储蓄、流动性约束、习惯形成等情境对家户的消费行为有显著影响。预防性储蓄和流动性约束会提高储蓄,导致当期消费减少(Zeldes,1989)。尤其在贫困冲击下,家户更容易陷入流动性约束,并修正未来的收入预期,进而影响到其消费行为。Giles & Yoo(2007)研究中国农村家户就发现,当家户落入消费贫困时,其预防性储蓄会增加。杭斌(2009)指出习惯形成和收入不确定性是影响农户消费行为的重要解释变量,习惯形成参数越大,边际消费倾向就越低,消费的惯性越强,收入不确定性对消费的影响就越小。杨继生、司书耀(2011)指出政策环境因素对消费意愿的影响是突变性的,并且具有记忆能力,在收入加速增长的过程中,消费意愿的反应滞后于收入增长,当收入增长减速时,消费意愿的反应超前,相位差 1 年左右。

近来,国内有部分研究关注消费结构特征,但主要关注的是收入结构下的消费结构特征,并研究收入结构与消费结构的关系(周建、艾春荣等,2013;张慧芳、朱雅玲,2017 等)。周建、艾春荣等(2013)通过构建消费与收入结构效应理论模型,试图回答不同类别收入如何通过结构效应影响不同类别商品的消费,以及不同个体适应性预期形成机制及消费的绝对水平差异依赖于收入差异的机理。张慧芳、朱雅玲(2017)认为工资性收入和转移性收入是促进消费结构优化升级最主要的收入因素。温涛、田纪华、王小华(2013)利用省级面板数据研究中国各地区农民收入结构对其消费结构的影响。他们研究发现,家庭经营收入仍然是农民各项消费支出的最主要影响因素。财产性收入边际消费支出倾向最大,转移性收入则主要影响农民的衣食住行等基本生活消费需求。巩师恩(2013)依然使用省级面板数据进行收入结构与消费结构关系研究发现,农村居民经营性收入具有较强的边际食品消费促进作用,农村居民工资性收入、转移性收入具有较强的边际非食品消费促进效应。

收入冲击对家户的消费结构变化和形成有显著影响。然而,当前这些研究并没有考虑收入冲击下的消费行为的动态变化,更没有关注贫困者的消费行为特征,尤其是贫困冲击下的消费行为选择问题。王震(2017)只是尝试研究中国农村贫困居民消费结构特征,并且他主要利用宏观价格指数测算农村贫困居民各项消费需求支出的价格弹性和支出弹性。郑志浩、高颖、赵殷钰(2015)也仅研究了中国城镇居民食物消费模式与收入的关系,他们研究发现,随着人均收入持续增长,城镇居民食物支出水平将会继续提高,但食物支出占城镇居民支出的比重将会继续下降。Notten & Crombruggle(2007)用俄罗斯纵列数据研究发现,收入冲击对食物消费的影响小于非食物消费;并且,相对城镇家户,具有贫困风险的农村家户更能平滑其食物支出。Skoufias & Quisumbing(2005)在用 5

个国家的家户面板数据分析时也发现,相对非食物支出,在个体特异性冲击下,食物支出更好地被保险,而非食品消费的调整是部分保障食品消费的一种机制。

在贫困冲击下,家户的消费支出会大幅下降,家户此时不仅可以通过预防性储蓄进行消费平滑,还可以通过调整消费结构进行资源的再配置来获取最大效用。消费结构调整在收入冲击下也将是进行家户消费平滑的重要手段;但是,这是经典的消费理论研究所忽略的一个重要方面。这意味着,贫困者的消费行为选择特征有可能是其贫困环境下的最优选择,而并不一定是贫困所导致的行为选择偏差。这也正是 Carvalho et al.(2016)所强调的,贫困者的行为特征到底是其特定约束下的最优选择,还是贫困所导致的行为偏差,还需要我们通过大量的理论与实证研究去验证。本章通过中国家庭追踪调查 2012 年和 2014 年两年的数据,研究贫困家户的消费特征,以及贫困冲击下的家户消费行为变化。

## 二、贫困者的消费特征

中国家庭追踪调查(China Family Panel Studies,CFPS)由北京大学中国社会科学调查中心实施的,样本覆盖 25 个省、自治区、直辖市,通过跟踪收集个体、家庭、社区三个层次的数据。CFPS 数据特征的详细介绍可参考谢宇等人(2014)。本章经过合并匹配整理,最终 2012 年和 2014 年均存在调查数据的样本家户数为 13015 户。

首先,贫困的测算。选用人均家庭纯收入作为计算是否贫困的指标,贫困线为 2300 元/人年(2010 年不变价),在 CFPS 中有与 2010 年可比的人均家庭纯收入,因此,如果人均家庭纯收入(与 2010 年可比)小于 2300

元，则认为此家户即为贫困户。为了分析方便和保留较大的样本容量，分析中并未单独拿出农村家户进行分析，并且农村和城镇一律使用统一的贫困线进行测度。如果以家户为单位，则 CFPS 2014 年的贫困发生率为 14.83%，2012 年的贫困发生率为 17.31%。如果基于 2012 年和 2014 年两年都有贫困数据的原则，则经整理后剩余样本为 11508 户，其中，两年均不是贫困的家户有 8514 户，占 73.98%，2012 年贫困、2014 年非贫困的家户有 1325 户，占 11.51%，2012 年非贫困、2014 年贫困的家户有 1001 户，占 8.7%，两年均为贫困的有 668 户，占 5.8%。因此，在 CFPS 数据集中，中国贫困发生率有显著的下降，但扶贫任务依然艰巨，贫困家户的动态变化很大，两年均为贫困的长期贫困发生率也不低。

其次，家户的食物、衣物、住房、日常生活、医疗保健、文教娱乐、交通通信的消费支出占比，是通过将各项消费支出除以总消费支出得到。其中，食物支出指在食物与外出用餐上的支出；住房支出指支付租金、房屋维修和管理支出、电费、水费等；日常生活支出主要是指家用电器、手机、交通工具等耐用品支出；医疗保健支出主要是医疗支出和保健支出；交通通信支出主要包括通话费、上网费、邮费、交通费等；文教娱乐支出是指家户用于娱乐、教育、旅游方面的支出。表 7.3 中给出不同贫困状态下的消费结构特征，可以发现贫困家庭的食物支出占比竟然要比非贫困家庭低，至少有一年处于贫困的家户的食物支出占比约为 38%，而 2012 年和 2014 年均不是贫困的家户食物支出占比达到 40.3%。不仅如此，两年均不是贫困的家庭在衣物、日常生活和文教娱乐上的支出都要高于贫困家庭，而贫困家庭在住房支出和医疗保健支出占比上要显著地高于非贫困家庭。这与贫困家庭以食物支出为主的经典理论不相一致，说明中国贫困者的消费行为并不如我们所想的用于基本生活支出。

表 7.3　不同贫困形态下的消费结构特征

| 变量名称 | 2012 年和 2014 年均不贫困 | 2012 年贫困、2014 年不贫困 | 2012 年不贫困、2014 年贫困 | 2012 年和 2014 年均为贫困 |
|---|---|---|---|---|
| 食物支出占比 | 0.403 | 0.380 | 0.382 | 0.380 |
| 衣物支出占比 | 0.0583 | 0.0556 | 0.0525 | 0.0459 |
| 日常生活支出占比 | 0.0946 | 0.0816 | 0.0829 | 0.0747 |
| 住房支出占比 | 0.138 | 0.147 | 0.155 | 0.143 |
| 医疗支出占比 | 0.104 | 0.139 | 0.134 | 0.169 |
| 交通通信支出占比 | 0.0996 | 0.0962 | 0.103 | 0.0976 |
| 文教娱乐支出占比 | 0.0884 | 0.0881 | 0.0787 | 0.0769 |

最后,分析中其他的控制变量主要有家庭变量和户主变量。家庭变量主要包括家户中儿童占比、老年人口占比、工作人口占比、不健康人口占比、家户规模、家庭支出、家庭两年的收入、城乡虚拟变量、省份虚拟变量等。户主变量主要包括户主的教育、婚姻、年龄、性别等。其中,家庭中儿童占比是指家庭中年龄在 14 岁以下的成员数占家庭规模的比例,文中没有细分成 0—5 岁婴儿以及 5—14 岁儿童两个阶段。老年人口占比是指年龄在 65 岁及其以上的成员数占家庭规模的比例。不健康人口占比是指家庭中成人自认为不健康的人数占家庭规模的比例,其中,在 CFPS 中自评健康这个指标分为 5 档:非常健康、很健康、比较健康、一般、不健康。就业人口占比是指家庭中有工作的人口比例。关于户主的界定,CFPS 中并无明确的户主界定,本章根据 2014 年 CFPS 中"谁是财务回答人"这个问题确定户主,谁是财务回答人,说明此人熟悉其家庭财务,是家庭财务主要负责人,进行家庭相关决策——因此,如果回答是家庭财务回答人,则认定其为户主。

## 三、贫困冲击下的消费选择

### （一）贫困冲击的定义

根据2012年和2014年两年的贫困状态可以将家户分为4类:2012年和2014年均不贫困;2012年贫困、2014年非贫困;2012年非贫困、2014年贫困;2012年和2014年均为贫困。贫困冲击则表示家户由2012年非贫困状态变为了2014年的贫困状态,其中,在分析时,受到贫困冲击的家户为处理组,2012年和2014年均不是贫困的家户作为参照组。由于样本选择的倾向性,贫困冲击的定义与收入有较大的关系,即2012年和2014年均不贫困中很多是高收入群体,而2012年非贫困、2014年贫困可能本身就是贫困边缘的人,导致样本选择存在偏差。因此,本章首先选用倾向得分匹配(Propensity Score Matching,PSM)进行处理组和参照组的数据处理。倾向得分匹配选用的变量包括家庭特征变量、户主变量、省份虚拟变量以及城乡虚拟变量,选用Logit模型进行估计,并进行一对一的近邻匹配。在进行匹配处理之前,处理组有1001个家户样本,控制组有8514个家户样本。在进行匹配处理之后,如图7.2所示损失了少量样本,处理组还有956个家户样本、控制组还有7844个家户样本。由图7.1至图7.3可以发现,处理过后,匹配损失少量样本,大多数变量的标准化偏差缩小了,处理组和控制组的得分倾向核密度图也由匹配前的较大差异变为基本一致。处理过后的数据变得更具有可比性和可靠性。

### （二）回归模型与实证策略

根据经典消费理论下的消费支出模型,贫困冲击下的消费结构变化

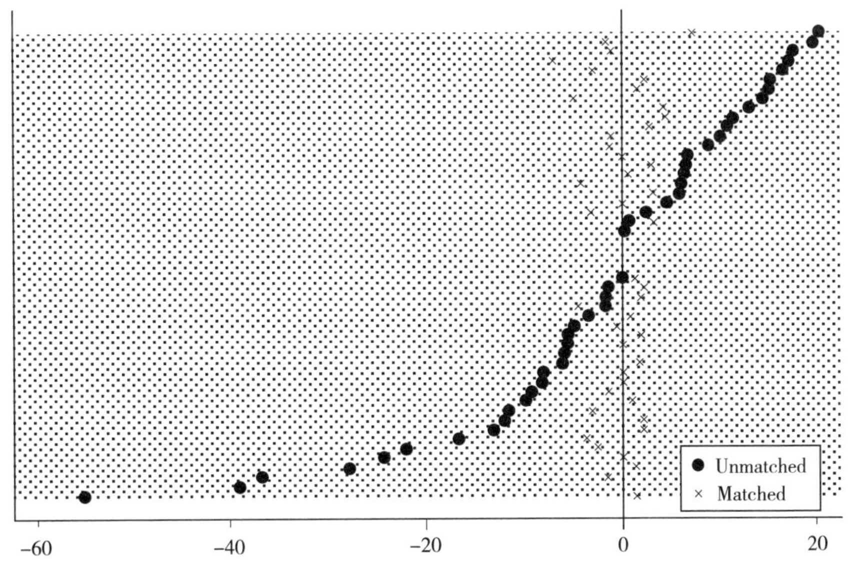


图 7.1　各变量的标准化偏差

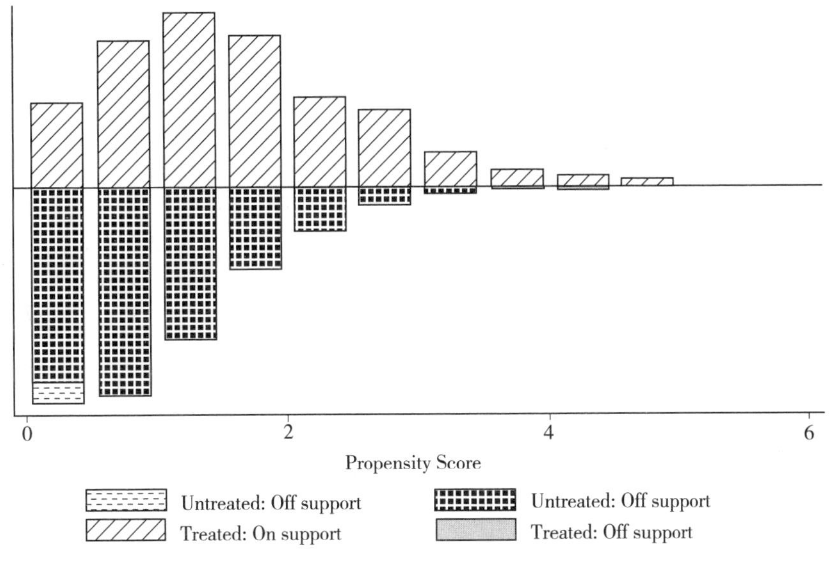


图 7.2　倾向得分的共取值范围

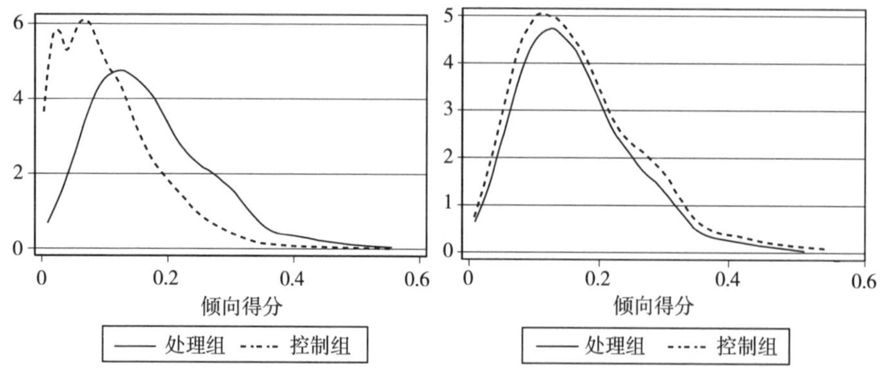


**图 7.3(a)匹配前倾向得分核密度　图 7.3(b)匹配后倾向得分核密度**

回归模型设定如下：

$$\Delta C_{itj}=\beta_0+\beta_1 P_{it}+\beta_2 X_{it}+\Delta\varepsilon_{it} \tag{7.1}$$

其中，$\Delta C_{itj}$表示家户 $i$ 2014 年和 2012 年第 $j$ 项支出占比的变化，$j$ 表示食物、衣物、住房、医疗保健、日常、文教、交通通信。$P_i$ 表示是贫困冲击，即 2012 年和 2014 年均不是贫困取值为 0，2012 年非贫困、2014 年贫困即为 1，$X_i$ 是控制变量，主要为消费结构的滞后项（即 2012 年各项消费支出占比）、家户的特征、户主特征，以及省份虚拟变量和城乡虚拟变量。$\Delta\varepsilon_{it}$是家户特异性误差项，表示家户的不可观察的偏好的变化量。与此同时，本章还进一步分析不同类型收入冲击如何导致贫困冲击下消费结构的变化，回归模型设定如下：

$$\Delta C_{ijt}=\beta_0+\beta_1 P_{it} * \Delta Y_{it}+\beta_2 X_{it}+\Delta\varepsilon_{it} \tag{7.2}$$

其中，$\Delta Y_{it}$表示家户 $i$ 不同类型收入（工资性收入、经营性收入、财产性收入、转移性收入）2012 年到 2014 年的对数变化量。

在使用模型(7.1)和模型(7.2)进行实证分析时，贫困冲击可能存在的内生性问题，本章尝试使用工具变量法，并控制家户特征。其中，工具变量选取的是 2012 年人均家庭纯收入对数，一方面 2012 年人均家庭纯收入与家户 2012 年到 2014 年贫困状态变化有很强的关系；另一方面，

2012年人均家庭纯收入与2012年到2014年消费结构的变化关系较弱。在分析中，本章使用Wu-Hausman F检验和Durbin-Wu-Hausman卡方检验对是否存在内生性问题进行检验，使用Cragg-Donald Wald F统计量检验是否存在弱工具变量问题，使用Anderson canon. corr LM统计量和第一阶段回归检验是否存在识别不足的问题。

## 四、家户的消费结构特征

家庭人均收入对消费结构有显著影响，在各类别消费中，除了家庭日常生活支出，食物、衣物、居住、医疗保健、文教娱乐、交通通信的支出比例与家庭人均收入都有显著的关系。其中，食物支出、衣着支出、交通通信支出与收入的关系是正"U"形，随着人均收入的增加，食物支出占比会不断增加，衣着支出和交通通信支出则先下降后上升，两者的转折点在贫困线2300元以下。说明收入越高的家户，其会倾向于增加食物、衣着、交通通信方面的支出。住房支出、医疗支出、文娱支出与人均收入的关系是倒"U"形，即住房方面的支出占比，随着收入增加而下降，医疗支出和文娱支出则随着收入增加先增加后下降。因为住房支出主要是房屋维护一些基本费用，所以对于收入高尤其是有自己住房的个体，其费用在消费支出中基本是固定的。

表7.4中也引入了前期的消费占比以及村(居)委会其他群体的平均消费，主要观察前期消费与其他群体对于家庭消费的影响，以判断是否存在消费习惯和追赶效应，从回归结果中的各类支出占比的滞后项以及社区其他群体支出占比的回归系数来看，前期的支出特征和社区的支出特征都对家户的各项支出有显著的正向关系。但是，对于不同的支出类型，两者的影响程度不一样，除了文教娱乐，社区的平均支出在其他消费

决策中占主导效应。城镇居民在食物支出占比要显著高于农村家庭,其他支出占比都显著小于农村家庭,这可能是因为大部分农村家庭的食物有很多能够自给自足。

家庭变量中,可以发现家庭结构对于家户的消费结构有显著的影响。首先,家中儿童占比越高的家庭,其食物支出占比、衣物支出占比就会越高,医疗支出、交通通信支出占比就会越低,并且关系是显著的。如果家中老人占比越高,则食物支出、医疗支出占比越高,衣物支出、交通通信支出越低。这与儿童处在成长阶段以及老人多体弱多病的特征是相一致的。其次,就业人口占比与食物、医疗、文娱支出占比有显著负向关系,与衣物、住房、日常、交通通信支出占比有显著的正向关系,即就业人口更多的消费与工作相关的必要支出。不健康人口占比与医疗保健支出占比有显著的正向关系,与其他支出占比都是显著的负向关系,说明健康问题对于家户的消费结构影响非常大,它会导致医疗保健增加,而使得其他支出下降。最后,家户规模与食物、住房支出占比有显著的负向关系,与衣物支出、文教娱乐支出、交通通信支出占比有显著的正向关系。家户的支出规模与食物、衣物、交通通信支出占比显著负相关,与住房、日常、医疗、文教娱乐支出占比有显著的正向关系,说明家户支出规模越大,食物、衣物、交通通信支出越发不是家户的主要支出。

从表 7.4 中发现,现有户主的特征对家庭消费结构的影响不是很明显。文中选用了户主的婚姻、教育、性别、年龄等特征变量。其中,相对于单身户主来说,离婚、孤寡在食物和衣物支出占比上会有显著下降,在文教娱乐上支出显著上升,在其他支出上,婚姻状况并没有导致显著的差异。男性户主的家庭会显著地倾向于增加食物和住房支出,而女性户主会显著地使得家庭增加衣物支出占比。年轻户主的家庭支出中衣物、日常生活、文教娱乐、交通通信占比会显著更高,而年老的户主则更倾向于增加食物、住房、医疗保健等项目的支出,这些与不同年龄的个体行为特

**表 7.4　消费结构的影响因素分析**

| | (1) | (2) | (3) | (4) | (5) | (6) | (7) |
|---|---|---|---|---|---|---|---|
| | **pfood** | **pdress** | **phouse** | **pdaily** | **pmed** | **peec** | **ptrco** |
| 人均收入对数 | -0. 0166<br>(0. 0103) | -0. 0152***<br>(0. 00273) | 0. 00890<br>(0. 00872) | 0. 00181<br>(0. 00661) | 0. 0183**<br>(0. 00836) | 0. 0201***<br>(0. 00705) | -0. 0232***<br>(0. 0045) |
| 收入对数平方 | 0. 00178***<br>(0. 000646) | 0. 00128***<br>(0. 000172) | -0. 000985*<br>(0. 000549) | -0. 000207<br>(0. 000417) | -0. 00158***<br>(0. 000527) | -0. 00142***<br>(0. 000444) | 0. 0016***<br>(0. 00028) |
| 因变量 2012 年值 | 0. 103***<br>(0. 00913) | 0. 144***<br>(0. 00960) | 0. 188***<br>(0. 0219) | 0. 0539***<br>(0. 00885) | 0. 200***<br>(0. 0104) | 0. 450***<br>(0. 00952) | 0. 178***<br>(0. 0111) |
| 因变量社区均值 | 0. 494***<br>(0. 0277) | 0. 319***<br>(0. 0292) | 0. 393***<br>(0. 0318) | 0. 276***<br>(0. 0329) | 0. 253***<br>(0. 0326) | 0. 171***<br>(0. 0320) | 0. 298***<br>(0. 0304) |
| 家户儿童占比 | 0. 0568***<br>(0. 0141) | 0. 00823**<br>(0. 00374) | -0. 0155<br>(0. 0119) | 0. 0172*<br>(0. 00904) | -0. 0167<br>(0. 0114) | -0. 00222<br>(0. 00970) | -0. 0109*<br>(0. 0061) |
| 老人占比 | 0. 0241***<br>(0. 00849) | -0. 00501**<br>(0. 00226) | -0. 00240<br>(0. 00721) | 0. 00472<br>(0. 00546) | 0. 0241***<br>(0. 00693) | -0. 0140**<br>(0. 00584) | -0. 0193***<br>(0. 0037) |
| 就业人口占比 | -0. 0323***<br>(0. 00711) | 0. 00642***<br>(0. 00189) | 0. 0308***<br>(0. 00602) | 0. 0404***<br>(0. 00457) | -0. 0250***<br>(0. 00578) | -0. 0395***<br>(0. 0049) | 0. 0304***<br>(0. 0031) |
| 不健康人口占比 | -0. 0672***<br>(0. 00841) | -0. 0171***<br>(0. 00224) | -0. 0161**<br>(0. 00713) | -0. 00665<br>(0. 00540) | 0. 161***<br>(0. 00699) | -0. 0309***<br>(0. 0058) | -0. 0213***<br>(0. 00365) |

续表

| | (1) | (2) | (3) | (4) | (5) | (6) | (7) |
|---|---|---|---|---|---|---|---|
| | pfood | pdress | phouse | pdaily | pmed | peec | ptrco |
| 家户规模 | -0. 0053*** | 0. 0032*** | -0. 0068*** | -0. 00041 | -0. 00156 | 0. 0034*** | 0. 0078*** |
| | (0. 0014) | (0. 00038) | (0. 0012) | (0. 00091) | (0. 00116) | (0. 00098) | (0. 00062) |
| 支出对数 | -0. 0651*** | -0. 0161*** | 0. 0379*** | 0. 0277*** | 0. 0234*** | 0. 0090*** | -0. 0239*** |
| | (0. 0027) | (0. 0007) | (0. 0023) | (0. 0017) | (0. 0022) | (0. 0018) | (0. 0012) |
| 户主在婚 | -0. 00920 | -0. 000537 | -0. 00348 | -0. 00421 | -0. 00591 | 0. 0238*** | 0. 000537 |
| | (0. 0111) | (0. 00296) | (0. 00945) | (0. 00717) | (0. 00907) | (0. 00764) | (0. 00483) |
| 离婚 | -0. 0438*** | -0. 00843* | 0. 00553 | 0. 00220 | 0. 00698 | 0. 0349*** | -0. 00558 |
| | (0. 0167) | (0. 00444) | (0. 0142) | (0. 0107) | (0. 0136) | (0. 0115) | (0. 00725) |
| 孤寡 | -0. 0336** | -0. 00221 | 0. 00346 | 0. 00684 | -0. 00534 | 0. 0327*** | -0. 00803 |
| | (0. 0136) | (0. 00361) | (0. 0115) | (0. 00873) | (0. 0110) | (0. 00931) | (0. 00589) |
| 男 | 0. 00961** | -0. 00301*** | 0. 00898*** | -0. 000279 | -0. 00475 | -0. 00384 | -0. 000207 |
| | (0. 00404) | (0. 00107) | (0. 00341) | (0. 00259) | (0. 00327) | (0. 00277) | (0. 00175) |
| 年龄 | 0. 00042** | -0. 00051*** | 0. 0005*** | -0. 00033** | 0. 0014*** | -0. 0007*** | -0. 0006*** |
| | (0. 0002) | (5. 44e-05) | (0. 0002) | (0. 00013) | (0. 00017) | (0. 00014) | (8. 9e-05) |
| 小学 | 0. 00491 | 0. 00156 | -0. 0115** | -0. 00131 | -0. 00211 | 0. 00657* | -0. 00188 |
| | (0. 00548) | (0. 00146) | (0. 00465) | (0. 00353) | (0. 00446) | (0. 00376) | (0. 00238) |

续表

| | (1) | (2) | (3) | (4) | (5) | (6) | (7) |
|---|---|---|---|---|---|---|---|
| | pfood | pdress | phouse | pdaily | pmed | peec | ptrco |
| 初中 | 0. 0179***<br>(0. 00557) | 0. 00244*<br>(0. 00148) | -0. 0177***<br>(0. 00472) | -0. 0040<br>(0. 0036) | -0. 0132***<br>(0. 0045) | 0. 0037<br>(0. 00382) | 0. 0037<br>(0. 0024) |
| 高中 | 0. 0213***<br>(0. 00691) | 0. 00733***<br>(0. 00183) | -0. 0345***<br>(0. 00586) | -0. 00372<br>(0. 00444) | -0. 0138**<br>(0. 00562) | 0. 00347<br>(0. 00474) | 0. 0061**<br>(0. 0030) |
| 大专 | 0. 00805<br>(0. 0109) | 0. 0102***<br>(0. 0029) | -0. 0478***<br>(0. 0092) | -1. 5e-05<br>(0. 00698) | -0. 0179**<br>(0. 0088) | 0. 0221***<br>(0. 0075) | 0. 0064<br>(0. 0047) |
| 本科及以上 | -0. 0305**<br>(0. 0137) | 0. 0111***<br>(0. 0037) | -0. 0379***<br>(0. 0116) | 0. 0129<br>(0. 0088) | -0. 0130<br>(0. 0112) | 0. 0157*<br>(0. 0094) | 0. 0135**<br>(0. 0060) |
| 城镇 | 0. 0446***<br>(0. 0046) | -0. 0002<br>(0. 0012) | -0. 0145***<br>(0. 0038) | -0. 0106***<br>(0. 0028) | -0. 0143***<br>(0. 0037) | -0. 0082***<br>(0. 0030) | -0. 0045**<br>(0. 0020) |
| 省份控制 | 是 | 是 | 是 | 是 | 是 | 是 | 是 |
| 常数项 | 0. 839***<br>(0. 0636) | 0. 243***<br>(0. 0166) | -0. 343***<br>(0. 0528) | -0. 172***<br>(0. 0400) | -0. 225***<br>(0. 0508) | -0. 175***<br>(0. 0427) | 0. 387***<br>(0. 0272) |

注：括号中的数值为标准误；*** $p<0.01$，** $p<0.05$，* $p<0.1$。pfood 表示食物支出占比、pdress 表示衣物支出占比、phouse 表示住房支出占比、pdaily 表示日常生活占比、pmed 表示医疗保健支出占比、peec 表示文教娱乐支出占比、ptrco 表示交通通信支出占比。

征是相符合的。教育程度更高的户主在食物、衣物、文教娱乐、交通通信上的支出占比更高而教育程度较低的户主在住房支出、医疗保健上支出更多,但是,受过高等教育的户主,其家庭支出中,食物支出占比偏低。

## 五、贫困冲击下消费结构变化

贫困冲击对贫困支出结构的影响。贫困冲击是指家户由 2012 年的非贫困状态变为 2014 年的贫困状态,参照组是 2012 年与 2014 年均不贫困的家户。由 Durbin-Wu-Hausman 检验结果可以看见,食物支出、衣物支出、住房支出、文教娱乐支出以及交通通信支出占比变化下的回归分析中 Durbin-Wu-Hausman 卡方值均较大,拒绝外生性原假设,说明均存在显著的内生性问题,而日常生活支出和医疗保健支出占比变化分析中不能拒绝原假设,可能不存在内生性问题。弱工具变量检验和识别不足检验都拒绝原假设,使用 2012 年人均收入对数作为工具变量不存在弱工具变量和识别不足问题。

表 7.5 中的工具变量法的回归结果显示,相对没有受到贫困冲击的家户,贫困冲击下的家户在食物支出占比、衣物支出占比、交通通信支出占比上都显著下降,其中食物支出占比在贫困冲击下下降幅度最大,其次是交通通信支出、衣物支出。住房支出占比、文教娱乐支出占比则显著上升,其中住房支出占比上升幅度较大。另外,日常生活支出占比、医疗保健支出占比变化不显著。但是,在 OLS 回归结果中,医疗保健支出则显著上升,日常生活支出占比依然不显著①。因此,在贫困冲击下,贫困者首先进行调整的是食物,他们会大幅度减少食物支出,而住房相关费用支

① 受篇幅限制,文中并未呈现 OLS 下的回归结果。

出很多属于刚性,所以导致其支出占比上升。这也是贫困者的食物支出占比与其他收入群体的食物支出占比相比并没有高出很多的原因。这意味着,中国的大部分家户在陷入贫困时,并没有将过多的支出用于食物、衣物等基本生活需要,而主要是为了维持家庭的居住、耐用品的购买、医疗保健、文教娱乐等生活支出。

另外,家户的消费结构还与贫困冲击的程度有关系。表 7.6 则分析了不同收入等级的群体在受到贫困冲击时,消费结构会如何变化。我们将 2012 年的家户按人均收入大小四等分为低收入群体、中低收入群体、中高收入群体、高收入群体。由表 7.6 的回归结果可以看出,与未受到贫困冲击的低收入群体相比,在贫困冲击下,中低收入家户的食物支出占比、衣物支出占比会下降,低收入家庭的主房支出占比会上升、衣物支出占比和文教娱乐支出占比会下降。这说明,贫困冲击下的消费结构调整主要来自贫困线附近的家户,中高收入群体在贫困冲击下的消费结构变化并不是太大,在衣物支出和交通通信支出方面,他们依然保持着与没有受到贫困冲击下的中高收入群体类似的上升变化。当然,由于相对未受到贫困冲击的低收入家庭,未受到贫困冲击的高收入家庭在食物、衣物、日常、交通通信支出占比上显著增加,以及在住房、医疗与文教娱乐支出占比上显著减少。所以,在总体上进行比较,受到贫困冲击的家户的消费支出结构有显著性的调整,只是高收入群体可能因习惯形成以及冲击来源的暂时性,导致其在贫困冲击下的调整并不是很明显。

表 7.7 进一步研究了贫困持久性特征对消费结构的影响。考虑完整的 4 种不同贫困形态下的消费结构状况:即 2012 年和 2014 年均不贫困;2012 年贫困、2014 年非贫困;2012 年非贫困、2014 年贫困;2012 年和 2014 年均为贫困。在进行了滞后项、家庭变量、户主变量以及省份变量的控制后,相对两年均不是贫困的家户,有一年贫困的家户食物占比会下降约 2%,两年均为贫困的家户食物支出占比会下降约 3.9%,与贫困冲击

**表 7.5　贫困冲击下的支出结构变化**

| | (1) | (2) | (3) | (4) | (5) | (6) | (7) |
|---|---|---|---|---|---|---|---|
| | **dpfood** | **dpdress** | **dphouse** | **dpdaily** | **dpmed** | **dpeec** | **dptrco** |
| 贫困冲击 | −0. 255$^{***}$<br>(0. 0905) | −0. 141$^{***}$<br>(0. 0302) | 0. 268$^{***}$<br>(0. 0805) | −0. 0260<br>(0. 0539) | 0. 0384<br>(0. 0655) | 0. 178$^{***}$<br>(0. 0632) | −0. 218$^{***}$<br>(0. 0473) |
| 2012 年各项支出占比 | 是 | 是 | 是 | 是 | 是 | 是 | 是 |
| 家庭变量控制 | 是 | 是 | 是 | 是 | 是 | 是 | 是 |
| 户主变量控制 | 是 | 是 | 是 | 是 | 是 | 是 | 是 |
| 省份控制 | 是 | 是 | 是 | 是 | 是 | 是 | 是 |
| | 工具变量：2012 年人均净收入对数 | | | | | | |
| Durbin-Wu-Hausman test | 7. 95 | 33. 87 | 11. 88 | 0. 19 | 0. 19 | 9. 89 | 36. 81 |
| Weak Ⅳ test | 47. 47 | 47. 30 | 46. 14 | 49. 65 | 47. 29 | 46. 97 | 47. 35 |
| Underidentification test | 47. 46 | 47. 29 | 46. 13 | 49. 68 | 47. 30 | 46. 98 | 47. 37 |

注：括号中的数值为标准误；$^{***}$ $p<0.01$，$^{**}$ $p<0.05$，$^{*}$ $p<0.1$。家庭变量包括：家中 14 岁以下儿童占比、65 岁以上老人占比、家中就业人口占比、家中不健康人口占比、家庭规模、家庭支出规模对数、城乡虚拟变量；户主变量包括：户主的教育程度、婚姻状况、年龄、性别。dpfood 表示 2014 年与 2012 年食物支出占比差、dpdress 表示 2014 年与 2012 年衣物支出占比差、dphouse 表示住房支出占比差、dpdaily 表示日常生活支出占比差、dpmed 表示医疗保健支出占比差、dptrco 表示交通通信支出占比差、dpeec 表示文教娱乐支出占比差。

**表 7.6　不同收入等级下的贫困冲击的支出结构变化**

| | (1) | (2) | (3) | (4) | (5) | (6) | (7) |
|---|---|---|---|---|---|---|---|
| | dpfood | dpdress | dphouse | dpdaily | dpmed | dptrco | dpeec |
| 中低收入非贫困 | −0.0003<br>(0.0078) | 0.00098<br>(0.0021) | −0.0086<br>(0.0066) | **0.0099***<br>**(0.0051)** | −0.0100<br>(0.0061) | **0.0056***<br>**(0.0033)** | 0.0035<br>(0.0053) |
| 中高收入非贫困 | 0.0084<br>(0.0078) | **0.0055****<br>**(0.0021)** | −0.0092<br>(0.0066) | 0.0074<br>(0.0051) | **−0.0113***<br>**(0.0061)** | **0.0100*****<br>**(0.0033)** | −0.0070<br>(0.0053) |
| 高收入非贫困 | **0.0162***<br>**(0.0083)** | **0.0072*****<br>**(0.0023)** | **−0.0163****<br>**(0.0070)** | **0.0111****<br>**(0.0054)** | **−0.0130****<br>**(0.0064)** | **0.0162*****<br>**(0.0035)** | **−0.0108***<br>**(0.0056)** |
| 低收入变为贫困 | −0.0071<br>(0.0147) | **−0.0081****<br>**(0.0040)** | **0.0298****<br>**(0.0124)** | 0.0125<br>(0.0097) | −0.0095<br>(0.0115) | −0.00233<br>(0.00623) | **−0.0216****<br>**(0.0100)** |
| 中低收入变为贫困 | **−0.0204***<br>**(0.0121)** | **−0.0095*****<br>**(0.0033)** | 0.0042<br>(0.0102) | 0.0107<br>(0.0080) | 0.00681<br>(0.0094) | 0.000309<br>(0.00513) | 0.0090<br>(0.0083) |
| 中高收入变为贫困 | −0.0139<br>(0.0140) | −0.0002<br>(0.0038) | 0.00931<br>(0.0119) | −0.0024<br>(0.0092) | 0.0039<br>(0.0109) | **0.0104***<br>**(0.0059)** | −0.0022<br>(0.0096) |
| 高收入变为贫困 | −0.0104<br>(0.0167) | **0.0105****<br>**(0.0046)** | 0.0135<br>(0.0141) | −0.00514<br>(0.0110) | −0.0062<br>(0.0130) | **0.0199*****<br>**(0.0071)** | −0.0170<br>(0.0114) |
| 常数项 | 0.993***<br>(0.0421) | 0.235***<br>(0.0112) | −0.267***<br>(0.0347) | −0.249***<br>(0.0269) | −0.151***<br>(0.0320) | 0.334***<br>(0.0174) | −0.0262<br>(0.0280) |
| 滞后项控制 | 是 | 是 | 是 | 是 | 是 | 是 | 是 |
| 家庭变量控制 | 是 | 是 | 是 | 是 | 是 | 是 | 是 |
| 户主变量控制 | 是 | 是 | 是 | 是 | 是 | 是 | 是 |
| 省份控制控制 | 是 | 是 | 是 | 是 | 是 | 是 | 是 |

注：括号中的数值为标准误；*** $p<0.01$，** $p<0.05$，* $p<0.1$。参照变量：低收入非贫困。家庭变量包括：家中 14 岁以下儿童占比、65 岁以上老人占比、家中就业人口占比、家中不健康人口占比、家庭规模、家庭支出规模对数、城乡虚拟变量；户主变量包括：户主的教育程度、婚姻状况、年龄、性别。dpfood 表示 2014 年与 2012 年食物支出占比差、dpdress 表示 2014 年与 2012 年衣物支出占比差、dphouse 表示住房支出占比差、dpdaily 表示日常生活支出占比差、dpmed 表示医疗保健支出占比差、dptrco 表示交通通信支出占比差、dpeec 表示文教娱乐支出占比差。

**表 7.7　不同贫困类型下的消费结构变化**

| | (1) | (2) | (3) | (4) | (5) | (6) | (7) |
|---|---|---|---|---|---|---|---|
| | dpfood | dpdress | dphouse | dpdaily | dpmed | dptrco | dpeec |
| 2012 年贫困、2014 年非贫困 | **−0.0204*****<br>**(0.00609)** | **−0.0048*****<br>**(0.00166)** | **0.0139*****<br>**(0.0052)** | **−0.0082****<br>**(0.0039)** | **0.0158*****<br>**(0.0048)** | **−0.0089*****<br>**(0.0026)** | **0.0090****<br>**(0.0041)** |
| 2012 年非贫困、2014 年贫困 | **−0.0202*****<br>(0.0067) | **−0.0067*****<br>(0.0018) | **0.0206*****<br>(0.0056) | −0.0034<br>(0.0043) | **0.0102***<br>**(0.0053)** | −0.0021<br>(0.0029) | −0.0012<br>(0.0045) |
| 2012 年和 2014 年均为贫困 | **−0.0390*****<br>**(0.0083)** | **−0.0108*****<br>**(0.0023)** | **0.0185*****<br>**(0.0070)** | −0.00096<br>(0.0053) | **0.0183*****<br>**(0.0066)** | −0.00414<br>(0.0035) | **0.0117****<br>**(0.0056)** |
| 滞后项控制 | 是 | 是 | 是 | 是 | 是 | 是 | 是 |
| 家庭变量控制 | 是 | 是 | 是 | 是 | 是 | 是 | 是 |
| 户主变量控制 | 是 | 是 | 是 | 是 | 是 | 是 | 是 |
| 省份控制控制 | 是 | 是 | 是 | 是 | 是 | 是 | 是 |

注：括号中的数值为标准误；*** $p<0.01$，** $p<0.05$，* $p<0.1$。参照变量：2012 年和 2014 年均不贫困。滞后项为 2012 年各项支出占比。家庭变量包括：家中 14 岁以下儿童占比、65 岁以上老人占比、家中就业人口占比、家中不健康人口占比、家庭规模、家庭支出规模对数、城乡虚拟变量；户主变量包括：户主的教育程度、婚姻状况、年龄、性别。dpfood 表示 2014 年与 2012 年食物支出占比差、dpdress 表示衣物支出占比差、dphouse 表示住房支出占比差、dpdaily 表示日常生活支出占比差、dpmed 表示医疗保健支出占比差、dptrco 表示交通通信支出占比差、dpeec 表示文教娱乐支出占比差。

下的其他消费支出占比下降幅度相比，食物支出占比下降的幅度是最大的。因此，在贫困冲击下，尤其当贫困冲击是一种持久的冲击时，削减食物支出是贫困者进行消费调节一个非常重要的手段。

对衣物支出占比变化来说，相对两年均不贫困的家户，2012 年贫困、2014 年非贫困，2012 年非贫困、2014 年贫困，2012 年和 2014 年均贫困 3 类群体，衣物支出占比下降幅度依次显著增大，由下降 0.478%到下降 1.08%。住房相关费用支出在贫困冲击下占比会显著增大，其中由 2012 年非贫困状态进入至 2014 年贫困状态下的增幅最大，达 2.06%。日常生活支出和交通通信支出则在 2012 年贫困、2014 年非贫困下时会显著下降，在其他贫困状态下两类占比下降并不显著。医疗保健支出占比在持久性贫困下会上升很多，而 2012 年非贫困、2014 年贫困的家户其支出占比最小，显著性仅为 10%。除了 2012 年贫困、2014 年不贫困，教育文娱支出在 2012 年和 2014 年均为贫困下有显著上升，在 2012 年非贫困、2014 年贫困这个贫困形态下不是很显著。

从这些分析结果可以发现，贫困对消费结构的影响具有持续性和惯性。在不同贫困形态下的消费支出占比的效应中，相比两年均不是贫困的家户，2012 年的贫困对家户的消费支出结构具有显著性的影响，会导致食物、衣物、日常生活、交通通信支出占比下降，住房、医疗、文教娱乐支出占比增加，这与贫困冲击下的结果一致。而由 2012 年非贫困陷入到 2014 年贫困的影响反而比较小，并且在日常生活支出、交通通信和文教娱乐支出占比上，这种差异性还不显著。

## 六、不同类型收入变化对消费结构的影响

由于不同来源的收入性质会不一样，因此，不同来源的收入波动所带

来的贫困冲击对家户的消费也会产生不一样的影响。CFPS中所有家户的收入来源归为四大类:工资性收入、经营性收入、财产性收入和转移性收入。其中,经营性收入由农活收入(包含实物收入)和自营商业利润构成;财产性收入则包括金融投资收益、房租、地租以及机器租金;转移性收入则包括政府性转移收入(包括抚恤金、补贴以及补偿金)以及公共捐赠收入。江克忠、刘生龙(2017)在分析收入结构与农村家庭贫困时发现,工资性收入主要集中于高收入家庭,而经营性收入主要集中于贫困等低收入组家庭。因此,对于收入来源不同的群体,其消费特征可能存在很大的差异。贫困冲击下不同收入来源的变动可能会影响到家户的消费结构。由表7.8的回归结果可以看出,工资性收入、经营性收入以及转移性收入的变动对家庭的消费结构有显著的影响,尤其是对受到贫困冲击的家户,不仅影响显著,并且从数值规模来看,影响的边际效应也要大些。而财产性收入变动对家户的消费结构基本上没有显著影响。不同收入变动下消费结构效应具体分析如下:

首先,工资收入变化。工资收入变化对非贫困者的医疗保健、交通通信、文教娱乐支出占比有显著影响,工资性收入的降低会增加没有受到贫困冲击家户的医疗保健支出与交通通信支出占比,降低文教娱乐支出占比。而对于受到贫困冲击的家户,工资性收入影响更为明显,工资性收入会影响家户的食物支出、衣物支出、住房支出、交通通信支出与文教娱乐支出,对于受到贫困冲击的家户,工资性收入的减少会增加食物、衣物、交通通信支出占比,会减少住房、文教娱乐支出的占比。从系数值的大小来看,工资性收入对贫困冲击家户的各项消费支出影响都要高于非贫困家户,其中,对食物反向影响和住房的正向影响最大。

其次,经营性收入是对受到贫困冲击和没有受到贫困冲击两类群体的消费结构都具有较强的影响,经营性收入的减少会减少非贫困家户的食物和衣物支出,增加其住房和医疗保健支出。对于受到贫困冲击的家

**表 7.8　不同收入变化对消费结构的影响**

| | (1) | (2) | (3) | (4) | (5) | (6) | (7) |
|---|---|---|---|---|---|---|---|
| | dpfood | dpdress | dphouse | dpdaily | dpmed | dptrco | dpeec |
| 贫困冲击 | **−0. 261*****<br>(**0. 0794**) | **−0. 134*****<br>(**0. 0243**) | **0. 248*****<br>(**0. 0688**) | −0. 0201<br>(0. 0490) | 0. 0827<br>(0. 0596) | **−0. 192*****<br>(**0. 0372**) | **0. 143*****<br>(**0. 0540**) |
| 工资收入对数差 | 0. 00032<br>(0. 00056) | −0. 000179<br>(0. 000171) | 0. 00056<br>(0. 0005) | −0. 00032<br>(0. 00035) | **−0. 0010****<br>(**0. 0004**) | **−0. 00058****<br>(**0. 00026**) | **0. 000644***<br>(**0. 00038**) |
| 经营收入对数差 | **0. 00143****<br>(**0. 0007**) | **0. 00053****<br>(**0. 0002**) | **−0. 0015****<br>(**0. 0006**) | −8. 38e−05<br>(0. 00044) | **−0. 0011****<br>(**0. 0005**) | 0. 00046<br>(0. 00033) | 0. 00039<br>(0. 00047) |
| 财产收入对数差 | −0. 00064<br>(0. 00084) | 2. 33e−05<br>(0. 000256) | −0. 00073<br>(0. 00072) | 0. 00043<br>(0. 00052) | 0. 00102<br>(0. 0006) | −0. 00016<br>(0. 00039) | 0. 00054<br>(0. 00056) |
| 转移收入对数差 | **−0. 00133***<br>(**0. 0007**) | **−0. 0006*****<br>(**0. 0002**) | **0. 00122****<br>(**0. 00061**) | 0. 00013<br>(0. 00044) | 0. 0008<br>(0. 0005) | **−0. 0011*****<br>(**0. 0003**) | 0. 00038<br>(0. 00048) |
| 贫困冲击与工资收入对数差交互项 | **−0. 0173*****<br>(**0. 0054**) | **−0. 0087*****<br>(**0. 0017**) | **0. 0154*****<br>(**0. 0047**) | −0. 00066<br>(0. 0033) | 0. 0046<br>(0. 0041) | **−0. 0127*****<br>(**0. 00253**) | **0. 0107*****<br>(**0. 0037**) |

续表

| | (1) | (2) | (3) | (4) | (5) | (6) | (7) |
|---|---|---|---|---|---|---|---|
| | dpfood | dpdress | dphouse | dpdaily | dpmed | dptrco | dpeec |
| 贫困冲击与经营收入对数差交互项 | **−0.0121**$^{**}$ | **−0.0072**$^{***}$ | **0.0137**$^{***}$ | −0.0022 | 0.0053 | **−0.0114**$^{***}$ | **0.0062**$^{*}$ |
| | (**0.0047**) | (**0.0015**) | (**0.0041**) | (0.0029) | (0.0036) | (**0.00221**) | (**0.0032**) |
| 贫困冲击与财产收入对数差交互项 | −0.00348 | −0.0007 | **0.0047**$^{*}$ | 0.0026 | −0.0018 | **−0.00230**$^{*}$ | −0.00172 |
| | (0.00291) | (0.0009) | (**0.0025**) | (0.0018) | (0.0022) | (**0.00135**) | (0.00196) |
| 贫困冲击与转移收入对数差交互项 | **0.0107**$^{***}$ | **0.0060**$^{***}$ | **−0.0092**$^{***}$ | 0.00021 | −0.0041 | **0.0089**$^{***}$ | **−0.0071**$^{**}$ |
| | (**0.0041**) | (**0.0012**) | (**0.0035**) | (0.0025) | (0.0031) | (**0.0019**) | (**0.0028**) |
| 滞后项控制 | 是 | 是 | 是 | 是 | 是 | 是 | 是 |
| 家庭变量控制 | 是 | 是 | 是 | 是 | 是 | 是 | 是 |
| 户主变量控制 | 是 | 是 | 是 | 是 | 是 | 是 | 是 |
| 省份控制 | 是 | 是 | 是 | 是 | 是 | 是 | 是 |

注：括号中的数值为标准误；*** $p<0.01$，** $p<0.05$，* $p<0.1$。工具变量法进行回归。滞后项为2012年各项支出占比。家庭变量包括：家中14岁以下儿童占比、65岁以上老人占比、家中就业人口占比、家中不健康人口占比、家庭规模、家庭支出规模对数、城乡虚拟变量；户主变量包括：户主的教育程度、婚姻状况、年龄、性别。dpfood表示2014年与2012年食物支出占比差、dpdress表示衣物支出占比差、dphouse表示住房支出占比差、dpdaily表示日常生活支出占比差、dpmed表示医疗保健支出占比差、dptrco表示交通通信支出占比差、dpeec表示文教娱乐支出占比差。

表 7.9　低保对贫困家庭的支出结构影响

| VARIABLES | (1) | (2) | (3) | (4) | (5) | (6) | (7) |
|---|---|---|---|---|---|---|---|
| | dpfood | dpdress | dphouse | dpdaily | dpmed | dpeec | dptrco |
| 贫困冲击 | −0.281*** | −0.150*** | 0.275*** | −0.0214 | 0.0310 | 0.211*** | −0.238*** |
| | (0.102) | (0.0337) | (0.0892) | (0.0606) | (0.0738) | (0.0716) | (0.0537) |
| 低保 | −0.0550*** | −0.0263*** | 0.0580*** | −0.00862 | 0.0172 | 0.0279** | −0.0385*** |
| | (0.0167) | (0.00553) | (0.0146) | (0.00995) | (0.0121) | (0.0117) | (0.00880) |
| 贫困冲击与低保交互项 | 0.297*** | 0.144*** | −0.269*** | 0.0188 | −0.0320 | −0.220*** | 0.217*** |
| | (0.100) | (0.0332) | (0.0878) | (0.0596) | (0.0727) | (0.0705) | (0.0529) |
| 滞后项控制 | 是 | 是 | 是 | 是 | 是 | 是 | 是 |
| 家庭变量控制 | 是 | 是 | 是 | 是 | 是 | 是 | 是 |
| 户主变量控制 | 是 | 是 | 是 | 是 | 是 | 是 | 是 |
| 省份控制 | 是 | 是 | 是 | 是 | 是 | 是 | 是 |

注：括号中的数值为标准误；*** $p<0.01$，** $p<0.05$，* $p<0.1$。工具变量法进行回归。滞后项为 2012 年各项支出占比。家庭变量包括：家中 14 岁以下儿童占比、65 岁以上老人占比、家中就业人口占比、家中不健康人口占比、家庭规模、家庭支出规模对数、城乡虚拟变量；户主变量包括：户主的教育程度、婚姻状况、年龄、性别。dpfood 表示 2014 年与 2012 年食物支出占比差、dpdress 表示衣物支出占比差、dphouse 表示住房支出占比差、dpdaily 表示日常生活支出占比差、dpmed 表示医疗保健支出占比差、dptrco 表示交通通信支出占比差、dpeec 表示文教娱乐支出占比差。

庭,如果是因为经营性收入的减少,则家户会倾向于增加食物、衣物、交通通信支出的占比,而减少住房、文教娱乐支出的占比。财产性收入对于非贫困家户的消费支出结构没有显著性影响,财产性收入对贫困家庭的住房与交通通信支出具有与经营性收入相同的效应。

最后,转移性收入。从收入的性质来看,转移性收入应该有利于调节贫困者的消费性支出。从表 7.8 中的结果可以看出,转移性收入的确具有这种调节作用,转移性收入的波动对于不同消费支出占比的变动影响与其他收入波动的消费变动效应正好相反。转移性收入的增加会增加非贫困家庭的住房支出,降低其在食物支出、衣物支出和交通通信支出上的占比。对于受到贫困冲击的家户,转移性收入的增加会提升这些家户的食物支出、衣物支出以及交通通信支出占比,但同时会降低住房支出、文教娱乐支出上的支出占比。综合比较可以发现,转移性收入的影响大小是最小的,转移性收入有调节作用,但还不足以抵消贫困冲击下的负向影响。因此,增加转移支付收入的力度并减少其瞄准效率损失,将是中国扶贫下一步的重要工作。

## 七、低保与贫困冲击下的消费结构

低保,即居民最低生活保障,它是中国政府针对由于家户成员的疾病、残疾、失业等因素导致该家户的人均家庭纯收入无法达到最低生活需求给予补助。现有研究均指出,中国低保的瞄准效率有待进一步提升(Golan et al.,2017;朱梦冰、李实,2017 等)。在 CFPS 2014 年的家户数据集中,可以发现,低保也存在滴漏,收入最低、中等偏下、中等偏上和最高各 25% 的 4 类群体中,获得低保的比例分别为 43.03%、29.31%、19.82%、7.84%。从表 7.9 中的结果可以发现,如果家户是非贫困户并接受低保,则其食物支出比例会下降。而对于受到贫困冲击的家庭,其食物支出占比会下降,但如果这些家户有低保,则其食物支出比例会上升1.6%(=0.297-0.281)。不仅如此,在衣物支出和交通通信支出的占比上,低保都具有同等的效果,但低保在这两个支出方面的调节效果并没有如其对食物支出占比的影响大,低保对衣物支出、交通通信支出的提升效应均要小于贫困冲击所带来的负效应,由此说明,如果受到贫困冲击的家户能够接受到低保时,他们会增加其基本生活支出,尤其是食物。对于住房支出、文教娱乐支出,低保也依然具有调节作用,低保的作用与贫困冲击的作用相反,低保对于贫困家户和非贫困家户的作用也是相反。但是,低保对于日常生活支出和医疗保健支出占比的影响是不显著的,也就是说,低保还不足以导致家庭在耐用品方面的过度消费,也不能够解决家庭由于健康问题在医疗方面的支出。综合以上分析可知,虽然低保的瞄准效率还不高,但是低保政策对受到贫困冲击的家庭有一定的缓冲支持作用,能够改善贫困家庭的消费行为,使得其增加基本生活支出。但是对于健康冲击下的医疗支出还需要医疗保险以及政府救助进行补充。

## 八、行为视角的扶贫策略建议与总结

通过比较不同收入群体的消费结构特征可以发现,贫困者的消费支出结构中,食物占比并不是很高,与高收入群体食物消费占比差异不是很大。不仅如此,家户在受到外部冲击时,即由非贫困变为贫困,食物支出占比不升反降,这意味着贫困者并没有将所有支出用于食物等基本支出,在受到贫困冲击时,反而重点通过降低食物支出来进行调整。对于其他消费支出占比来说,受到贫困冲击会降低衣物支出、交通通信支出占比,增加住房支出、文教娱乐支出、医疗保健方面的支出。综合来判断,一方面,可能与中国人消费习惯形成有关,收入越高,越注重食物消费;另一方面,也有可能是贫困冲击来源于特定的外部冲击,如疾病等,致使医疗支出上升、食物支出下降。基于此,本章进一步研究不同收入变动下的贫困冲击对于家户消费结构的影响,可以发现,工资性收入和经营性收入对于受到贫困冲击下的消费结构有显著的影响,转移性收入对消费结构有正向的调节作用,不仅如此,低保具有与转移性收入同等的效果。因此,要精准扶贫、前瞻性预测贫困,就需要对贫困者的行为进行干预,基于贫困者的消费特征和贫困冲击下的消费行为变化情况,本章认为可以从以下几个方面进行贫困者的行为调节,提高扶贫的效率:

首先,需要精准剖析贫困的原因,不同致因下的贫困会导致贫困者行为选择存在差异,从而影响贫困者未来的发展,不利于进行贫困的前瞻性干预。由于贫困者消费偏向医疗保健,以及家庭不健康人群比例会导致食物支出占比减少,可以推测健康负向冲击可能是致贫的重要原因,因此,政府应进一步推进医疗和社会保障制度改革,降低贫困者因病致贫的可能性。与此同时,需要完善养老保障制度,进而推动家庭消费结构优化。其次,继续加强政府转移支付,提高政策的瞄准性。中国现有低保政策的瞄准效率还有待提高,从行为角度,结合收入以及家庭健康、教育、资产等其他维度的信息进行瞄准规则的设计是非常必要的。在精准识别的前提下,政府的积极调节能够改善贫困者的消费行为选择。最后,由于信息不对称,政策存在行为的负向激励效应,如贫困者的消费行为可能偏离正常的基本生活需求,政府应当在政策设计上更多考虑政策的行为效应,采取类似于食物券等定向转移支付降低政策的行为激励效应,提高政策的瞄准和减贫效率。

总之,在扶贫攻坚与乡村振兴相衔接的特殊时刻,研究贫困者的消费行为也有利于促进国内循环,促进乡村发展,并且进一步从贫困者行为视角研究贫困动态,将有利于提高贫困的瞄准效率,有利于提高扶贫政策的效率,有利于对 2020 年以后的贫困动态进行前瞻性预测、监测和管理。

# 第八章　人口流动与中国农村贫困的动态变迁

改革开放以来,中国扶贫取得举世瞩目的成就。然而,在实施精准扶贫阶段以前,中国要实现 2020 年减贫目标,减贫任务依然相当艰巨。当时,中国的农村贫困还呈现出两个主要特征:一是贫困的地区分布极不均衡,贫困向西部、落后地区、生态环境脆弱区、山区聚集;二是极端贫困人口很难通过传统的开发扶贫而脱贫,贫困人口波动较大并易受外部冲击而返贫。贫困研究开始趋向于组群层面。人口流动是解决此类贫困问题的一种途径,反过来,贫困也会间接影响人口的流动决策(Skeldon,2003;蔡昉、都阳,2002)。然而,个体迁移决策主要取决于迁移的收益和成本,收益和成本的信息获取渠道主要是其所居住社区或工作单位的同伴、同事。因此,本章将从邻里效应的角度研究人口流动决策与地区贫困的动态变迁,并选用非线性的两阶段面板 Probit 模型进行估计。研究发现,邻里效应对个体的流动决策非常显著,由于邻里效应的传导,加强了贫困的持久性并导致贫困产生区域性聚集。

## 一、邻里效应与贫困的研究现状

邻里效应或同群效应被认为是个体行为决策的显著影响因素之一。

Sacerdote(2000)研究同群效应(室友)对大学生成绩、参加社团以及选课的影响。Ichniowski & Preston(2014)则研究职业足球产业中同事的能力是否能够解释工作中人力资本积累率的差异,而结果显示这种同群效应非常显著:其他情况相同的条件下,若队员中有成员来自精英队,则较之于没有精英队成员的团队,前者中个体的表现会提升很多。Logan & Parman(2015)分析指出,美国 1880 年到 1940 年不断增长的分隔并不是由于城市化、黑人迁移模式等推动的,而是由于家户水平的种族归类(sorting)的不断增加导致的。Galster(2012)列出邻里效应影响个体行为或健康结果的可能的 15 种机制,归为四大类:社会交互机制、环境机制、地理机制、制度机制。

作为邻里效应领域的开拓者,Wilson(1987)开始分析持久的地理上的贫困聚集现象。Durlauf(2000)则正式从群体效应的角度研究贫困问题,他认为作为一种群体中的成员,该群体会通过同群效应、榜样效应、社会学习以及社会互补性①四个因素影响该成员的行为选择而影响其结果。Ludwig、Duncan 等人(2013)研究指出,邻里环境对总体生活质量和低收入家庭幸福感有重要影响,搬出较高贫困社区的 10 年到 15 年,成人受试者的身心健康得到显著提高,但对青年的就业、学业以及身体健康没有显著的影响。不过 Ludwig 等人同时也指出,如果反贫困政策的目标是改善穷人家庭的福利而不是仅局限于减少收入贫困,则保护穷人家庭免受住在危险的、贫困的邻里的不利影响还是非常值得放入政策“菜单”中。

---

① Durlauf(2000)认为成员通过同群效应(peer group effects)、榜样效应(role model effects)、社会学习(social learning)以及社会互补性(social complementaries)四个因素影响个体选择从而影响贫困。其中,同群效应是指群体中其他成员的选择会影响个体的选择;榜样效应是指群体中一些老成员特征会影响新成员;社会学习则指群体中的一些成员的选择和结果会通过信息传递给接下来的个体而影响他们的选择;社会互补效应指群体中会员的选择依赖于他的选择与其他会员的选择能否产生正向效应而提高其生产力。

但是,由于邻里效应的作用机制以及模型构建的特殊性,对贫困的邻里效应估计还存在很多问题。首先,需要考虑贫困的动态变化和状态依赖性特征。贫困者可能在迁出之前,其行为已经形成与固化,很难融入新社区,最终由于归类效应回到贫困较为密集的社区。如果考虑到这种因素,迁移的减贫效果将会不理想,并且会导致之前研究的各种政策和行为对贫困的动态变化影响的结论不是很可靠。因此,在分析过程中,针对可能出现地区固定效应以及贫困的持久性,本章在回归模型中加入了地区的固定效应和贫困测度的滞后项。加入滞后项不仅可以分析贫困的持久性,还可以对个体不可观察的特征进行控制。但需要注意的是,Honore & Kyriazidou(2000)指出,在这种具有个体效应的非线性面板数据模型时,加入被解释的滞后一期不能使用随机效应 Probit 模型进行估计。因此,在控制了滞后项的模型中,本章会选用总体平均 Probit 模型进行估计;反之,则使用效率更高的随机效应 Probit 模型。

更为重要的是,由于存在映射问题(reflection problem)、相关联的不可观察变量以及内生群体效应等问题,使得对邻里效应进行估计成为计量中的一大难题。在目前的研究中大致有两类方法:一种是使用随机实验获取的数据规避内生的邻里选择(Kling 等人,2007; Dahl 等人,2014 等),另一种是使用工具变量法(Evans 等人,1992;Bobonis & Finan,2009 等)。Dahl 等人(2014)使用断点回归方法(Regression Discontinuity Design)估计挪威父亲产假政策的同群效应,即同一个群体(男同事、兄弟)中其他人休产假行为对该个体参与行为决策的影响。他们使用随机的自然实验,通过引入一个随机的与其他控制变量、内生变量以及随机扰动项不相关的变量——参与项目的代价——解决邻里效应的识别问题,也正是引入的这个变量解决了不可观察变量所带来的估计偏差。Bobonis & Finan(2009)则使用墨西哥农村的一个人类发展项目实验研究群体效应对孩子初中入学决策的影响,他们也是利用实验设定引入一个外生变量解决线性均值方程中群体效应无法识别的问题,并且使用工具变量法解决内生性问题带来的估计偏差。本章将选择工具变量法解决邻里效应的内生性问题。

当然,对邻里效应的估计还有一些其他较为常用的方法,如固定家庭效应方法(Aaronson,1998)、多层次计量模型(Fang & Zou,2014)等。固定家庭效应方法通过差分消除固定家庭效应从而解决 OLS 估计中的省略变量问题,但该方法对数据的要求比较高,并且无法控制邻里内生性问题(Weinberg,Reagan & Yankow,2004)。Fang & Zou(2014)则通过构建多层计量模型分析邻里效应与地区贫困聚集动态机制。不过,Dietz(2000)也指出多层计量模型能提高标准误的估计,但对于忽略变量以及内生变量引起的偏差改善不大。Lee(2007)主要考虑了条件最大似然估计(CML)和工具变量法(IV),他在研究估计和识别具有结构性相互效应的社会相互效应模型时指出,在群体规模充分变化时,不管是内生的还是外生的相互作用效应都能被识别出来。

国内经济学界对社会相互作用效应研究不多。陆铭、张爽(2007)从理论、实证的各个角度对社会相互作用效应的国外相关文献进行了梳理。石绍宾等人(2009)研究农民参加新型农村社会养老保险的影响因素时考虑了邻里行为。董延芳等人(2010)基于同群效应模型分析农民工身份定位和流向决策。潘静、陈广汉(2014)则研究家庭决策机制和社会互动效应对中国农村家庭劳动力流动的影响。这些实证研究都证实了同群效应非常显著。然而,已有这些研究几乎都没有考虑可能存在的内生性问题带来的估计偏差。本章将使用两阶段的面板 Probit 模型进行估计解决识别和内生性问题。文章的结构如下:第二部分探讨实证模型与估计策略;第三部分进行数据与变量介绍,并分析人口流动与贫困的动态变化;第四部分实证分析,最后进行总结。

## 二、邻里效应的理论模型与实证策略

人口流动是减少贫困的重要方式，而人口流动的决策又取决于流动的收益和迁移成本。其中，收益包括工资和预期的工资（Harris & Todaro，1970）、子女人力资本积累而获取的未来收益（Lucas，2004）等。成本则包括农村的社会网络、流出的机会成本和流动的交易成本等。而且，这类收益和成本的获取渠道是信息传递，尤其是周边群体迁移传达出来的信息。因此，局部区域内的社会相互作用效应是个体流动决策的重要决定因素（作用机制如图 8.1 所示）。

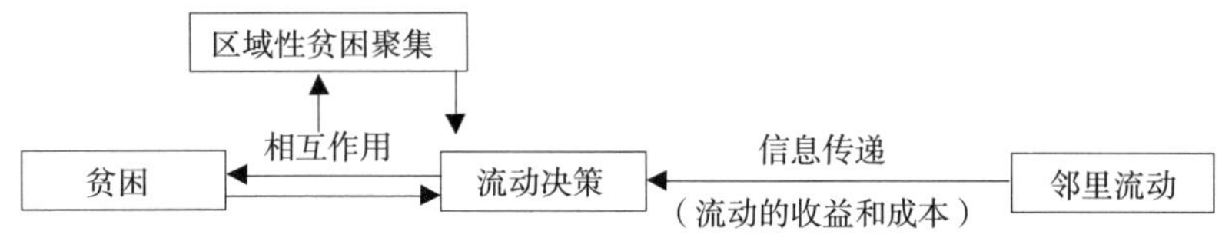


**图 8.1　人口流动与贫困的相互作用关系**

给定村里其他人的流动选择，个体进行是否流动的选择决策。在效用最大化的目标下会得到个体进行流动决策的最优方程 $y_{ic}=\text{argmax}V(y_{ic},\bar{y}_c,X_{ic},\bar{X}_c,Z_c,u_{ic})$。将最优方程稍作变换得到用于估计邻里效应的线性均值的实证模型①：

$$y_{ic}=\alpha+\beta X_{ic}+\gamma\bar{X}_c+\eta Z_c+\lambda\bar{y}_c+u_{ic} \tag{8.1}$$

其中，$y_{ic}$是结果变量，表示村 $c$ 中个体 $i$ 的迁移决策（或者是否贫困），在文中是一个二元变量；$X_{ic}$为个体外生特征变量，包括贫困的滞后

① 模型（8.1）采用 Moffit（2001）更为一般的方法，它假设允许 $u_{ic}$与 $\bar{y}_c$ 相关，而 Manski（1993）中就没有，并且 Manski（1993）中是变量 $y_{ic}$和 $X_{ic}$期望形式而不是本章中的均值形式。

一项(加入滞后项主要是为了控制不可观察的个体效应)。$\overline{X}_c$ 是村 $c$ 中个体外生特征变量的村级均值,包括村中从事农业的人口比例等;$Z_c$ 是村级特征变量;$\overline{y}_c$ 是村 $c$ 人口流动比例或贫困发生率。加入村级控制变量以及进行地区固定效应的控制,主要是为了能够增加邻里效应估计的可靠性,否则很容易高估邻里效应的大小,但是这也会带来新的估计问题,即映射问题。

从研究邻里效应的一般实证模型中可以发现,首先会遇到 Manski (1993)提出的映射问题。Manski(1993)认为在估计邻里效应时会出现三种效应:内生效应(endogenous effects),即个体某项行为倾向与所在群体的该项行为情况相关,由模型(8.1)中的 $\lambda$ 反映出来了;外生效应(exogenous effects),又称为情境效应(contextual effects),即个体的某项行为倾向与群体的(外生)特征相关,模型(8.1)中的 $\gamma$ 表示这种效应;关联效应(correlated effects),即同一群体中的个体会因为具有相似的特征或处于相似的制度环境而具有相似的行为,模型(8.1)中的 $\beta$ 和 $\eta$ 代表这种效应。Manski(1993)研究指出,在估计邻里效应的线性均值模型(linear-in-means model)中,由于映射问题将导致相应的参数无法识别,从而无法将关联效应与内生效应分离出来。由模型(8.1)可得到一个社会均衡:

$$\overline{y}_c=\frac{\alpha}{1-\lambda}+\frac{\beta+\gamma}{1-\lambda}\overline{X}_c+\frac{\eta}{1-\lambda}Z_c \tag{8.2}$$

将其代入式(8.1)中则可得简约式模型(reduced form model):

$$y_{ic}=\frac{\alpha}{1-\lambda}+\beta X_{ic}+\frac{\lambda\beta+\gamma}{1-\lambda}\overline{X}_c+\frac{\eta}{1-\lambda}Z_c+u_{ic} \tag{8.3}$$

模型(8.3)显示不仅存在映射问题,同时由于内生效应的存在使得邻里效应模型具有社会乘子效应(social multiplier effects)。但是,Manski (1993)指出,如果(8.1)是非线性的(如本章的二元选择模型),则识别问题会有所缓解，因为有这种非线性效应，相对个体特征的直接效应，社会乘子效应会有一个不同的改变率。Brock & Durlauf(2000)指出在二元选择和纵向数据环境下，线性模型中的识别问题是不存在的，因为此时被解释变量和解释变量的非线性能充分打破内生效应和情境效应的共线性问题。Brock & Durlauf(2007)进一步研究了具有社会相互作用下的二元选择模型的参数识别条件。因此，针对被解释变量的二元选择特征，本章将选择非线性的 Probit 模型来进行估计，此时识别问题得以解决。

其次，邻里效应的研究中还有一个值得特别注意的问题是：邻里特征并不是外生变量，即由于邻里的位置并不是对所有家户都是既定的，家户对于邻里的选择受到很多约束，并且这些约束可能也是内生的。如果邻里特征是内生的，则用 OLS 估计邻里效应不仅是有偏的且不一致。为了解决内生性问题，本章选择工具变量法，但这需要找到合适的工具变量，它既要与内生变量相关，又要与误差项不相关。在本章邻里效应与人口流动和农村贫困的研究中，则要求工具变量既要与邻里形成相关，但又要与个体不可观测的特征变量不能相关。Bayer & Ross(2009)以及 Duflo 等人(2011)等指出，可以选用某一类可观察的家庭特征变量的社区(村)均值作为工具变量，Evans 等人(1992)在研究青少年怀孕与学校辍学行为时使用贫困率、失业率以及社区平均教育水平作为工具变量。因此，根据邻里效应中工具变量的选取原则，本章将选取社区(村)的就业率、村的电视拥有率、村的电话拥有率作为工具变量：其中，村的电视拥有率和村的电话拥有率反映了该村所能获取的外界信息水平。邻里效应传导机制之一就是信息的扩散，包括邻里同伴提供的行为基本信息以及行为的收益成本。

针对有内生变量的二元选择面板模型，本章将使用两阶段面板 Probit 模型。类似 Probit 模型，使用最大似然估计。具体来说，将模型(8.1)简化如下：

$$y_{1it}^{*}=y_{2_{it}}\beta+x_{1_{it}}\gamma+u_i+\varepsilon_{it} \tag{8.4a}$$

$$y_{2it}=x_{1it}\pi_1+x_{2it}\pi_2+v_{it} \tag{8.4b}$$

其中，$y_2$ 是内生变量向量，如村的人口流动率；$x_1$ 是外生控制变量向量，主要是村的特征与户主的特征，包括村的农业人口比例、户主年龄、户主年龄的平方以及户主的教育水平；$x_2$ 是工具变量向量，包括村的就业率、电视拥有率以及电话拥有率；$y_1^*$ 是结果变量，无法被观察到，但是，我们可以观察到家户是否有流动或是否为贫困的变量 $y_1$，并且 $y_1=\begin{cases}0 & y_1^*<0\\1 & y_1^*\geqslant 0\end{cases}$。$\varepsilon$、$v$ 为随机扰动项，服从正态分布。人口愿意流动的概率或落入贫困的概率即为：$P(y_1=1)=P(\varepsilon\geqslant -y_2\beta-x_1\gamma-u_i)=\Phi(y_2\beta+x_1\gamma+u_i)$，其中 $\Phi$ 表示标准正态分布的累积分布函数。

回归过程的第一阶段是使用混合的 OLS 对(8.4b)进行回归，获取 $y_2$ 的预测值 $\hat{y}_2$。第二阶段将 $\hat{y}_2$ 代入式(8.4$a$)得到如下估计模型：

$$y_{1it}^{*}=\hat{y}_{2_{it}}\beta+x_{1_{it}}\gamma+u_i+\varepsilon_{it} \tag{8.5}$$

对式(8.5)的面板 Probit 模型使用最大似然法进行估计。其似然函数如下：

$$L(y_1 \mid x_1,\hat{y}_2;\gamma,\beta)=\prod_{i=1}\Phi(\hat{y}_{2i}\beta+x_{1i}\gamma+u_i)^{y_{1i}}\left[1-\Phi(\hat{y}_{2i}\beta+x_{1i}\gamma+u_i)\right]^{1-y_{1i}}$$

最大似然估计即选择相应的参数最大化似然函数的对数形式。

## 三、数据、变量介绍与贫困动态

### （一）分析数据介绍

本章的数据来自中国健康与营养调查（China Health and Nutrition

Survey,简称 CHNS),CHNS 是中国疾病预防控制中心营养与食品安全所与美国北卡罗来纳大学人口中心合作的追踪调查项目。调查内容涉及人口特征、经济发展、健康指标和详细的社区(村)数据。该调查始于 1989 年,到目前为止共进行了 9 次。在 1997 年之前调查包括 8 个省份,辽宁、山东、江苏、河南、湖北、湖南、贵州和广西,在 1997 年用相邻的黑龙江代替未能参加调查的辽宁,从 2000 年开始对以上 9 个省份都进行调查。2011 年调查增加了北京、重庆、上海三个直辖市,但考虑到数据的完整性,本章并未将这三个城市的数据纳入分析。CHNS 采用多阶段随机集群抽样方法,每年大约 3400—4400 个家庭住户共 19000 左右的个体样本。由于 1989 年关键变量人口流动的数据缺失,因此本章的数据将选择从 1991 年开始,选取共 8 年的数据。根据分析需要,本章只选取官方扶贫对象农村家户作为研究对象。

### (二) 变量介绍与贫困动态

首先,选取家户人均收入测算贫困。本章以家户为单位测算贫困,不考虑家户内部的分配问题,收入数据是经过通货膨胀调整到 2011 年的价格。选定贫困线为 2300 元/人年(2010 年不变价),根据 2011 年人民币对美元的平均汇率 6. 4588 进行转换,该贫困线基本相当于国际贫困标准 1 美元/人天。与此同时,本章还测算了在国际贫困标准 1. 25 美元/人天下农村的贫困状况,根据当年平均汇率转换后约为 2947 元/人年。如图 8. 2 所示,在 2300 元/人年的国家贫困线下,贫困发生率由 1991 年的 52. 72%减少到 2011 年的 13. 67%,在 1. 25 美元/人天的国际贫困线下,贫困发生率则由 1991 年的 64. 74%减少到 2011 年的 16. 9%。贫困人口下降最快的两段时期为 1993 — 1997 年、2006 — 2009 年,这与汪三贵(2008)的研究结论基本相符——汪三贵(2008)指出,这两段时期也是第一产业和农民人均纯收入增长最快的时期。

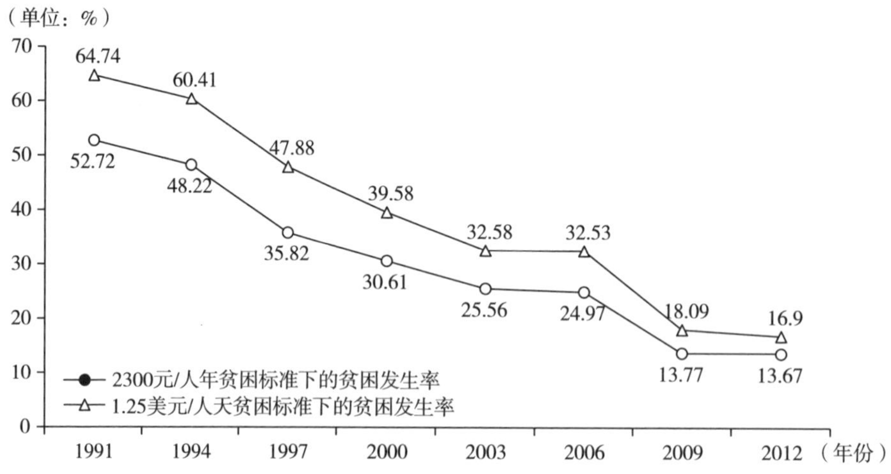


**图 8.2　国家贫困线和 1.25 美元/人天国际贫困线标准下的贫困发生率动态变化**

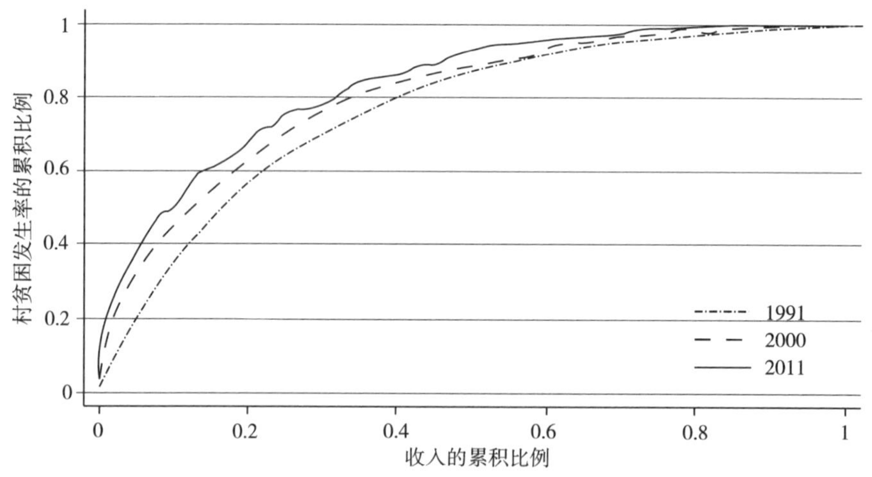


**图 8.3　村级贫困发生率累积分布动态**

图 8.3 中给出了按收入大小排序的村级贫困发生率累积分布。为了能够清晰了解贫困人口分布的动态变化，这里只选取了 1991 年、2000 年和 2011 年三年的数据进行作图分析。由图 8.3 可以发现，1991 年村级贫困发生率累积分布一阶占优 2000 年，2000 年的又一阶占优 2011 年，这说

明从 1991 年到 2011 年,贫困人口有向低收入村累积的趋势。

其次,以家户为单位确定人口流动。CHNS 数据中有询问家户中每个成员或相关亲戚住在什么地方,有住在村外、县外、市外、省外以及国外,并询问原因(如因工作、教育、嫁娶等)。本章忽略家户中住在家外的人数,而以是否有成员住在村外定义人口流动,如果有成员住在村外,即 1,没有即为 0。文中还定义了其他几个层次的人口流动,例如还用是否有成员住在县外定义人口流动等,以此来进行稳健性检验。与此同时,以村为单位,定义村级流动人口比例,根据对人口流动的定义,村级人口流动比例指村中有成员流出(村外或县外)的家户数占该村总家户的比例。表 8.1 的统计结果显示,人口向外流出逐年增加,有流出人口家户的比例由 1991 年的 13.30%上升到 2011 年的 39.31%。在研究家户是否有成员流动对家户贫困的影响时,文中将人口流动变量去中心化处理,即将个体变量减去该变量的群体均值,该种做法能使变量解释更有意义,并且能降低共线性,提高估计的精确度。

**表 8.1　农村人口流动与贫困发生率**

| 年份 | 有流出人口家户的比例 | 无流动人口家户的贫困发生率(flow4 = 0) | 有流动人口家户的贫困发生率(flow4 = 1) | 有无流动人口家户之间贫困差异的 t 检验 |
|---|---|---|---|---|
| 1991 | 13.30% | 52.78%<br>(0.0109) | 52.32%<br>(0.0278) | 0.46%<br>(0.0300) |
| 1993 | 13.93% | 48.60%<br>(0.0111) | 45.90%<br>(0.0275) | 2.70%<br>(0.0297) |
| 1997 | 16.93% | 35.84%<br>(0.0104) | 35.73%<br>(0.0231) | 0.11%<br>(0.0253) |
| 2000 | 18.01% | 31.29%<br>(0.0096) | 27.52%<br>(0.0197) | 3.77%**<br>(0.0224) |
| 2004 | 18.46% | 25.80%<br>(0.0090) | 24.48%<br>(0.0187) | 1.32%<br>(0.0210) |

续表

| 年份 | 有流出人口家户的比例 | 无流动人口家户的贫困发生率(flow4=0) | 有流动人口家户的贫困发生率(flow4=1) | 有无流动人口家户之间贫困差异的t检验 |
|---|---|---|---|---|
| 2006 | 35.51% | 26.77%<br>(0.0102) | 21.70%<br>(0.0128) | 5.07%***<br>(0.0167) |
| 2009 | 38.32% | 15.05%<br>(0.0083) | 11.71%<br>(0.0095) | 3.34%***<br>(0.0130) |
| 2011 | 39.31% | 13.72%<br>(0.0081) | 13.58%<br>(0.0101) | 0.14%<br>(0.0130) |
| 总计 | | 31.74%<br>(0.0036) | 23.08%<br>(0.0057) | 0.0866***<br>(0.0071) |

注:括号中的数值为标准误;*** $p<0.01$,** $p<0.05$,* $p<0.1$。

最后,分析中还加入了一些与贫困以及人口流动相关的控制变量,如村中的农业人口比例、家户中有工作的人口比例、家户规模、户主的教育水平以及户主的年龄和年龄的平方。其中,户主的教育水平分为没有上学、小学毕业、初中毕业、高中毕业、中职毕业和大学及其以上六个等级。所有变量的统计性描述与说明如表8.2所示。

**表8.2 变量说明**

| 变量名 | 变量说明 | 观察值 | 均值 | 标准差 |
|---|---|---|---|---|
| incpov | 收入贫困,以2300元/人年(2011年价格)为贫困线 | 21923 | 0.296 | 0.456 |
| incpov_1 | 收入贫困的滞后项 | 20229 | 0.350 | 0.477 |
| cpoverty | 村级贫困发生率 | 21923 | 0.297 | 0.249 |
| flow4 | 家户中是否有人口流出(村以外) | 21923 | 0.249 | 0.433 |
| cflow4 | 村中有流出村外人口的家户比例 | 21923 | 0.249 | 0.188 |
| scfow4 | cflow4的平方项 | | | |

续表

| 变量名 | 变量说明 | 观察值 | 均值 | 标准差 |
|---|---|---|---|---|
| dflow4 | 家户是否有成员流出与村流出人口比例之差 | 21923 | 0 | 0. 390 |
| flow3 | 家户中是否有人口流出（县以外） | 21923 | 0. 154 | 0. 361 |
| cflow3 | 村中有流出县外人口的家户比例 | 21923 | 0. 154 | 0. 143 |
| scflow3 | cflow3 的平方项 | | | |
| cfarmer | 村从事农业人口比例 | 21923 | 0. 489 | 0. 296 |
| hemploy | 家户中有工作的成员比例 | 21923 | 0. 729 | 0. 356 |
| heduc | 户主教育水平，分为六个等级，设置 5 个虚拟变量：小学没毕业（控制组），是否小学毕业（heduc1），是否初中毕业（heduc2），是否高中毕业（heduc3），是否中职毕业（heduc4）以及是否大学以上（heduc5） | 19088 | 1. 427 | 1. 121 |
| hhsize | 家户规模 | 24441 | 3. 844 | 1. 515 |
| hage | 户主的年龄 | 19141 | 50. 26 | 13. 00 |
| shage | 户主年龄的平方 | 19141 | 2695 | 1369 |
| cemploy | 村就业率 | 21923 | 0. 727 | 0. 196 |
| cphone | 村电话拥有率 | 21923 | 0. 352 | 0. 320 |
| cTV | 村电视拥有率 | 21923 | 0. 872 | 0. 181 |

### （三）人口流动与贫困

表 8. 1 中还给出了不存在流动人口的家户和存在流动人口的家户之间的贫困差异及差异的显著性。首先，不管是否存在流动人口，所有类别的家户贫困发生率都在显著地下降。在 2300 元/人年的国家贫困线下，两种类别下的贫困发生率都从 1991 年的超过 50%下降到 2011 年的 13%左右，其间有震荡，但不是很明显。其次，没有流动人口的家户相对于有流动人口的家户贫困发生率显著高 8. 66 个百分点。如果看具体时间的话，则 1991 年到 2011 年不存在流动人口的家户相对存在流动人口的家

户贫困发生率都要高些，分别高出 0. 46 个、2. 7 个、0. 11 个、3. 77 个、1. 32 个、5. 07 个、3. 33 个和 0. 14 个百分点。

但是，有无人口流动的家户之间的贫困差异，在 2000 年以前不显著，2000 年及其以后变得显著，2011 年两者之间的差异又变得不是很显著。这意味着在 2000 年以前农村人口向外流出带来的溢出效应还不够明显，主要有三方面的原因：第一，人口流动的信息传输机制还不是很发达；第二，虽然改革开放以后，中国经济发展相当迅速，但人口流动引致的人力资本积累的作用还没充分发挥和得到反馈；第三，对于暂时性打工的人口流动，由于人力资本水平的限制，他们能获取的工作报酬相对农业收入并没有足够的吸引力。三方面因素结合邻里效应共同作用使得 2000 年以前人口流动的减贫效果一般。2000 年以后，通信信息技术以及交通基础设施的发展加快了信息传递、提高了工作机会与人力资本匹配度，与此同时，较早流动人口积累的人力资本也开始获取可观的收益。2011 年很不显著，也有两方面的原因：一是在扶贫开发过后，剩下的贫困家庭属于极度贫困，本身能力缺乏；二是人口流动所带来的红利差异已经很小。

## 四、实证估计结果与分析

### （一）人口流动和贫困的动态变化

人口流动与贫困的回归结果如表 8. 3 所示。表 8. 3 给出了工具变量 Probit 模型（简称“Ⅳ-Probit 模型”）、总体平均 Probit 模型和两阶段总体平均 Probit 模型的回归结果以及相应的边际效应。一般在具有个体效应的非线性面板数据模型中，会使用随机效应方法进行估计，但由于在该模型中加入了被解释变量的滞后项作为解释变量，不能使用随机效应方法

进行估计(Honore & Kyriazidou,2000)。另外,似然率检验不显著,说明随机效应 Probit 模型相对于混合数据的 Probit 模型并没有任何改进,所以表 8.3 中只给出总体平均 Probit 模型的估计结果,而并未给出随机效应 Probit 模型的回归结果。Ⅳ-Probit 模型中外生性 Wald 检验结果显示卡方值为 30.53,在 1%的显著性水平下显著,说明存在内生性问题。因此,表 8.3 中只给出Ⅳ-Probit 模型、总体平均 Probit 模型和两阶段总体平均 Probit 模型的估计结果和边际效应。由回归模型可知边际效应的计算公式为$\partial P(y=1|x)/\partial x_k=\phi(x'\beta)\cdot\beta_k$,其中,$x_k$ 表示第 $k$ 个解释变量,边际效应反映第 $k$ 个解释变量变动一单位时人口流动或落入贫困的概率改变的幅度。

表 8.3 中的两阶段总体平均 Probit 模型的回归结果显示,人口流动对于家户脱离贫困有积极的显著影响。家户人口流动增加一单位成为贫困的概率会下降 0.039,相对于Ⅳ-Probit 模型和总体平均 Probit 模型来说,要低一些,Ⅳ-Probit 模型为 0.047。这说明通过人口流动可以获取信息提高家户收入,降低贫困。村中人口向外流出的规模越大,家户成为贫困的可能性越小。但是,两阶段总体平均 Probit 模型和总体平均 Probit 模型中显著性不高,而在Ⅳ-Pobit 模型则非常显著,并且村人口流动率增加一个单位,落入贫困的概率会下降 0.5。村的人口流动率和村贫困发生率是内生的,所以总体平均 Probit 模型估计的结果有偏,它使村贫困发生率参数估计向上偏,村人口流动率向下偏,严重地低估了邻里效应的作用,即低估社区人口流动在减少贫困中的作用。村内人口流动的信息传递增加家户人口流出的可能性,并促进贫困降低。

由表 8.3 中两阶段总体平均 Probit 模型的边际效应结果可以发现。首先,如果家户上一年贫困的贫困高一单位,则其下一年仍然为贫困的概率就增加了 0.109,反映贫困存在较强的持久性。这种持久性来源于邻里效应、人口流动决策与贫困形成的动态循环加强机制。另外,加入贫困的滞后一项是控制家户中可能导致贫困的其他不可观察的影响因素。其次,村级贫困发生率每上升一个单位,则家户落入贫困的概率会增加0.575,说明由于邻里效应的作用,在既有的信息传递模式下,个体的行为选择决策极大地受到其周围人的影响,而致使其走出贫困存在有一个门槛,如此则地区贫困有聚集的趋势。

在影响家户贫困的其他控制变量中,村中从事农业的人口比例越高、家户的规模越大,家户发生贫困的可能性越高,其中农业人口比例每增加一个单位,贫困发生的可能性会增加0.138。家户中就业人口比例越高、户主的教育水平越高,则家户发生贫困的可能性越低,尤其是大学及其以上的教育水平,会有一个质的飞跃,减贫效应由0.074上升到0.193,说明教育尤其是大学教育对个体改变的重要性。家户的贫困与户主年龄的关系是个"U"形曲线,随着户主年龄的上升家户发生贫困的可能性先下降后上升,转折的临界点约49岁(当然这只是一个参考)。

**表8.3 贫困与人口流动的回归结果(被解释变量:incpov)**

| 变量 | Ⅳ-Probit 模型 | | 总体平均 Probit 模型 | | 两阶段总体平均 Probit 模型 | |
|---|---|---|---|---|---|---|
| | 系数 | 边际效应 | 系数 | 边际效应 | 系数 | 边际效应 |
| incpov_1 | 0.285***<br>(0.0276) | 0.073 | 0.274***<br>(0.0252) | 0.066 | 0.371***<br>(0.0234) | 0.109 |
| cpoverty | 1.947***<br>(0.258) | 0.498 | 3.075***<br>(0.0657) | 0.736 | 1.952***<br>(0.202) | 0.575 |
| dflow4 | −0.183***<br>(0.0304) | −0.047 | −0.173***<br>(0.0312) | −0.041 | −0.131***<br>(0.0284) | −0.039 |
| cflow4 | −2.053***<br>(0.422) | −0.525 | −0.0563<br>(0.0787) | −0.013 | −0.226<br>(0.558) | −0.067 |
| cfarmer | 0.521***<br>(0.0761) | 0.133 | 0.233***<br>(0.0565) | 0.056 | 0.467***<br>(0.0849) | 0.138 |

续表

| 变量 | Ⅳ-Probit 模型 | | 总体平均 Probit 模型 | | 两阶段总体平均 Probit 模型 | |
|---|---|---|---|---|---|---|
| | 系数 | 边际效应 | 系数 | 边际效应 | 系数 | 边际效应 |
| hemploy | −0. 536*** (0. 0442) | −0. 137 | −0. 563*** (0. 0414) | −0. 135 | −0. 533*** (0. 0402) | −0. 157 |
| heduc1 | −0. 101*** (0. 0321) | −0. 026 | −0. 0978*** (0. 0328) | −0. 023 | −0. 0791*** (0. 0301) | −0. 023 |
| heduc2 | −0. 126*** (0. 0380) | −0. 032 | −0. 159*** (0. 0354) | −0. 038 | −0. 116*** (0. 0350) | −0. 034 |
| heduc3 | −0. 304*** (0. 0484) | −0. 078 | −0. 324*** (0. 0478) | −0. 078 | −0. 251*** (0. 0438) | −0. 074 |
| heduc4 | −0. 802*** (0. 120) | −0. 205 | −0. 787*** (0. 123) | −0. 188 | −0. 656*** (0. 108) | −0. 193 |
| heduc5 | −0. 794*** (0. 187) | −0. 203 | −0. 743*** (0. 191) | −0. 178 | −0. 635*** (0. 160) | −0. 187 |
| hhsize | 0. 0778*** (0. 00817) | 0. 020 | 0. 0746*** (0. 00820) | 0. 018 | 0. 0653*** (0. 00777) | 0. 012 |
| hage | −0. 0323*** (0. 00794) | −0. 008 | −0. 0488*** (0. 00649) | −0. 012 | −0. 0380*** (0. 00689) | −0. 011 |
| shage | 0. 000364*** (6. 73e−05) | 0. 000093 | 0. 000477*** (6. 02e−05) | 0. 000114 | 0. 000388*** (5. 85e−05) | 0. 000114 |
| Constant | −0. 296* (0. 176) | | −0. 329* (0. 179) | | −0. 368** (0. 174) | |
| 省份控制 | 是 | | 是 | | 是 | |

注：(1)括号中的数值为标准误；*** p<0. 01，** p<0. 05，* p<0. 1。(2) Ⅳ-Probit 模型的外生性 Wald 检验结果：Chi2 = 30. 53***。(3) Ⅳ-Probit 模型和 2 阶段面板 Probit 模型的第一步的估计结果没有呈现在表中。(4)两阶段面板 Probit 模型中的 cpoverty 和 cflow4 是第一阶段估计的预测值。

## （二）邻里效应与人口流动

人口流动对家户的贫困减少影响非常显著，而人口流动的决策又取决于流动的收益和迁移成本，这类收益和迁移成本的获取渠道是信息传递,尤其是周边群体迁移传达出来的信息。因此,局部区域内的社会相互作用效应是个体流动决策的重要决定因素。

由于在不存在被解释变量滞后项的情况下,随机效应 Probit 模型效率要高些。因此,表 8.4 中给出三种模型下的估计结果:Ⅳ-Probit 模型、随机效应 Pobit 模型和两阶段随机效应 Probit 模型。两阶段随机效应 Probit 模型中 $\rho=0.069$,且 $\rho=0$ 的 LR 检验:Chibar2 = 369.87,说明总体方差中由面板水平的方差贡献的比例为 6.9%,并且非常显著。因此,随机效应 Probit 模型相对单一方程的 Probit 模型来说,结果更优。与此同时,Ⅳ-Probit 模型外生性 Wald 检验的卡方值为 22.45,非常显著,说明存在严重的内生性问题,从这个角度来说,两阶段面板 Probit 模型相对于普通的面板 Probit 模型的结果更优。

在表 8.4 中,两阶段随机效应 Probit 模型回归结果显示,村流动人口比例的增加对个体流动决策的影响是先下降后上升,说明邻里效应有一个临界值,只有流动人口超过此临界值,个体才会选择向外流出。这种决策方式符合正常的逻辑——因为迁移是有成本的,只有信息披露充分,个体才会做出决策。由此处估计结果核算的临界值大约为 36.37%,即平均来说,当村的流动的人口比例超过 36.37%,个体才有可能选择流出,不过这个值跟流出人口界定有关(由于目前我们的流动人口定义较宽,导致临界值比较高)。形成鲜明对比的是,Ⅳ-Probit 模型和随机效应 Probit 模型的结果显示,村流动人口比例在正常的区间(0,1)区间内,个体向外流动的可能性随着村人口流动比例的增加而增加。

不仅如此,在两阶段随机效应 Probit 模型中,人口向外流出的决策与村贫困发生率是显著的负向关系。这意味着越是在比较贫困的村中,人们选择向外流出的可能性就会越小。在随机效应 Probit 模型中,人口流动可能性与村贫困程度之间的关系也是负向的,但估计结果不是很显著。

而在Ⅳ-Probit 模型中，人口流动与村的贫困程度之间的关系却是显著正向的。而表 8.3 中结果显示，人口流出对贫困的减少具有较强正向作用，结合两阶段随机效应 Probit 模型的结论，说明越是贫困的村人口流动越小，人口流动比例就越低，则发生贫困的可能性就越高，如此形成一种恶性循环，贫困人口有聚集的趋势。

表 8.4 中其他控制变量的结果在三个模型之间没有太大差异，但是两阶段随机效应 Probit 模型的估计结果更为显著。首先，地区农业人口比例越高、家户中成员有工作的比例越高，家户成员选择向外流动的可能性越高。家户规模越大，则家户成员向外流动的可能性越低。其次，人口流动跟户主年龄的关系是倒“U”形，也就是说，随着户主年龄的增加，家中有成员向外流动的可能性增加，当户主年龄达到 62.9 岁时家户中成员选择向外流动的可能性开始降低。出现倒“U”形的原因有两个方面：一方面，年龄增大使得其向外流动的可能性降低；另一方面，家户中有老龄人口，需要照顾，也会降低流动的可能性。最后，户主的教育水平对人口流动选择的影响中，完成小学教育、中学教育的户主相对于没有接受教育的户主家庭中人口流出的可能性显著增加，而中职和大学教育及其以上户主的家庭人口流动可能性还在降低，这很有可能是因为归类效应(sorting effect)，即教育较高的户主本身具有较好的工作或处在较好的社区，其家庭成员能够选择就近工作的可能性增加。

**表 8.4　邻里效应与人口流动的回归结果(被解释变量:flow4)**

| 变量 | Ⅳ-Probit 模型 | 随机效应 Probit 模型 | 两阶段随机效应 Probit 模型 |
|---|---|---|---|
| cflow4 | 1.099<br>(1.179) | 5.408***<br>(0.232) | −5.633***<br>(0.962) |
| scflow4 | 2.662*<br>(1.543) | −2.743***<br>(0.303) | 7.743***<br>(1.525) |

续表

| 变量 | Ⅳ-Probit 模型 | 随机效应 Probit 模型 | 两阶段随机效应 Probit 模型 |
|---|---|---|---|
| cpoverty | 0.322** (0.148) | -0.0492 (0.0690) | -0.466** (0.208) |
| cfarmer | 0.0604 (0.0748) | 0.0965* (0.0556) | 0.360*** (0.0839) |
| hemploy | 0.105*** (0.0395) | 0.0707* (0.0396) | 0.174*** (0.0395) |
| heduc1 | 0.0722** (0.0318) | 0.0778** (0.0323) | 0.0537* (0.0305) |
| heduc2 | 0.0245 (0.0353) | 0.0302 (0.0351) | 0.0802** (0.0356) |
| heduc3 | -0.0118 (0.0473) | 0.0154 (0.0483) | -0.0245 (0.0454) |
| heduc4 | -0.0289 (0.0846) | -0.0716 (0.0851) | -0.140* (0.0813) |
| heduc5 | 0.0369 (0.100) | -0.0445 (0.0999) | -0.0932 (0.0952) |
| hhsize | -0.105*** (0.00837) | -0.110*** (0.00786) | -0.0914*** (0.00767) |
| hage | 0.249*** (0.00817) | 0.248*** (0.00842) | 0.259*** (0.00881) |
| shage | -0.00203*** (7.34e-05) | -0.00201*** (7.53e-05) | -0.00206*** (7.48e-05) |
| Constant | -8.436*** (0.267) | -8.825*** (0.249) | -7.502*** (0.248) |
| 是否控制省份 | 是 | 是 | 是 |

注：(1)括号中的数值为标准误；*** p<0.01，** p<0.05，* p<0.1。(2)两阶段随机效应 Probit 模型中 $\rho=0.069$，且 $\rho=0$ 的 LR 检验：Chibar2 = 369.87***，说明总体方差中由面板水平的方差贡献的比例为 6.9%。随机效应 Probit 模型中 $\rho=0.025$，且 $\rho=0$ 的 LR 检验：Chibar2 = 58.60***。两个模型中面板水平的方差贡献比例都非常显著，说明随机效应 Probit 模型相对单一方程的 Probit 模型来说，结果更优。随机效应模型的边际效应与估计的系数相同，因此并没有呈现在表中。(3)Ⅳ-Probit 模型中外生性的 Wald 检验：Chi2 = 22.45***。(4)两阶段随机效应 Probit 模型和Ⅳ-Probit 模型中的第一阶段结果并没有呈现在表中。(5)两阶段面板 Probit 模型中的 cpoverty 和 cflow4 是第一阶段估计的预测值。

## （三）稳健性检验

在表 8.5 中我们进行稳定性分析。表 8.5 中的回归分析全部采用的是两阶段面板 Probit 模型。首先，我们将人口流动定义的范围收紧，现假设家户中有人口流到县外则即为 1，否则为 0。回归结果如表 8.5 中的列(1)和列(4)所示，可以发现估计结果与表 8.3 和表 8.4 中的结果差别不是很大。贫困的持久性与贫困的聚集效应依然非常显著。人口流动对减贫的影响也非常显著，由表 8.5 中的列(5)可算出人口流动临界值此时大约为 18.21%，即村中人口流动的比例超过这个临界点时，个体才会选择流出。并且由于人口流动的界定范围收窄，临界值比表 8.4 中估计的要低很多。在表 8.5 中的列(7)则研究随着时间的推移，村流动人口状况对个体流出行为决策的影响，结果显示，在 2004 年以前，人口流动比例增加显著地降低了个体流出的可能性；在 2004 年以后，人口流动比例的增加开始增大个体流出的可能性，虽然 2004 年以后的结果不是很显著，但还是可以反映出信息技术和交通等的发展以及外在经济环境改善的拉力对人口流动的正向影响。

其次，表 8.5 中还分析是否控制省份效应对回归结果的影响，结果如表 8.5 中的列(3)和列(5)所示。可以发现，如果不控制省份效应，对部分基本结果影响较大。在表 8.5 列(3)中，村人口流动对贫困的影响变得不显著，方向上也相反。在表 8.5 列(5)中，贫困发生率对人口流动的影响变成正向的，而且由于村人口流动比例的二次项不是很显著，人口流动的邻里效应变成了线性的，随着流动人口比例的增加，人口向外流动的可能性下降。出现这种结果与我们之前的猜测一致，即如果不控制地区效应，则村级变量效应中将有两部分构成，一种是直接的邻里效应，另一种是地区变量通过村级变量影响个体行为的间接效应。

最后，验证家户贫困对家户成员流动决策的影响，在模型中放入家户

**表 8.5　贫困与人口流动两阶段面板 Probit 模型回归的稳健性分析**

| 变量 | 被解释变量：incpov | | | 被解释变量：flow3 | | | |
|---|---|---|---|---|---|---|---|
| | (1) | (2) | (3) | (4) | (5) | (6) | (7) |
| cpoverty | 1.991***<br>(0.163) | 2.208***<br>(0.161) | 1.937***<br>(0.122) | -0.255<br>(0.133) | 0.726**<br>(0.149) | -0.195<br>(0.192) | -0.208<br>(0.185) |
| cflow3 | -0.142<br>(0.656) | -0.774<br>(0.644) | 0.642<br>(0.531) | -3.856***<br>(1.159) | -4.390*<br>(2.330) | -3.693***<br>(1.172) | |
| scflow3 | | | | 10.590***<br>(2.602) | 10.707<br>(6.623) | 10.177***<br>(2.621) | |
| dflow3 | -0.075***<br>(0.033) | -0.087***<br>(0.034) | -0.073**<br>(0.033) | | | | |
| incpov_ 1 | 0.372***<br>(0.023) | | 0.389***<br>(0.023) | | | -0.043<br>(0.029) | |
| cflow91 | | | | | | | -1.774**<br>(0.901) |
| cflow93 | | | | | | | -2.163**<br>(0.863) |

续表

| 变量 | 被解释变量：incpov | | | 被解释变量：flow3 | | | |
|---|---|---|---|---|---|---|---|
| | (1) | (2) | (3) | (4) | (5) | (6) | (7) |
| cflow97 | | | | | | | −1.754**<br>(0.777) |
| cflow00 | | | | | | | −1.294*<br>(0.721) |
| cflow04 | | | | | | | −1.253*<br>(0.668) |
| cflow06 | | | | | | | 0.796<br>(0.657) |
| cflow09 | | | | | | | 0.906<br>(0.664) |
| cflow11 | | | | | | | 0.621<br>(0.681) |
| 是否控制省份 | 是 | 是 | 否 | 是 | 否 | 是 | 是 |

注：（1）括号中的数值为标准误；*** $p<0.01$，** $p<0.05$，* $p<0.1$。（2）表中只列出主要变量的回归结果，其他控制变量的结果省略。（3）两阶段面板 Probit 模型中的 cpoverty 和 cflow3 是第一阶段估计的预测值。cflow91 至 cflow11 表示村 1991 年至 2011 年各年的人口流动比例在第一阶段回归中的预测值。

是否贫困的滞后一项。结果如表 8.5 中的列(6)所示,家户的贫困阻碍了家户中成员流出。因此,如果人口流出的邻里效应对个体流出决策的影响不是足够强的情况下,贫困家庭的成员会因为贫困而选择不流出,而家中成员都选择不流出则会加重贫困发生的可能性,如此陷入一个恶性循环,导致家庭陷入持久性贫困。尤其是对贫困聚集的地区,人口流出的负向邻里效应很强,最终因这种循环而导致地区陷入贫困陷阱。

## 五、结论与策略建议

在个体的行为决策中,社会相互作用效应被认为是非常重要的因素之一。个体的行为决策易受到其所生活的环境、其同伴和同事等行为决策的影响,他的邻里能够提供该行为的具体信息以及该行为选择的收益成本等相关信息。因此,从邻里效应的角度研究地区贫困聚集以及贫困持久性问题是一种新的视角。实际研究也得出,邻里效应通过影响个体行为决策来影响贫困聚集的非常显著的重要因素之一。在估计邻里效应时,通常会遇到识别问题和内生性问题,本章使用非线性的两阶段面板 Probit 模型解决此问题。估计结果显示,人口流动能够显著地降低贫困发生的可能性,而个体是否选择进行流动又显著地受到村人口流动状况的影响,当村流动人口规模超过某一特定临界值时,个体选择流出的可能性将会增加。另外,地区贫困程度较重的地方,人口流动的可能性又较低,因此,累积循环导致地区产生贫困聚集。

对于各地方来说,要继续巩固和深化有关扶贫问题,一方面,要从扶贫政策执行和瞄准双向效率提高的角度制定适合地区的最优减贫政策;另一方面,更为重要的是,针对区域性贫困聚集,最为有效的措施是增加地区公共品的供给。政府应当从加强交通、通信等基础设施建设和提高教育、医疗等公共服务水平的角度,加快信息的流通和公共政策的利用度,充分发挥邻里效应的信息传导作用机制,合理引导贫困者行为向有利于减贫的方向改变,通过增加个体行为选择与公共政策的匹配度获取最高的减贫效率。

# 第九章　健康行为的长期减贫效应

中国农村扶贫取得了显著的成绩，贫困人口由 2012 年末的 9899 万人减少至 2019 年末的 551 万人，贫困发生率也由 2012 年的 10.2% 下降到 2018 年的 0.6%。换言之，虽然我国已全面建成小康社会，但扶贫永远在路上，如何预防"复贫"，如何巩固现有成果，如何在新时代进行新发展，都是需继续深化的问题。从结构上看，现有贫困大都是自然条件差、经济基础弱、贫困程度深的地区和群众。从群体分布上看，主要是残疾人、孤寡老人、长期患病者等无业可扶、无力脱贫的贫困人口与部分教育文化水平低、缺乏技能的贫困群众。不仅如此，全面建成小康社会以后的扶贫问题将如何定位与解决也非常值得研究。其中，健康将是建立长久的可持续的扶贫体制必须要考虑的关键点。疾病、死亡等负向健康冲击将是未来家庭贫困波动的重要影响因素，它不随社会经济的发展而消失。在中国农村贫困家户中，由于遭受健康冲击而陷入贫困的家户比例越来越高，已成为贫困的重要原因，在 1998 年该比例仅为 21.61%，2004 年上升为 33.14%，到 2015 年则已上升至约 44.1%，其后一直维持在 42% 以上，据统计至 2017 年，在中国农村地区还有 700 多万人因生病而陷入贫困。因此，健康将是未来中国扶贫中越来越需要关注的重点。本章立足 2006 年开始全面实行的新农村合作医疗体系（以下简称"新农合"）来分析健康、贫困、政策三者的关系，可以发现，新农合实施所带来的医疗可及性的提高、医疗支出的下降、健康的提升与收入的上升，显著地降低了中国农村的贫困。

新农村合作医疗制度（New Cooperative Medical Scheme，NCMS）在2003年开始推行，旨在给中国广大农村居民提供基础的社会医疗保障。新农合的实施能够改变农村居民以往的就医习惯、降低医疗支出、提升居民的健康水平。因而面对健康冲击的致贫效应，健康的提升具有长期的减贫效应，个体或家庭成员的健康在长期中能减少医疗支出和生病导致的收入损失，提升个体的生产效率，增加其收入，从而减少贫困。因此，与现有研究不同的是，首先，本章旨在基于新农村合作医疗制度的实施，对新农合在改善农村居民健康状况、减少"因病致贫和因病返贫"方面起到的作用进行评估，从而对健康的短期和长期减贫效应进行评估。其次，本章基于新农合的政策效应，讨论健康的贫困效应的内在传导机制。再次，本章使用中国健康营养调查（CHNS）（1997—2015年）共7轮调查的面板数据，而前期大部分研究主要使用2000年到2009年的数据，最新研究的数据也只到2011年。由于合作医疗体制在初期还不完善以及农村信息扩散较慢，需要一个更长的时间才能够显示出新农村合作保险的效果；不仅如此，现有其他微观家户数据库不是混合数据，就是数据调查年份较晚。最后，本章使用模糊断点回归方法，它是解决非实验数据下因果推断问题的一个标准框架，尤其在政策的减贫效应评估中（方迎风，2019），它要求的假设相对其他非实验方法更弱，因果推断结果相对典型的自然实验策略也更为可信（Lee & Lemieux，2010），因而要优于双重差分法以及传统的因果推断模型。

## 一、健康与贫困研究的文献综述

### （一）健康与贫困

健康是人力资本的重要组成部分，它是提升个体收入能力、影响一国经济增长的重要因素，进而也是减贫的重要动力来源。当前健康与贫困的研究可归纳为宏观和微观两个视角，宏观主要通过探讨健康与经济增长的关系来研究减贫，而微观则是直接探讨健康与收入以及贫困的关系。Fogel（1994）、Ehrlich & Lui（1994）研究发现，居民特定时刻的健康水平往往能够有力地促进之后时间的经济增长，并且相对教育，健康对经济的促进作用更有预测性。Fogel 在研究欧洲经济历史时加入了健康与营养的指标，他对英国 1780—1979 年长达 200 年的时间内高达 1.15% 的人均收入年增长率进行分解之后发现，有 20%—30%的动力来源于健康与营养的提高。而 Easterly & Levine（2003）以及 Acemoglu & Johnson（2007）在研究中更是把疾病、死亡率、预期寿命这些具体的健康指标与宏观经济发展直接联系起来。国内对健康相关经济增长的重要性研究也有很多（张芬、何艳，2011；王弟海，2012）。张芬、何艳（2011）论证了健康在经济增长、促进发展机会均等和减贫方面的重要作用。蒋萍等（2008）也验证了健康和经济增长的双向因果关系，并且证明了健康对于长期经济增长的作用是教育不能替代的，即教育与健康的作用是紧密结合的。李力行、吴晓瑜（2011）揭示了成年人寿命增加对经济行为的影响的作用机制，该文利用因为实施大范围免疫计划的时间不同而产生的外生的免疫率的国别差异来解决健康的内生性问题。

健康在微观层次上对农村减贫也具有至关重要的作用，并且现有研究论证也都发现健康相比教育对中国农村减贫的贡献更大(张芬、何艳，2011;程名望等,2014)。良好的健康能够提升个体生产以及工作的效率，而负向的健康冲击必然对个体造成直接的收入损失和间接的效率损失(张车伟,2003;Wagstaff,2007;方迎风、邹薇,2013)。Bartel(1979)详细量化个体由于健康不佳而导致的经济损失,包括直接的医疗支出与间接减少的工作收入,为了避免统计指标的偏差,该文转而估计特定疾病对于工资率与工作小时数的影响,并研究各类疾病对工资收入在短期与长期的影响大小。方迎风、邹薇(2013)通过理论与实证研究指出,健康冲击对个体的消费、收入、生产性投资以及能力投资都具有显著的负向影响,很容易使个体陷入贫困陷阱,而保险具有缓冲作用。高梦滔、姚洋(2005)也测算了大病冲击对于农户长期收入的影响以及健康风险冲击持续的时间。他们研究发现,大病冲击对农村居民人均纯收入的负面效应不但是显著的,并且负效应长达 12 年,大病冲击对于农户的短期与中期影响使得患病户人均纯收入平均降低 5%至 6%,健康风险冲击的长期影响可持续大约 15 年,并且冲击对于中低收入农户的影响更为严重。不仅如此,健康还存在着跨代影响,父母的健康会影响到子女的健康、教育等人力资本积累,从而会影响到子女未来的发展,容易形成贫困的代际转移(Currie, 2009; Luca & Bloom, 2018; 方迎风, 2019)。Bharadwaj et al.(2013)分析发现,对于那些出生时受到医疗护理的(具有较低的死亡率),在以后的学校考试中会获得更高的成绩和分数。因此,健康是个体或家户良好发展的保障;反之,负向的健康冲击也是导致个体或家户落入贫困的重要原因之一。

### (二) 健康保险与减贫

医疗保险能提升居民健康、减少健康冲击带来贫困脆弱性,提升居民长期的生产率(Powell & Seabury,2018)。具体来说,医疗保险会影响劳动市场，它对劳动参与以及职业选择都具有显著的影响（Currie & Madrian，1999；Adhvaryu & Nyshadham，2017）。不过，Currie & Madrian（1999）还指出，虽然健康对工资具有显著的影响，但健康保险与工资的关系却不明显，需要进一步研究。Sanders（2016）通过将健康保险纳入到贫困测度指标中，来评估美国马萨诸塞州的健康保险在减贫方面的作用，他们提出了一个新概念，含健康的贫困测度（health-inclusive poverty measure），将家庭的健康状况与医疗保险的情况纳入考虑。在验证该概念的有效性之后，通过实证分析表明，公共医疗保险与保费补贴会降低三分之一的含健康贫困率。但是，Islam & Maitra（2012）使用孟加拉国农村的面板数据，研究发现农村家庭在面临健康冲击时，往往会使用其他手段去平滑消费，小额信贷在这种时候充当了医疗保险的角色。所以，农民反而不愿意承担长期的保费去参与医疗保险。

国内基于新农村合作医疗保险的研究也比较多，马双、张劼（2011）通过实证分析测算了2003年开始实施的新型农村合作医疗保险对居民营养结构的影响。结论表明在控制人均实际收入后，参加新农合的家庭显著增加其每日人均热量摄入量。同时，新农村合作医疗对低收入家庭的热量摄入量影响更大。白重恩、李宏彬 、吴斌珍（2012）证明，新农合使得非医疗支出类的家庭消费增加了约5.6%。这一正向作用随医疗保险保障水平的提高而增强，而且在没有医疗支出的家庭中仍然存在。同时，新农合对消费的正向影响在收入较低或健康状况较差的家庭中更强。王泓懿（2017）使用2010年到2014年的CFPS面板数据进行实证分析，发现新农合的实施对农村居民的总消费、医疗消费、非医疗消费和食品消费都有显著正向影响。

但是，熊波、李佳桐（2017）依据中国营养与健康调查数据（CHNS）发布的1997年到2011年间中国9个省份共6个年份的农户微观数据，对内生性进行控制之后，评估了NCMS对农村地区家庭消费情况带来的影响。实证分析结果显示，新农合并没有对居民消费产生显著影响。虽然该政策显著提高了中等收入群体的消费水平，但并没有完全从根本上解决贫困人群的医疗支出和消费问题。当然，这一结论受研究使用的数据影响，其有效性是受限制的，不能将此结论一概而论，更不能由此得出某些否定性结论。邹薇、宣颖超(2016)认为，教育程度对新农合存在单一门限效应(门限值为5)，即只有当学龄大于5年时，新农合才能发挥提高农村居民健康水平的作用。但需要特别强调的是，之前的研究使用的数据都是2011年之前，新农合还处在铺展期，各项制度都还在完善，新农合相关信息也处在传播阶段，新农合的作用还没有完全显现出来，因此，这些研究很有可能低估了新农合的作用。

另外，Liu(2016)表明，在没有保险的情况下，家庭有其他方法来平滑消费，如增加劳动力供给(包括儿童)、减少投资、转移支付等。但是，保险通过更好的医护来缓解疾病对病人收入的不利影响，同时减少了医疗支出造成的负担，包括与其他方法的相互作用。即使没有保险，健康冲击也不会对家庭的总收入与总消费的增长产生影响。但保险的存在大大减少了儿童被迫辍学打工这种平滑消费的机制。因此，只分析消费的波动情况并不能准确地度量社会保险的价值，现有的文献认为额外的社会保险只有很低的福利增加，但中国的新农村合作医疗通过挤出那些代价高昂的平滑机制而具有正的福利增加。

## 二、中国新农村合作医疗的制度背景

基于中国健康与营养调查(CHNS)的数据，表9.1的统计结果也很好地反映了新农合的推广情况。2004年有3个县(市、区)开始试点新农合，到2006年就增加到了19个，覆盖率超过一半，到2009年，数据中的

36个县(市、区)已经被全部覆盖,到2015年,新加入调查数据的12个县(市、区)也完成覆盖。表9.2也同样展现了新农合推广的迅猛进程:其中,表2的最后两列是包括NCMS在内的所有健康保险的覆盖率。观察这

**表9.1 新农合的推广情况**

| 年份 | 县(市、区) | | |
|---|---|---|---|
| | 总数 | 实施政策的数量 | 施政百分比(%) |
| 1997 | 32 | 0 | 0 |
| 2000 | 36 | 0 | 0 |
| 2004 | 36 | 3 | 8.3 |
| 2006 | 36 | 22 | 61.1 |
| 2009 | 36 | 36 | 100.0 |
| 2011 | 36 | 36 | 100.0 |
| 2015 | 48 | 48 | 100.0 |

注:(1)表中的结果是基于CHNS调查数据计算;(2)表中每次调查样本来自9个省份的36个县(市、区)(每个省4个),但是在1997年的调查中,辽宁省的4个县(市、区)未被调查。而2011年之后,数据中新添加了北京、上海、重庆三个直辖市(作为省级)的12个县(市、区)。

**表9.2 新农合推广与农村家庭参与情况**

| 年份 | 总户数 | 加入NCMS | 加入NCMS占比(%) | 加入CMS | 加入CMS占比(%) | 加入保险 | 加入保险占比(%) |
|---|---|---|---|---|---|---|---|
| 1997 | 1421 | 0 | 0.0 | 182 | 12.8 | 210 | 14.8 |
| 2000 | 1567 | 0 | 0.0 | 110 | 7.0 | 152 | 9.7 |
| 2004 | 1545 | 119 | 7.7 | 225 | 14.6 | 265 | 17.2 |
| 2006 | 1525 | 907 | 59.5 | 785 | 51.5 | 814 | 53.4 |
| 2009 | 1508 | 1508 | 100 | 1410 | 93.5 | 1439 | 95.4 |
| 2011 | 1451 | 1451 | 100.0 | 1373 | 94.6 | 1407 | 97.0 |
| 2015 | 1579 | 1579 | 100.0 | 1517 | 96.1 | 1557 | 98.7 |

注:表中CMS包括改革前的合作医疗与改革后的新农村合作医疗。因为2009年前的CHNS数据并未区分CMS与NCMS。

两列数据可以发现，随着新农合的推广，健康保险的覆盖率从试点新农合之前的2004年的14.8%暴涨到2015年的98.7%，这一趋势在图9.1中也清晰地展现了出来。不仅如此，新农合的参与情况在不同收入群体中也并没有显著差异。为了更加清晰具体地展示新农合在不同贫困等级人群的推广情况，以年人均纯收入作为指标，利用0.5倍贫困线（贫困线为每人2300元/年，2010年不变价）、1倍贫困线与2倍贫困线将农村居民进行划分为极度贫困、中度贫困、轻度贫困和非贫困家户，分别观察其参合情况。可以发现，新农合在不同收入的群体间的推广情况相当地一致，排除了贫困与"不参保"存在双向因果关系的可能性。

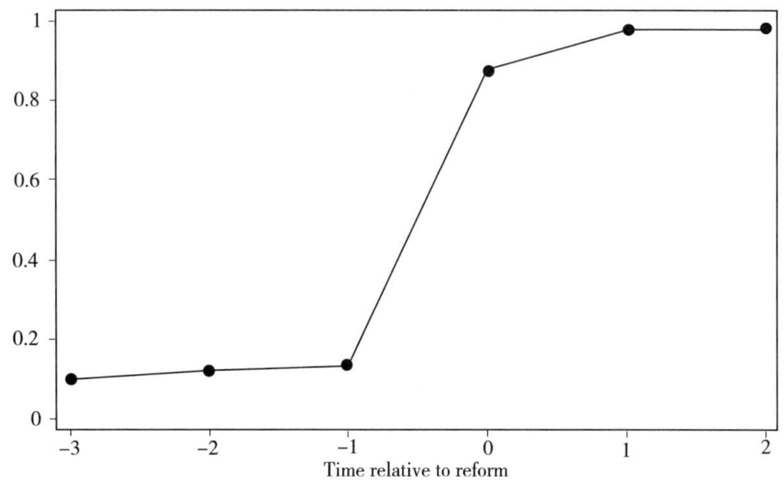


**图9.1　新农合的推广覆盖情况**

注：y轴为健康保险覆盖率，x轴为相对0点的调查时间，其中，时间0点是各县（市、区）试点后第一次观测。

**表9.3　不同收入群体参合比例**　（单位：%）

| 年份 | 1997 | 2000 | 2004 | 2006 | 2009 | 2011 | 2015 |
|---|---|---|---|---|---|---|---|
| 极度贫困 | 7.06 | 4.58 | 10.59 | 45.15 | 94.72 | 93.86 | 93.01 |
| 中度贫困 | 6.79 | 4.86 | 6.64 | 42.02 | 92.59 | 95.78 | 95.73 |

续表

| 年份 | 1997 | 2000 | 2004 | 2006 | 2009 | 2011 | 2015 |
|---|---|---|---|---|---|---|---|
| 轻度贫困 | 10.15 | 6.72 | 11.77 | 50.00 | 93.56 | 92.51 | 95.96 |
| 非贫困 | 15.91 | 8.15 | 15.31 | 51.17 | 87.16 | 84.51 | 84.22 |

## 三、实证方法:断点回归设计

评估新农合的作用,最常用的一般方法就是 OLS,引入是否参保的虚拟变量,简单的模型为:

$$Health_{it}=\beta_0+\delta NCMS_{it}+\beta X_{it}+u_{it} \quad (9.1)$$

其中,$\beta_0$为截距项,$NCMS_{it}$为是否参保,$X_{it}$为一组控制向量,$u_{it}$为误差项。所以 $\delta_0$的意义就是给定其他条件(居住地、年份、家庭成员数量),政策的实施对健康的影响。若假 $E[u_{it} \mid NCMS_{it}, X_{it}]=0$,那么 $\delta_0=E[Health_{it} \mid NCMS_{it}=1, X_{it}]-E[Health_{it} \mid NCMS_{it}=0, X_{it}]$。但是实际上,只有在最理想的随机实验情况下,这个模型才能准确地估计出新农合对健康的影响,而由于新农合试点与推广,以及农民是否愿意参保并不是完全随机的。与此同时,还存在一些无法观测的变量,比如农民对新农合的信任程度之类。双向因果也是一个不可忽视的问题,可能健康的农民不会参保而生病或是体弱容易生病的农民反而有意愿去参保。非观测因素与双向因果都可能带来非常严重的内生性问题,因此,简单的 OLS 模型估计不可能是无偏的,无法准确地识别政策效应。

断点回归设计作为最接近自然实验的拟实验方法,又能够利用现有的约束条件避免参数估计的内生性问题,是非常优秀的因果识别方法。由图 9.1 可以看出,新农合的推广在 2006 年出现了一个明显的跳跃,但是,新农合的实施并不是一个强制参与、瞬间达成的过程,而是一直在不断地推广之中，因此，基于 Dahl、Loken & Mogstad（2014）提出的实证策略，本章使用模糊断点回归设计来测度新农合的推广对农民健康的影响。考虑到健康的变化是一个缓慢而持续的过程，而新农合政策在这一过程中一直保持着影响，本章将新农合推广后 10 年的时间都考虑在内，作为实验组，而实验前的 1997—2006 年这段时间则作为控制组。

### （一）配置变量

由于在 2006 年，新农村合作医疗的覆盖率跳跃性上升，我们可以认为是，2005 年后居民参与新农合的概率远高于 2005 年前居民参与新农合的概率，因此我们将时间考虑为配置变量，以 2005 年作为断点，绘制配置变量的散点图（如图 9.2 所示）。使用来自中国健康与营养调查（China Health Nutrition Survey，CHNS）1997 年、2000 年、2004 年、2006 年、2009 年、2011 年、2015 年共 7 轮的调查数据，分别绘制健康保险覆盖率与新农合覆盖率关于时间的散点图。观察图 9.2 可以发现，无论以健康保险的覆盖率作为 $y$ 轴，还是以新农合的覆盖率作为 $y$ 轴，都在断点处（2006 年）发生了明显的跳跃，符合我们所猜想的，即 2006 年之后参保的概率远远大于在 2006 年之前参保的概率。另外，因为时间是均匀前进，且不会受到个体操纵，满足 Lee & Lemiueux（2010）提出的断点回归设计的规范，即 *RDD* 的前提条件是个体不能精准操控配置变量。因此，本章考虑将时间作为断点回归设计的配置变量。

### （二）实证模型构建

在一般的确定性断点回归设计中，处置变量 Treatment 表示是否参保的取值为：

$$Treatment = \begin{cases} 1, & x_i \geq c \\ 0, & \text{其他} \end{cases} \tag{9.2}$$

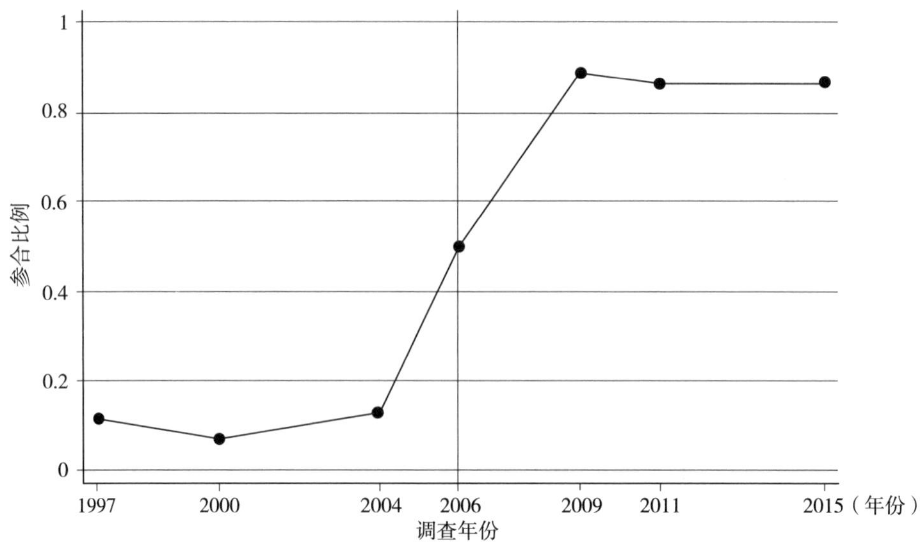


**图 9.2　农村居民参合比例**

但是结合本章的情境，应当使用模糊型断点回归设计，处置变量是否参保的取值应为：

$$P(Treatment_i = 1) \mid x_i) = \begin{cases} \alpha_l(x_i), & x_i \geqslant c \\ \alpha_r(x_i), & others \end{cases} \quad \alpha_i(x_i) \neq \alpha_r(x_i) \tag{9.3}$$

在 2006 年之后，农户接受处置（参保）的概率远远高于 2006 年之前，因此处置变量是否参保应设计为：

$$P(Treatment_i = 1) \mid year_i) = \begin{cases} \alpha_l(year_i), & year_i \geqslant 2006 \\ \alpha_r(year_i), & others \end{cases} \quad \alpha_i(year_i) \gg \alpha_r(year_i) \tag{9.4}$$

在加入处置变量之后，整个断点回归设计模型应该为：

$$y = \alpha + \rho \times Treatment + \sum\nolimits_{k=1}^{K} \beta_k \times (year - 2006)^k + \sum\nolimits_{k=1}^{K} \gamma_k \times Treatment \times (year - 2006)^k + W + \varepsilon \tag{9.5}$$

其中,$y$ 为结果变量;*year* 为配置变量;$W$ 为前定变量;*Treatment* 为处置变量,表示是否参保。

由 Lee & Lemiueux(2010),模糊型点回归估计可以通过两阶段最小二乘法实现。

$$Treatment=\delta+f(year)+\theta W+\mu \tag{9.6}$$

其中,*Treatment* 为处置变量,表示是否参保,$f(year)$ 为配置变量 *year* 的多项式,形如式(9.5)中所示,$W$ 为前定变量,作为处置变量 *Treatment* 的工具变量,$\mu$ 为扰动项。与通常的工具变量回归估计相同的是,如果政策影响存在异质性,通过模糊型断点回归设计估计得到局部平均处理效应。

## 四、变量选取与数据集构建

### (一) 数据来源与数据集构建

本章使用的数据来自中国健康与营养调查(China Health and Nutrition Survey,CHNS),该调查是北卡罗来纳州教堂山大学营养与食品安全研究所和中国疾病预防控制中心的一个合作项目,旨在研究国家和地方政府实施的健康,营养和计划生育政策和计划的效果,并了解中国社会的社会和经济转型如何影响其人口的健康和营养状况。CHNS 从 1989 年至今已调查 10 轮,但基于本章研究的需要,最终选取了 1997 年、2000 年、2004 年、2006 年、2009 年、2011 年、2015 年共 7 年的微观层面数据。该数据包括社区组织和计划的变化以及家庭和个人经济、人口和社会因素的变化,衡量了对营养和健康行为及结果的影响。研究人群来自广西、贵州、黑龙江、河南、湖北、湖南、江苏、辽宁、山东共 9 个省,2011 年之后新增了北京、上海、重庆三个直辖市。该样本包括广泛的社会经济因素（收入、就业、教育）以及其他相关的健康，营养和人口统计措施，并且使用多阶段随机聚类过程绘制每个省份调查的样本。9 个省的县（市、区）按收入（低、中、高）分层，采用加权抽样方案随机抽取各省的四个县（市、区）。此外，在可行的情况下，选择省会城市和低收入城市，但必须在两个省选择其他大城市而不是省会城市。县内的乡镇和城市内的城市和郊区则随机选择。

本章数据集的构建通过合并 CHNS 调查数据中关于生物标记（biomaker）、家庭收入、家庭消费、个体健康以及医疗状况的数据集，总共有 7 年，131258 个观测值，主要包含来自 11 个省（直辖市）的 36（2011 年后为 48）个县（市、区）的 37502 位居民、9674 个家庭的居住地、家庭特征情况、健康、疾病、医疗、保险方面的数据。由于存在大量的缺失值，以及数据样本不统一等问题。在进行回归之前，本章对数据进行了适度的清洗，删去部分不重要的缺失数据，整合各个数据集中一致的部分，对重要数据则通过模拟已调查数据的分布，对缺失值进行补全。最终得到本章所使用的数据集。

### （二）变量选取

#### 1. 结果变量

（1）健康指标，包括“自评健康”与否，以及户主夫妇在过去 28 天（四周）内生病天数所占比例。其中，自评健康如果好表示 1，差则表示 0。生病天数占比的计算公式则如下式所示。

$$h_{ijt}=\frac{h_{ijt}^{h}+h_{ijt}^{s}}{28}\times 100 \tag{9.7}$$

（2）收入。选择经过价格调整的家庭年度总收入作为衡量家庭收入情况的指标。其中，贫困指标以经过价格调整的年人均纯收入（*indinc*）

测算获得，贫困线则选用国家贫困线2300元/人年（2010不变价），并利用0.5倍、1倍、2倍贫困线将农村人口情况划分成四类群体。

（3）医疗选择，即解释为在感到生病时，农村居民做出的处理方式选择。为了在回归中用数值表现出农村居民医疗选择的变化，将毫不在意（*pay no attention*）的指标由4改为0，删去未知的指标值9。最终，医疗选择分为4类，其中，如果农民毫不在意，则为0；如果进行自我治疗，则为1；如果找当地卫生员，则为2；如果去看医生，则为3。

（4）报销后医疗支出则用医疗支出乘以（1-报销比例）计算得出。

### 2. 前定变量

按照尽可能外生的原则来选择前定变量，本章选择性别、居住地、婚配情况、家庭成员数量作为控制变量。具体变量命名及意义见表9.4。

**表9.4 变量符号与定义说明**

| 变量类型 | 变量名称 | 变量符号 | 变量说明 |
|---|---|---|---|
| 结果变量 | 生病情况 | illness | 在过去28天（四周）内生病天数所占比例 |
| | 自评健康 | health | 被调查对象对自身健康状况的自评，0—差；1—好 |
| | 贫困指标 | poverty | 被调查对象的贫困情况测度 |
| | 家庭总收入 | income | 家庭所有成员的总收入，包括补贴与转移支付 |
| | 家庭总消费 | consumption | 家庭年内所有消费加总 |
| | 医疗选择 | choice | 在感到生病时，农村居民做的处理 |
| | 医疗支出 | expenditure | 家庭用于购买医疗服务方面的支出 |
| 前定变量 | 居住地 | location | |
| | 受教育程度 | educ | 家庭居住的城市户主受教育的年数 |
| | 家庭成员数量 | number | 家庭成员数量 |
| | 婚配情况 | married | married=1代表已婚，married=0代表未婚 |
| 配置变量 | 年份 | year | 调查年份 |

## 五、回归及结果分析

### （一）第一阶段回归结果

由第三部分可知，本章选择使用时间作为配置变量，考虑到 CHNS 的调查年份并非完全均匀，本章将断点 2006 年作为时间 0 点，1997 年、2000 年、2004 年、2006 年、2009 年、2011 年、2015 年分别作为-3、-2、-1、0、1、2、3 时间点。参保率与配置变量如图 9.3 所示，使用四次多项式拟合，可以观察到明显断点，证明 2006 年以后农民参与新农合的概率远远高于 2006 年以前农民的参保率。

使用两阶段最小二乘法（2SLS）来进行模糊断点回归估计，第一阶段根据下式分别求出结果变量和是否参保的系数 $\tau_y$ 与 $\tau_D$：

$$P(Treatment_i = 1) \mid x_i) = \begin{cases} \alpha_l(x_i), & x_i \geqslant c \\ \alpha_r(x_i), & others \end{cases} \quad \alpha_l(x_i) \neq \alpha_r(x_i) \tag{9.8}$$

$$\begin{aligned} \tau_y &= \arg \min_{\alpha,\beta,\tau,\gamma} \sum_{i=1}^{N} \mathrm{II}\{c - h \leqslant X_i \leqslant c + h\} \times [Y_i - \alpha - \\ &\quad \beta(X_i - c) - \tau D_i - \gamma(X_i - c) T_i]^2 \\ \tau_D &= \arg \min_{\alpha,\beta,\tau,\gamma} \sum_{i=1}^{N} \mathrm{II}\{c - h \leqslant X_i \leqslant c + h\} \times [D_i - \alpha - \\ &\quad \beta(X_i - c) - \tau T_i - \gamma(X_i - c) T_i]^2 \end{aligned} \tag{9.9}$$

其中，$D$ 表示处置变量，是否参保；$T$ 表示时间变量，如果大于等于 2006 年即为 1，否则为 0。处置效应可以估计为 $\tau = \tau_y / \tau_D$。使用不同的带宽来估计年份对于参保概率的影响，回归结果如表 9.5 所示。可以发现，在不同的带宽下，我们所得到的定性结论相当一致，在新农村合作医疗政策推广之后（2006 年后），农民参与新农合的概率显著提高了 15 个到 30

个百分点。系数的估计值都在1%的统计水平上显著。并且工具变量的*F*检验值远高于弱工具变量的临界F值(一般为10),证明了本章不需要担心弱工具变量的问题。

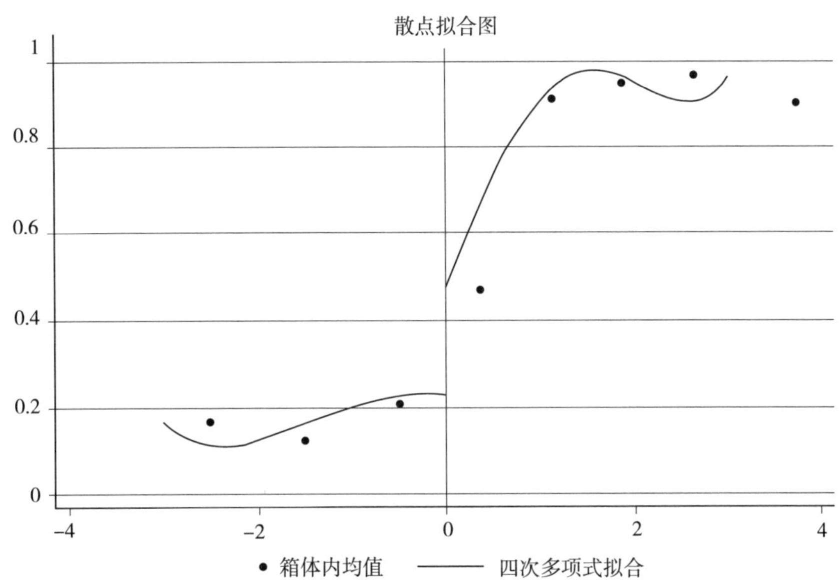


**图9.3　参保率与相对时间散点图**

**表9.5　第一阶段回归结果**

| 带宽 | +/−1 | +/−2 | +/−3 |
|---|---|---|---|
| $\beta_1$ | 0.309***<br>(0.0029) | 0.225***<br>(0.009) | 0.180***<br>(0.013) |
| F检验统计量 | 5565 | 6896 | 11424 |
| $R^2$ | 0.2766 | 0.3209 | 0.3302 |

注:1. 括号中的数值为稳健标准误。2. ***、**、*分别表示在1%、5%和10%的水平上显著。

## (二)第二阶段的实证分析

两阶段最小二乘法第二阶段的回归结果如表9.6所示。可以发现,新农村合作医疗政策的实施,对居民的生病情况有显著的减弱作用,即新农村合作医疗政策的实施,减少了居民生病的天数,并且这个作用是统计上非常显著的。这一点证明了,新农村合作医疗政策对居民健康情况的改善起到一个显著的效果。同时我们也注意到,随着带宽的增加,新农村合作医疗政策对于生病情况的减少作用是逐渐增强的,从-0.004 到-0.006 再到-0.0098,这也符合我们一开始所提到的,健康的改善是一个长期的、循序渐进的过程,并非一蹴而就。不仅如此,新农村合作医疗政策的实施对于自评健康状况的提升却是非常显著的,并且相对于带宽的选择是十分稳健的,在三种带宽选择下都达到了在 0.1%的水平上统计显著。本章认为随着新农村合作医疗政策的不断推广直到完全覆盖全部农村地区,合作医疗的概念不断深入人心,农民对于合作医疗的理解也不断加深,这就导致农民对于自己参与新农村合作医疗的意义的理解越发深刻,心理上对自己"健康"的认同也不断加强,从而出现了"自评健康"状况显著优化的现象。新农村合作医疗使得农村居民的贫困指标(poverty)显著地减少了 0.7 到 0.9。在对贫困指标的设置中,poverty=0 表示不贫困,poverty=3 表示极度贫困。显而易见,无论从数值上还是从显著性水平(三种带宽下均在 0.1%的显著性水平下显著)来说,回归结果都证明了参与新农合在农村减贫方面的显著作用。新农合影响贫困的渠道有两方面:一方面是提高居民的健康水平,提升生产效率;另一方面是降低居民在受健康冲击时的医疗支出。

值得注意的是,医保与健康的关系会受到农民教育程度的影响。程令国等(2014)提出,根据各国的实际情况都可得出,受教育程度将会影响受教育者健康水平的结论。此处主要包括两个假说:一是"预算约束放松假说",即受教育程度将会对受教育者的收入提高有促进作用,从而放松居民健康投入的预算约束集合;二是"效率提升假说",即受教育程度的提高将会帮助受教育者拥有对于健康更好的认知,养成更好的健康习惯,从而提升健康效率水平。邹薇、宣颖超(2016)通过分析新农合无差异和“逆向选择”悖论,证明了存在单一的教育对新农合的门限效应。即只有当受教育程度大于等于5年时,新农合才能对农民的健康情况产生改善。当受教育程度不够时,农民就很有可能由于自身思维的局限性,出现“参保冷漠”现象。

**表9.6　新农合对居民健康状况的影响**

| 带宽 | +/−1 | +/−2 | +/−3 |
| --- | --- | --- | --- |
| 生病状况 | −0.004***<br>(0.002) | −0.006***<br>(0.001) | −0.0098***<br>(0.0007) |
| 自评健康 | 0.077***<br>(0.016) | 0.213***<br>(0.015) | 0.376***<br>(0.025) |
| 贫困指标 | −0.092*<br>(0.055) | −0.099**<br>(0.051) | −0.099***<br>(0.026) |

注:1. 括号中的数值为稳健标准误。2. ***、**、*分别表示在1%、5%和10%的水平上显著。2. 生病状况为过去四周内生病天数所占比例,参见式(9.7)。

## (三)健康与贫困的作用渠道

为了进一步研究健康作用于贫困的渠道,首先,继续使用断点回归设计模型,再分别以家庭总收入、家庭总消费、医疗选择、医疗支出等作为结果变量,测算新农村合作医疗政策的推广实施对于农村居民家庭总收入、家庭总消费、医疗选择、医疗支出情况的影响。其次,考虑健康冲击下的居民投资、子女的教育行为。回归结果如表9.7至表9.9所示。

**表9.7　新农合对居民贫困状况的影响**

| 带宽 | +/−1 | +/−2 | +/−3 |
| --- | --- | --- | --- |
| 家庭总收入 | 0.016<br>(0.692) | 0.276***<br>(0.095) | 0.147**<br>(0.065) |

续表

| 带宽 | +/−1 | +/−2 | +/−3 |
|---|---|---|---|
| 家庭总消费 | 0.024<br>(0.15) | 0.155<br>(0.171) | 0.593***<br>(0.211) |
| 医疗选择 | 0.039<br>(0.027) | 0.072*<br>(0.034) | 0.141**<br>(0.052) |
| 医疗支出 | −0.205***<br>(0.047) | −0.244***<br>(0.0556) | −0.955***<br>(0.018) |

注:1. 括号中的数值为稳健标准误。2. ***、**、* 分别表示在1%、5%和10%的水平上显著。2. 家庭总收入与消费以及医疗支出都取对数且都做了通货膨胀修正。医疗选择见式(9.8)。

**表9.8a　新农合对家庭各类收入的影响**

| 带宽 | +/−1 | +/−2 | +/−3 |
|---|---|---|---|
| 农业收入 | 0.081***<br>(0.021) | 0.018***<br>(0.006) | −0.069***<br>(0.006) |
| 投资收入 | −0.013<br>(0.037) | 0.178***<br>(0.073) | 0.087*<br>(0.051) |
| 经商收入 | −0.258***<br>(0.081) | 0.040<br>(0.083) | 0.836***<br>(0.322) |
| 工资收入 | −0.720**<br>(0.083) | −0.494***<br>(0.054) | −0.179***<br>(0.051) |
| 补贴收入 | 0.127***<br>(0.030) | 0.098***<br>(0.022) | −0.043<br>(0.054) |
| 其他收入 | −0.098<br>(0.124) | 0.131<br>(0.123) | 0.025<br>(0.084) |

注:1. 括号中的数值为稳健标准误。2. ***、**、* 分别表示在1%、5%和10%的水平上显著。

**表9.8b　新农合对居民个体各类收入的影响**

| 带宽 | +/−1 | +/−2 | +/−3 |
|---|---|---|---|
| 农业收入 | 1.002***<br>(0.266) | 0.221***<br>(0.063) | 2.113***<br>(0.528) |

续表

| 带宽 | +/-1 | +/-2 | +/-3 |
|---|---|---|---|
| 投资收入 | 0.096<br>(0.124) | 0.515***<br>(0.096) | 0.119***<br>(0.037) |
| 经商收入 | 0.150***<br>(0.031) | 0.113<br>(0.089) | 0.115***<br>(0.046) |
| 工资收入 | -1.445**<br>(0.675) | -0.858***<br>(0.088) | -0.523***<br>(0.044) |

注:1. 括号中的数值为稳健标准误。2. ***、**、* 分别表示在1%、5%和10%的水平上显著。

**表9.9　健康冲击与新农合对投资、儿童辍学、工作的影响**

| Changes in: | 农业投资 | 其他投资 | 上学 | 工作 |
|---|---|---|---|---|
| $\alpha_0$ | -0.006***<br>(0.002) | -0.012***<br>(0.003) | -0.008***<br>(0.001) | 0.007***<br>(0.001) |
| $\alpha_1$ | 0.005***<br>(0.001) | -0.007***<br>(0.003) | 0.006**<br>(0.002) | -0.007***<br>(0.002) |
| $H_0:\alpha_0+\alpha_1=0$<br>(*p value*) | 0.124 | 0.016 | 0.152 | 0.128 |

注:1. 括号中的数值为稳健标准误。2. ***、**、* 分别表示在1%、5%和10%的水平上显著。其他投资包括畜牧业投入、生产设备购置与储蓄投资。

### 1. 家庭总收入

表9.7的第一行,描述了新农村合作医疗的推广实施对于农村居民家庭总收入的影响。我们可以发现,新农合的实施确实通过转移支付的手段对家庭总收入起到了显著的提升作用,并且在各种带宽选择下均在1%的显著性水平上统计显著。这也符合我们的假设,新农合的作用应该是一个长期的循序渐进的过程,表9.7在数值上也证明了这一点,处置效应的估计值大小是递增的,由0.711到0.969,再到1.232。单单从转移支付角度考虑,新农合的实施似乎不应该对农村居民的总收入情况产生如此显著的正向影响。为了更细致地揭示新农合影响收入的机制,本章

将收入分解为农业收入、投资收入、工资收入、经商收入、补贴收入、其他收入，以测算新农合的实施对农村居民各类收入情况的影响。观察表9.8a和9.8b，新农合的实施对农村居民的农业收入有着显著且递增的正向影响。直观地，这是由于新农合带来的健康提升以及更优质的医疗服务，减少了健康冲击对于农村居民劳动收入的损失，从而提升了农村居民在农业、林业以及工作方面的劳动收入。但是，不管个体还是家户，新农合的实施使得工资收入反而减少，只是减少的幅度随着时间推移在下降，可能由于没有参与新农合的居民大都是工薪阶层，他们有其他的医疗保障。但随着城乡人口流动以及城乡医疗保险的融合，工资收入开始成为农村家庭的主要收入，所以这种减少幅度在下降。新农合的实施对于投资收入与经商收入也有显著的递增的正向影响，优质的医疗服务对于工作时间（劳动供给）损失的减少似乎并不能完全解释投资收入与经商收入的增加。

考虑到健康冲击对于固定资产投资和就业的影响，本章使用一阶差分模型继续分析健康冲击与新农合的实施对于投资和工作的影响：

$$\Delta y_{ijt}=\alpha_0\Delta h_{ijt}+\alpha_1(\Delta h_{ijt}\times R_{ijt})+\Delta h_{ijt}+\beta X_{ijt}+\gamma_j\times\gamma_t+\varepsilon_{ijt} \qquad (9.10)$$

其中，$\gamma_j$与$\gamma_t$分别为地区与时间固定效应，$\Delta y_{ijt}$为投资金额的变化，$\Delta h_{ijt}$表示健康冲击［即式（9.7）中生病比例的变化］，$R_{ijt}$表示是否参保新农合的虚拟变量。表9.9中，$\alpha_0$表示的是在未参保新农合时，健康冲击对农村家庭投资情况的影响，$\alpha_1$则描述了新农合对健康冲击的补偿效应。显然健康冲击显著地减少了农村家庭在农业方面的投资，每增加10%的生病比例，在农业方面的投资就会减少6%。在存在小额信贷的情况下，健康冲击对于农业投资的影响应该被完全平复。但是，结合中国农村的实际情况，信贷约束与信贷意识限制之下，中国农民往往会避免利用小额信贷来平滑消费，因此也就导致了健康冲击对农业投资的显著负面影响。同时$\alpha_1$的显著性证明了新农合对于健康冲击的缓解作用，这也部分解释了新农合给农业收入带来的增长。表 9.9 的第三列给出了新农合对于农民其他投资情况显著的正向影响,这很好地解释了新农合对于投资收入与经商收入的提高。新农合对于租房收支方面并无显著影响,但显著减少了来自补贴的收入与其他收入。在对数据本身进行分析之后可以发现,补贴收入包括了低保补贴、来自亲友的转移支付,新农合对补贴收入的减少恰恰证明了其显著的减贫效应。而其他收入则包含对医疗支出的报销等,因此,其显著性是合理且易于解释的。

总结来说,新农村合作医疗对于家庭总收入的提升主要通过三个途径:其一,对于大笔医疗支出与日常医疗支出的报销,作为一次性转移支付增加了农村家庭的总收入。其二,合作医疗的存在让生病的农民能够得到更好的医疗服务,更快地康复以及更小的后遗症,从而减少了劳动收入的损失,提升了家庭总收入。其三,来自其他家庭成员的劳动收入。Liu(2016)的研究表明,户主或户主的配偶生病时,其他家庭成员会通过提高劳动力供给的手段来应对健康冲击,即他们将会更加努力地工作以获得更高的收入。由此考虑健康长期的减贫效应,拥有健康的身体,就能够规避因为生病而带来的医疗支出与生病不能工作导致的收入损失。新农合对患病农民的收入提升,对因病致贫情况的预防,也是健康带来的减贫效应的体现。

**2. 家庭总消费**

表 9.7 的第二行描述新农村合作医疗政策的推广实施对于农村居民家庭总消费的影响。我们可以发现,新农合的实施对于农村居民家庭总消费的影响为正,但在新农合实施之初不是统计上显著的,加入前定变量作为协变量后依然统计不显著,Wald 统计量为负,但在长期是统计上显著的。这也就是说,新农合在实施之初对于农村居民家庭总消费只有微弱的(甚至可能不存在的)正效应。出现这一现象的原因是,由于早期阶段,新农合报销程序复杂并受到诸多限制,而农村的信息获取比较慢,新农合在消费和医疗选择方面的作用还不明显。但是,随着新农合的普遍

使用,新农合的调节作用就开始显现。然而需要注意的是,公共医疗保险挤出了家庭其他用以平滑消费的手段。即使没有公共医疗保险的存在,健康冲击不会对家庭的总消费支出造成比较大的影响。农村居民其中一种途径就是购买私人医疗保险,但考虑到研究对象是中国农村居民,他们一般不会有购买私人医疗保险的意愿和余力,结合第三部分中使用到的所有种类医疗保险覆盖率的数据,本章认为可以排除私人医疗保险的情况,不必考虑公共医疗保险挤出私人医疗保险这一可能性。

农村家庭其他用以平滑消费的第二种手段是来自亲友的私人转移支付。考虑到中国农村的实际情况,本章认为这一情况非常合理。农村地区,往往亲戚关系错综复杂,很有可能住在一个村庄里的所有居民彼此之间都是亲朋好友的关系。当一户家庭的成员遭受健康冲击时,很可能会收到来自大量亲友的私人转移支付,单个数量可能较少,但总数却足以帮助受到健康冲击的家庭缓解冲击的影响,平滑家庭消费。最终在数据上看来就是所有家庭的消费情况都没有受到健康冲击的影响。而调查数据往往不会调查记录如此庞大的亲友网络,也没有记载这些私人转移支付情况,但不可否认,这一情况在中国的农村地区是广泛存在的。

农村居民平滑家庭消费还有一种极为常见的手段,即让自己的子女辍学去打工赚钱。Beegle et al.(2006)就专注于家庭受到的健康冲击对儿童上学与工作情况的影响。Mohanan(2013)则专门探究了家庭受到的健康冲击对于家庭决策的影响。正因为农村居民家庭本来就有用以平滑家庭消费的手段,所以从家庭总消费情况来看,新农村合作医疗的作用显得很微弱。但是,这并不能证明新农合的“无作用”;相反,正因为新农合在这一机制中起到了挤出其他平滑消费手段的角色,所以我们就应该将新农合与这些手段放在一起进行比较。即使新农合并没有立刻带来总消费水平上的提升,只要它确实挤出了那些代价高昂或影响家庭后续发展潜力的平滑手段,那么,我们就应该认为新农合对社会福利水平的提高有着显著的正效应。

因此，同样使用一阶差分模型式(9.10)和最新的 CHNS 数据分析健康冲击对儿童学习工作情况的影响。其中，式(9.10)中 $\Delta y_{ijt}$ 此时分别表示儿童上学天数的变化与工作天数的变化，回归结果如表 9.9 所示。$\alpha_0$ 表示的是在未参保新农合时，健康冲击对儿童上学、工作情况的影响，$\alpha_1$ 则描述了新农合对健康冲击的补偿效应。我们可以看到，健康冲击对儿童的上学情况有一个显著的负效应(-0.008)，而对儿童的工作情况有一个显著的正效应(0.007)，这印证了上文中，家庭使用儿童辍学以缓冲健康冲击的手段。再观察第二行的 $\alpha_1$，对儿童上学与工作情况的影响分别为 0.006 与-0.007，这有力地证明了新农村合作医疗对于儿童受教育的显著作用，它通过挤出辍学这一代价高昂的平滑措施，给农村居民带来了正的社会福利。儿童受教育程度的增加，意味着人力资本的增加，最终可能提升整个家庭的收入，这也是健康减贫效应的体现。

### 3. 医疗选择

医疗选择变量描述了农村居民在患病时所做出的决策，医疗选择等于 0 表示患者选择不加处理，医疗选择等于 1 则是自己买药吃，医疗选择等于 2 表示患者选择去诊所，医疗选择等于 3 表示患者选择去医院。观察表 9.7 的第三行，处置效应的估计值在数值与显著性上都是递增的，由早期不显著的正向微弱影响变成了当前长期的显著较强影响。这表明新农村合作医疗对于农村居民在患病时对医疗服务的选择起到了有效且显著的引导作用。即使农村居民受教育程度整体不高并且参差不齐，但他们对新农合的理解程度与参与热情的确是在提升。由于新农合的存在，农村居民在患病之后更愿意去更正规的医疗机构，而不是自己吃药甚至是硬扛。这一现象带来的结果就是降低患病对于患者患病时长、完善患者享受到的医疗照顾、减少后遗症带来的风险，最终减少了患病对健康的损害与收入的损失，缓解了患病的致贫效应，对“因病致贫”起到了一定的预防作用。

4. **医疗支出**

本章所使用的医疗支出是报销后自掏腰包的医疗支出。观察表 9.7 的第四行可以发现,新农村合作医疗政策的推广实施对于农村地区家庭的医疗支出有着显著且逐渐增强的减少作用,这表明了新农村合作医疗极大地缓解了农村居民在面对健康冲击时需要承受的经济压力,很大程度上直接避免了因病致贫情况的出现。在农村居民遭遇“大病”时,巨额的医药费支出往往对家庭的经济状况造成毁灭性的打击,但在新农合的推广之下,参保农民能够得到一笔直接的转移支付以应对医疗支出,从而避免了家庭陷入贫困。就这一点而论,新农合的作用是极其显著的。

## 六、稳健性检验

根据 Lee & Lemiueux(2010),本章还从配置变量、结果变量、前定变量以及带宽与协变量等方面对使用的断点回归模型进行了稳健性检验。

### (一) 配置变量检验

配置变量用以检验 RDD 的前提条件是,个体不能精确控制配置变量。检验具体分两步:第一步,对给定的箱体数量,绘制配置变量的历史直方图。如果在邻近断点的两个箱体之间,频数发生了跳跃性变化,那么前提条件很可能不成立。第二步,对配置变量做 McCrary 检验。因为本章选取时间年份这一特殊的变量作为配置变量,显然个体是不能精确操控这一变量的,而断点(2006 年)前后,农村居民参保概率的跳跃也已经在第四部分与第六部分中经过了验证。因此,对于使用时间年份作为配置变量,断点回归设计是适用的。

## （二）结果变量检验

给定箱体数量，求结果变量在每个箱体内的均值，绘制均值对箱体中间点的散点图和四次多项式模型对结果变量做出的拟合曲线。求平均值的目的是去除噪声。如果在端点处，结果变量发生跳跃，表示处置变量有影响。用图来显示结果变量和配置变量之间的关系，已经成为运用断点回归设计的标准做法。Lee & Lemiueux（2010）认为，图形在使用断点回归设计时，是必不可少的证据，否则会让人自然而然地怀疑图形证据是对文章不利的。如图 9.4 所示，在断点处（2006 年为相对时间 0 点），结果

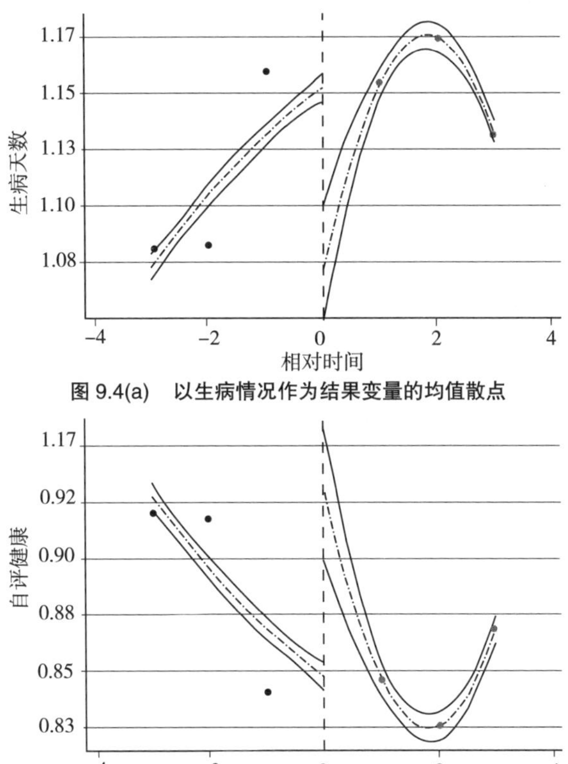


图 9.4(a)　以生病情况作为结果变量的均值散点



图 9.4(b)　以自评健康作为结果变量的均值散点

变量发生了跳跃,表示处置效应的影响存在。

### （三）前定变量检验

使用前定变量来检验断点回归设计的实用性。(1)给定箱体的数量,求出前定变量在每个箱体内的均值,绘制均值对箱体中间点的散点图,再绘制四次多项式模型(四次多项式使用最多)对前定变量做出的拟合曲线。如果在断点处,前定变量发生跳跃,那么前提条件很可能不成立。(2)用前定变量对处置变量的多项式、配置变量、常数项、处置变量和配置变量的多项式的交互项做回归。如果前定变量数量较多,那么随机因素可能会导致某个前定变量存在显著的断点。因此我们需要把众多检验合并为一个检验所有前定变量都不存在断点的统计量。这时,应该用似不相关回归(Seemingly Unrelated Regression)。

观察图 9.5 可以发现,本章选取的前定变量,包括居住地、家庭成员数量、婚配情况、受教育程度都没有在断点处产生跳跃,即前定变量是连续的,符合断点回归设计的适用性要求。利用前定变量对处置变量的多项式、配置变量、常数项、处置变量和配置变量的四次多项式的交互项做回归的结果如表 9.10 所示。由表 9.10 的结果我们可以发现,除了居住地之外,家庭成员数量、婚配情况、受教育程度等其他三个前定变量均不能在 1%的置信水平上拒绝处置变量系数为 0 的原假设。虽然使用居住地作为因变量进行回归的结果,处置变量的系数显著异于 0,但如上文提到的,如果前定变量数量较多,那么随机因素可能会导致某个前定变量存在显著的断点,因此,我们需要把众多检验合并为一个检验所有前定变量都不存在断点的统计量。这时,应该使用似不相关回归(Seemingly Unrelated Regression,SUR)。似不相关回归后,得到的 SUR 统计量如表 9.11 所示,可以确信前定变量满足断点回归设计的适用性条件。

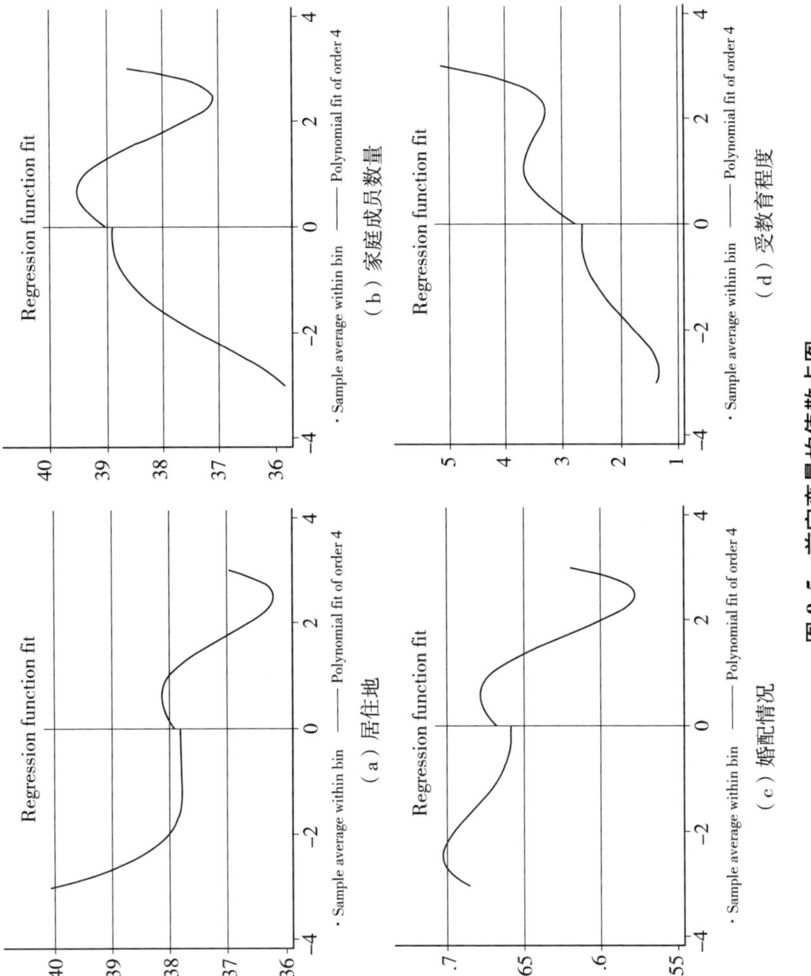


**图 9.5　前定变量均值散点图**

### （四）带宽与协变量

根据规范，本章还检验了断点回归设计对不同的带宽、多项式次数与加入前定变量作为协变量的稳健性。Gelman & Imbens（2017）反驳了 Lee & Lemieux（2010）提出的，多项式的次数应该从一次尝试至八或九次，而应该只是用局部一次或二次多项式。在前文中已经给出了关于 1、2、3 带宽的回归结果，如表 9.6 所示，回归结果相对带宽的选择是稳健的。使用交叉验证法（CV）计算得出的最优带宽为 1.054，再使用最优带宽的一半与两倍的最优带宽分别进行验证，可以发现断点回归估计的结果依然是稳健的。

根据赤池信息准则，AIC 取值最小的原则，最终选定使用配置变量的二次多项式。再验证断点回归设计的结果对于加入前定变量作为协变量的稳健性。在加入居住地、家庭成员数量、婚配情况、受教育程度等前定变量作为协变量之后，回归结果如表 9.12 所示。可以发现，断点回归设计对于不同带宽的选择、前定变量的加入都是非常稳健的，对于处置效应的估计，数值上的些微差异并没有影响本章在第六部分中所得出的定性结论。本章对于新农村合作医疗政策对农村居民健康情况的作用依然显著，新农合不仅对农村居民生病情况的减少有着显著的作用，而且对于农村居民心理上对自身健康的认可度却有着显著的提升作用。综合考虑表 9.6 与表 9.12 的结果可以验证，新农村合作医疗政策的实施使得农村居民在过去四周内生病天数所占的百分比减少了 2%到 3%，是一个稳定而不可小视的作用。虽然数值上看起来不大，但在实际意义上等同于减少了过去四周内一天左右的患病天数。至于自评健康情况，回归结果表明新农村合作医疗实施并推广使得农村居民的自评健康状况提高了 8%到 37%，并且在 0.1%的统计水平上显著。我们认为这样一个相对大幅度而且统计上显著的提升是由于农村居民对于 NCMS 的理解加深，对自身

"健康状况"认同感的增加。

**表 9.10　前定变量回归检验**

| 前定变量 | 居住地 | 家庭成员数量 | 婚配情况 | 受教育程度 |
|---|---|---|---|---|
| 处置变量系数 | -0.9701*** (0.096) | -0.0015 (0.0046) | 0.0010 (0.0011) | 0.0026 (0.0138) |

注：1. 括号中的数值为稳健标准误。
2. ***、**、* 分别表示在 1%、5%和 10%的水平上显著。
3. 多项式次数选定为 4 次。

**表 9.11　似不相关回归**

| 前定变量 | 居住地 | 家庭成员数量 | 婚配情况 | 受教育程度 |
|---|---|---|---|---|
| SUR 估计值 | -0.0001*** (0.00009) | -0.0005 (0.0007) | 0.0013*** (0.0002) | 0.0002*** (0.00002) |

注：1. 括号中的数值为稳健标准误。
2. ***、**、* 分别表示在 1%、5%和 10%的水平上显著。

**表 9.12　新农合对居民健康状况的影响**

| 带宽 | +/-1 | +/-2 | +/-3 |
|---|---|---|---|
| 生病状况 | -0.023** (0.008) | -0.030* (0.017) | -0.029 (0.024) |
| 自评健康状况 | 0.079*** (0.0159) | 0.201*** (0.019) | 0.370*** (0.025) |

注：1. 括号中的数值为稳健标准误。
2. ***、**、* 分别表示在 1%、5%和 10%的水平上显著。
3. 生病状况为过去四周内生病天数所占比例，参见式(9.7)。

## 七、结论与策略启示

健康是扶贫以及返贫的重要作用因素，因此，本章在新农村合作医疗制度的背景下使用中国健康与营养调查1997年至2015年间农村居民收入、消费、健康、医疗方面的调查数据，对新农合的作用进行了评估，测算了健康长期的减贫效应。本章的研究发现：第一，新农村合作医疗对于农村居民生病天数起到一定的减少作用，且该作用随着时间推移而增强。不仅如此，新农合对农村居民的自评健康起到极其显著且大幅的提高作用，这体现了新农合在农村地区的推广不仅仅是覆盖率的提高，更表现在对农民的宣传教育程度上，让农民接受并习惯新农合，将之当作自身健康的保障。

第二，新农合通过一次转移支付和更好的医疗服务提高了农村家庭的总收入；新农合显著提升了农民在生病时接受医疗服务的积极性，在对农民的健康教育方面起到了重要的作用，让农民更加重视自身的健康情况；新农合显著地大幅减少了农村居民在医疗方面的支出，综合这些因素，可以看到新农合在健康减贫中起到的积极作用。

第三，新农合对农村家庭的总消费情况在早期没有显著的改变，但随着新农合的推进，新农合对农村居民消费的作用开始变得显著，并且新农合在减少儿童辍学打工这一"因病致贫"现象的方面起到了显著的作用。

因此，新农村合作医疗确实通过降低农村居民的医疗费用、增加农村居民对医疗设施的使用、提升居民的健康水平等，降低了农村居民的贫困脆弱性。随着中国城乡医保的融合，新农合在未来减贫方面的作用将会越来越突出，在政策推广基本达到完全覆盖的当下，本章认为接下来还可以进一步提升的工作有：一是继续加强对于新农合的宣传教育，而非单单的推广制度，只有加强宣传教育才能进一步发挥居民的主观能动性，让农村居民更加有意愿参保，更加习惯于使用新农合进行报销；二是加快医保在农村和城市、跨省之间等结算体系的建设，充分节约农村家户的医疗成本。当然，在评估类似新农合这类政策时，不能仅仅考察其是否直接带来了正的福利增加，还需要考虑它是否挤出了原有的其他代价高昂的“土方法”，这些被淘汰的“土方法”也应该被考虑在政策的福利增加内，是未来研究不可忽略的方向。

# 第十章　扶贫模式是“精准到人”还是“精准到户”

我国精准扶贫的原则是“县为单位、规模控制、分级负责、精准识别、动态管理”。开展到村到户的贫困状况调查和建档立卡工作,包括群众评议、入户调查、公示公告、抽查检验、信息录入等内容。由此看来,精确识别的原则仍然是停留在“家户”的层次上。虽然中国目前的扶贫进展符合预期,成就举世瞩目,但需要注意的是,随着新时代下各条件的发展与变化,在已全面建成小康社会的基础上,贫困的界定当然会发生变化:即基于相对贫困识别的界定,以家户为扶贫的最小单位更容易忽视贫困产生的原因,不利于扶贫工作的开展。因此,更应该将新时代巩固拓展脱贫攻坚成果工作进一步深入,实现“脱贫到人”,增强脱贫地区和脱贫群众内生发展动力。在这个意义上而言,扶贫工作不仅要确保家庭层面上的脱贫,更应该注重家庭内部成员间的贫困差异,就个人层面进一步深入开展扶贫工作。鉴于以往研究和政府工作都将脱贫的重点放在“家户”的层次上(而实际上个人脱贫具有更深刻的扶贫意义,但对于个人是否贫困却缺少相关数据),因此,此处产生两个问题:一是家庭贫困中的个人是否都是真正贫困,二是个人贫困是否被包含在家庭贫困的测算中。

为解决这两个问题,本章旨在分析出个人贫困和家庭贫困之间存在的差异,并基于家庭内部结构特征找到差异产生的主要原因。对此进行研究主要出于以下三个目的:第一,旨在强调个人贫困与家庭贫困之间存在差异导致个人真实贫困被家庭情况所掩盖。个人贫困和家庭贫困差异的存在可能会使工作错误地指向某些非贫困人群，而真正贫困的个人反而失去脱贫的机会（亦即实际不贫困的个人却占据了扶贫的资源）。第二，针对个人贫困和家庭贫困差异的产生，需要考虑家庭内部构成的因素，从而减少差异存在对减贫工作造成的“误差”，更好地实现“脱贫到人”的目标。第三，尽量分析出影响个人贫困和家庭贫困之间差异的关键因素，有助于更好提出针对实际贫困个人的脱贫方案，以达到脱贫成本最小化，脱贫效益最大化。只有从源头着手，巩固拓展脱贫成果工作才能真正实现落地，才能增强地区和群众的内生性发展动力。

针对以往个人贫困与家庭贫困无差异的假设，国内外部分学者开始驳斥这种观点以及建立在此假设上的相关研究成果。Kanbur（1990）和Chant（2010）的研究表明家庭内部成员并非平等享受其家庭资源禀赋。如果家庭内部资源禀赋分配不均，那么家庭人均便不能代表家庭中的每个人的经济状况。由此表明以往研究或相关扶贫政策中假设个人贫困与家庭贫困无差异并不符合当前现实情况。也有部分研究，比如，Boudet 等（2018）试图在个人层面数据缺乏时从个人相关信息分析出贫困中的性别差异。不仅是性别上的差异，他们还认为贫困之间的差异与受教育程度、年龄、工作类型等因素相关，并将这些因素按照人口统计学意义和经济学意义进行分类。Paul（2019）考察了印度地区女孩受教育程度和家庭贫困对女孩的童婚现象的影响。殷浩栋等（2018）发现生育男孩对农村妇女家庭决策权的提升有正向影响，而家庭决策权则能从侧面反映出家庭内部资源禀赋的分配，影响到个人贫困与家庭贫困之间的差异。以往文献已经证明家庭内部资源禀赋分配不均，但并未说明究竟是家庭结构内的何种因素导致家庭内部资源分配不均。

因此，本章试图以家庭贫困和个人贫困之间的差异为出发点，从家庭结构内部构成的角度出发勾勒研究导致家庭贫困和个人贫困的差异的关键因素,从而更精准地找到帮扶对象。

## 一、贫困差异的研究现状

无论是发达国家还是发展中国家,贫困都是学者们争相研究的主题。迄今为止,贫困的相关研究已有很多。无论研究方向为何,都将以减贫、促进经济增长为最终目标。

### (一) 个人贫困与家庭贫困

早期对于贫困问题的研究主要集中在家庭层次上:一方面是由于数据的限制,个人信息难以获取;另一方面则是因为大多研究都假定家庭贫困等同于个人贫困,以至于之前的研究中两者之间的差异鲜少被提及。然而,近年来大量文献表明个人贫困与家庭贫困存在差异(Grown,2014;Lanjouw,2012;Deere 等,2012),他们都指出,真正的个人福利往往没有被观测到,而家庭测算通常忽略了家庭内部消费及其他资源禀赋的不平等。Kanbur(1990)和 Chant(2010)都曾指出家庭内部所有成员并非平等享受其家庭资源禀赋。Calvai(2020)指出,前期的研究主要集中在家庭内部分配的不平等,很少有探讨其可能导致的个人贫困与家庭贫困的差异。Boudet 等(2018)在研究贫困中性别差异及家庭组成时,提到一个关键性问题——在缺乏个人层面的贫困数据时,从个人除贫困外的其他相关信息如何分析出贫困中的性别差异。Boudet 等(2018)指出个人贫困和家庭贫困并不一致,个人层次贫困的研究可能更有意义,并提出从人口学维度和经济学维度解释是否存在某一特定类型的家庭更容易陷入贫困。遗憾的是,由于个人信息的缺失,难以进行系统的研究。

Ravallion & Wodon(1990)曾指出家庭数据收集及基于此进行的相关

贫困研究存在以下问题:一是数据限制,目前许多地区都难以得到个人层面的福利信息,这一数据限制迫使许多项目以贫困家庭为靶,认为解决了家庭层面的贫困就能改善个人的福利状况;二是前提假设过于理想,当前相关研究和扶贫项目都是基于家庭内部资源平均分配的假设前提,这一前提忽略个人真正的福利状况。因此,Ravallion 和 Wodon(1990)旨在将个人福利情况与家庭贫困相区分出来,借助个人营养状况等代理变量,将个人差异和贫困差异联系起来,从而解决真正的贫困问题。Ravallion & Wodon(1990)提供了一种将个人贫困和家庭贫困联系起来的渠道,从而使得个人信息和家庭贫困的分析能够相互比较和联系,但他们的重心在于检验家庭贫困和个人贫困之间的相关关系,并未分析导致个人贫困和家庭贫困差异的原因。Calvi(2020)也指出,由于家庭内部分配问题,个人贫困不同于家庭贫困,并且提供了一种评估思路,就是通过家庭内部特定商品消费的恩格尔曲线来估计家庭资源的分配。因此,家庭内部福利分配不均可能导致家庭贫困与个人贫困之间存在差异。因此,许多以家庭为靶的扶贫项目、反贫困计划等未能达到项目所期望减贫的效果。基于此提出:测算出的家庭贫困并不能代表个人贫困。

### (二) 个体贫困与家庭贫困差异的影响因素

#### 1. 性别

诸多研究都试图将贫困同性别因素联系起来。其中主要分为两类,一类致力于研究贫困的性别差异,另一类则试图研究贫困家庭的户主性别。至于前者的研究,Boudet 等(2018)利用 Global Monitoring Database(GMD)统计的世界范围的家庭调查数据提出,虽然整体而言无法观测到性别差异,但若以年龄为特征分组,其下子群组中的性别差异就会明显很多,部分原因是 GMD 数据是从家庭层次出发。虽然 Boudet 等(2018)指明了研究性别差异的具体方向,但存在一个较为明显的缺陷,即对性别差异的研究停留在描述性分析，缺少系统的数据比较分析。

另外，随着女性在劳动力市场的参与度越来越高，女性的家务和育儿的责任分配就越来越受到研究者的关注。受到传统文化和社会准则的影响，女性一直在家庭中承担更多家务和育儿的责任，其投入职场的精力相比无家务或育儿责任的男性而言要少，从而造成女性比男性更易陷入贫困。

因此，本章假设男性女性除开财富上固有差异外，在家务和育儿时间分配上的差异导致其在劳动力市场上参与程度的差异，进一步导致男性女性贫困之间的差异。而"精准到户"会忽略男性女性差异，使家庭中男性女性贫困程度平均化进而造成个人贫困与家庭贫困的差异。因此，在研究个人贫困和家庭贫困时，性别因素是研究两者之间差异的重要影响因素。

在户主性别的相关研究中，大部分认为女性户主家庭比男性户主家庭更为贫困（Dreze & Srinivasan，1997；Meenakshi & Ray，2002；Gangopadhyay & Wadhwa，2003）。Buvivnic 等（1997）也曾提出女性容易受到性别歧视，应以女性户主家庭为目标减少贫困。但是，近年来也有研究认为并没有强有力的证据表明女性户主家庭比男性户主家庭更贫困。D'Acunto（2020）认为传统的性别角色使男性和女性在日常生活中受到不同的经济信号的影响，而这反过来又产生了预期的系统性变化。也就是说，男性和女性在家庭中本身对于经济信号会产生不同的预期，从而做出不同的经济决策影响其经济境况。Rajarams（2009）则指出，贫困测算的选择决定了女性户主家庭是否比男性户主家庭更为贫困，而政府以特定的人口组别为目标试图减少贫困可能会给按照大多数贫困测算下的目标组别优待。因此，本章假设户主性别的不同，会做出不同家庭经济决策，从而造成个人贫困与家庭贫困的差异。

**2. 受教育程度**

Boudet 等（2018）指出正规学校教育与男女贫困呈负相关。在 15 岁或以上的贫困人口中，41%没有受过教育。妇女占 15 岁或以上贫困人口的62.3%，但其中只有36.9%的贫困人口接受过高等教育。生活在贫困家庭中的妇女所占比例因学校教育而减少。受教育程度越高，男性和女性的贫困风险都会越低；受教育程度越低，男性和女性的贫困风险都会越高，其中女性贫困风险更高。Pintu（2019）的研究考察印度地区女孩受教育程度和家庭贫困对女孩的童婚现象的影响指出，更高的中学教育程度和更高的教育水平显著降低了女童婚的流行程度，并且从最贫困的家庭转移到最富裕的家庭也大大降低了童婚的可能性。由此，作者提出增加女童接受教育和向贫困家庭提供经济支助的机会可能是消除印度女童婚姻做法的有效战略。

因此，本章认为受教育程度与个人贫困风险是负相关的，受教育程度越高，个人贫困风险越低；受教育程度越低，个人的贫困风险越高。尤其，个人受教育程度对男性女性贫困风险的影响不同。从家庭内部构成出发，这种性别上的差异实际上造成的就是家庭内部个人贫困之间的差异。家庭贫困会使得这种差异平均化，从而造成个人贫困和家庭贫困之间的差异。

### 3. 工作类型

Boudet等（2018）指出在贫困家庭中，虽然大多数男性是有偿工人或自雇人士，但超过一半的女性不在劳动力市场。根据相关区域数据的考察，他们认为就业与贫困之间的关系因性别和就业类型而异。August等（2017）认为反贫困计划利用财政激励措施可以促进福利受益人和其他低收入成年人的教育和就业。

还有一些文献则将研究对象放在已婚女性上，探讨了女性的工作状态和贫困之间的关系。Singh和Pattanaik（2019）使用印度的调查数据分析发现，已婚女性参与有偿活动的人数一直在下降，无偿工作活动量显著增加，并且对于受教育程度较低、边缘化并属于较贫困家庭的已婚女性而言，无偿活动的增加更为激烈。尽管文章并没有将无偿工作的增加对贫困的影响作为文章研究重点，但的确说明了工作状态与贫困之间存在相关关系。Sarah 等（2017）利用美国社区调查数据研究指出，从事兼职工作、失业的以及没有劳动力的女性贫困风险从 2001 年到 2010 年的贫困风险增加最为明显。因此，本章认为工作状态与个人贫困风险存在相关关系，从而造成个人贫困和家庭贫困之间的差异。

**4. 家庭育有子女**

许多研究表明，尽管这些研究中的数据来自不同的国家，但都指出妇女和儿童往往受到贫困的不成比例的影响。大多数的贫困测算都是根据他们所居住的家庭的贫困状况，个人通常被归类为贫困或非贫困人口。而这掩盖了同一家庭中个人之间的贫困差异。相关数据表明，全球几乎五分之一的儿童生活在贫困家庭中，生活在贫困家庭的儿童数量是成人的两倍。由此，我们可以认为贫困人群似乎更加倾向于生活在有更多儿童的家庭中。因此，本章假设家庭育有子女数目会影响到家庭贫困而造成个人贫困和家庭贫困之间的差异。

另外也有学者致力于剖析子女性别与女性在家庭决策权之间的关系。殷浩栋（2018）发现生育男孩对农村妇女家庭决策权的提升有正向影响，尤其是在贫困地区，但在购买日常消费品、购买耐用消费品和建房、家庭借贷、子女教育这 4 项家庭事务上存在异质性。也就是说，不仅是家庭子女数目，而且家庭子女中是否有男孩都可能会影响到家庭中女性决策权（家庭地位）。那么，家庭育有子女因素一定会影响到家庭内部资源分配，从而使得家庭贫困中的个人贫困与否或者说是贫困程度存在差异。因此，本章假设育有子女会对个人贫困和家庭贫困的差异造成一定的影响。

**5. 家庭规模**

大量数据以及实证事例表明，在发展中国家，家庭规模和人均消费（收入）之间存在显著的负相关关系。通常认为，更大且更年轻的家庭显然更加贫困，但因果关系存在争议。Nelson(1993)从儿童福利中区分出成人福利有利于引起在研究和政策中使用的实证福利测算。Ravallion(1994)发现家庭内部资源禀赋不均等的现象，进而 Lanjouw 和 Ravallion(2011)利用巴基斯坦综合家庭调查中调查分析指出，实证上的关系相对脆弱。不同的福利测算得到不同的弹性，要么与传统观念(更大规模的家庭倾向于更贫困)一致，要么与家庭规模与贫困呈负相关相一致。基于非食品支出作为成人福利替代变量的 Rothbarth 方法则表明小规模家庭倾向于更贫困而严重的儿童营养不良的人体测量指数指出更大规模的家庭倾向于更贫困。由于家庭规模会对家庭贫困产生影响，因此在研究个人贫困和家庭贫困差异实证分析中，我们将家庭规模作为控制因素，从而避免家庭规模造成的误差，高估或低估家庭内部因素对个人贫困和家庭贫困差异的影响。

**6. 所在地区特征**

很多研究认为地理因素也能对贫困造成影响。早期便已经有一些经济学家从城乡特征和人口流动等方面对贫困问题进行研究。DasGupta(1987)就指出在不发达的乡村地区存在地理移民限制。Datt 和 Ravallion(1998)认为由于超过四分之三的印度贫困人口居住在乡村地区，故而研究印度的乡村贫困比城镇贫困更为重要。同时 Ravallion 和 Wodon(1999)发现，地域对生活条件有显著的影响，并指出孟加拉国生活标准存在明显的地理区别(即使是考虑到其他可见的影响贫困的特征的家庭的空间集聚)：即同样的等价的家庭可能在某一地方贫困而在另一地方却不是。另外，所在地区的文化和社会准则同样会影响家庭内部的分工，从而对个人贫困和家庭贫困造成差异。Blau(2020)的研究结果表明，更广泛的文化因素确实会影响家庭中的性别分工。因此，可以认为地理因素即特定的贫困地区对个人贫困和家庭贫困也会产生影响，所以，我们将控制地理特征，以避免夸大家庭内部因素对个人贫困和家庭贫困之间差异的影响。

基于此,我们认为,在其他条件不变的情况下,假设家庭贫困和个人贫困的差异来源于家庭内部因素,包括个体性别、受教育程度、工作状态、家庭劳动力数目、家庭子女数目及子女性别比例以及户主性别。

## 二、家庭贫困与个人贫困的差异

### (一)数据及贫困线选择

本章以中国家庭追踪调查(CFPS)的数据为基础对个人贫困及家庭贫困之间的差异进行测算。CFPS 2016 年数据共有 6 个子总体组成,代表上海、辽宁、河南、甘肃、广东和其他省市,经过加权而代表全国。CFPS 共包括 5 个子数据库,根据研究需要选择 CFPS 中成人和家庭两个数据库作为研究对象。由于部分调查对象回答问卷时就收入相关问题时的数据的不适用,将样本数据删减在 28961 个。本章中并没有时间序列的分析,因为时间因素对于比较个人贫困和家庭贫困的差异并没有显著影响。

在 28961 个受访对象中,存在 15 个受访对象"性别不明"的情况,13688 个女性,占总样本数据的 47.29%,15259 个男性,占总样本数据的 52.71%,男女比例为 114.7∶100,与全国整体男女比例 116.9∶100 基本一致。因此,该样本数据可以在一定程度上反映出全国性别维度上的贫困状况。在研究中,研究对象的年龄选择在 16 岁以上。如此考量一是由于儿童绝大多数没有收入,避免夸大个人贫困的程度而导致个人贫困与家庭贫困之间的差异扩大。同时,考虑到受访对象并不一定了解或愿意透露自己真实收入的情况,在处理数据时,将低于贫困线的受访对象用"1"表示,而高于贫困线的受访对象用"0"表示。如此处理并不损失任何需要的数据相关信息，并且更方便对个人贫困和家庭贫困进行比较。

至于贫困线标准的选择，此分析中贫困线标准以2016年中央扶贫工作会议中划定的农民人均纯收入3000元一年为准。将高于3000元的人群划分为非贫困人群，低于3000元（包括3000元）的人群划分为贫困人群。之所以选择中央扶贫工作会议中划定的贫困线而非世界银行的，是因为在本章的研究中，并不需要消除购买力平价的因素，也不需要将中国的贫困数据同其他国家相比较。相较于世界银行的贫困线标准，中央扶贫工作会议的划定的贫困线比世界银行划定的贫困线更符合中国国情，更能反映出中国人群贫困程度。

### （二）家庭贫困与个人贫困的差异

对于贫困的研究，无论是各种贫困调查还是政府的扶贫项目，都是以家庭为最基本单位，数据来源也大都是建立在家庭基础上。个人在家庭中的构成往往被假定是公平的，但事实并非如此。之前已有研究证明女性和儿童在家庭中的构成往往是劣势的地位。因此，政府的扶贫项目将目标定在“家庭”是否真的有利于家庭中每个人的福利改善，有待进一步研究。CFPS 2016年数据统计表明，个人收入低于贫困线占总样本数据的81.10%，而家庭人均收入低于贫困线的却只占总样本数据的8.10%。显然，个人贫困与家庭贫困之间存在显著差异。正是存在这样明显的差异，我们可以得到一个简单的结论：如果政府扶贫项目仅仅针对家庭层次，并不能改善个人的福利状况，那么这个扶贫项目不是帕累托最优的。因为就家庭内部分配而言，一旦补助的生产或生活资料进入家庭内部，仍将按照之前的家庭分配比例进行配置时，在家庭结构中更为贫困的个人是否能摆脱贫困的模式，是存疑的。

本节将家庭分为4组，第0组代表个人收入和家庭人均收入均高于贫困线的人群；第1组代表个人收入低于贫困线，而家庭人均收入高于贫困线的人群;第2组代表个人收入高于贫困线,而家庭人均收入低于贫困线的人群;第3组代表个人收入和家庭人均收入均低于贫困线的人群。倘若按照政府政策的设想,家庭内部资源是平等分配的,那么,家庭贫困中的每个个人都是贫困的。也就是说,家庭贫困中的个人贫困应该接近甚至等于100%。但从CFPS数据中分析可以看到,并非如此,甚至出现相反的结果。所得到的结果也证明扶贫对象应该深入更小的单位——个人。

**表10.1　个人贫困与家庭贫困的差异**

| | | 家庭人均收入低于贫困线 | | 总和 |
|---|---|---|---|---|
| | | 0 | 1 | |
| 个人收入低于贫困线 | 0 | 5076(0) | 398(2) | 5474 |
| | 1 | 21543(1) | 1944(3) | 23487 |
| 总和 | | 26619 | 2342 | 28961 |

以家庭层次为出发点,根据家庭人均收入是否低于贫困线可以将28961个调查对象分为贫困家庭和非贫困家庭。经简单分析,可以得到如下结果,在贫困家庭的2342个对象中,个人贫困的有1944个,而个人不贫困的有398个,大约17%的不贫困个人在贫困家庭中。显然,这17%的不贫困个人的存在是“不合理”的。而这“应该贫困”的17%的不贫困个人究竟为何没有受到家庭贫困的影响而遭受贫困,也正是后文将要分析的重点。同理,如果说出现在家庭贫困中的不贫困个人是不合理的少数,那么,个人贫困中出现的家庭不贫困则是不合理的大多数——在个人贫困中,家庭不贫困的占比高达约92%。这也意味着往往贫困的个人,并非出现在贫困家庭中,而是出现在非贫困的家庭中。即使数据中存在一定的统计误差,但毋庸置疑的是,的确存在贫困个人并不在贫困家庭中而是在非贫困家庭中这一矛盾现象。那么,此现象的启示就较为明晰了:

如要巩固拓展脱贫攻坚成果，有必要分析出非贫困家庭中的贫困个人组成，这也是激发后者内生发展动力的前提考察之一。

## 三、家庭贫困与个体贫困的差异分析

### （一）个人因素

在个人层次对个人和家庭贫困之间的差异进行分析，主要包括性别、年龄、主要工作类型和受教育程度四个维度。

**1. 在性别维度上，男性贫困与女性贫困之间存在明显差异**

如图10.1所示，无论是在城镇地区还是在乡村地区，尽管在每一组中男性比例都高于女性，但仍然可以看出不贫困的个体多为男性，即使该男性生活在贫困家庭中。并且这一现象在乡村地区比在城镇地区则更为明显。这一结果与以往的研究结论是相一致的，是由于家庭内部中分工以及资源禀赋往往不是平均分配所致的。

首先，以城镇地区为例，如图(10.1b)所示。由第0组与第1组相比可以看出，第1组中的女性比例相对较高，也就是说在不贫困家庭中，女性相对于男性处于个人贫困的风险更大。这可能是因为男性在家庭中占据更多的资源禀赋，从而使其从贫困家庭中脱离而相对富裕，使得女性更容易陷入贫困。在贫困家庭中亦是如此。也正因此才会产生个人不贫困而家庭贫困的现象，从而使得个人贫困和家庭贫困之间产生差异。

其次，以上现象在乡村地区中则更为明显。无论家庭是否处于贫困线下，男女比例在不贫困个人中的差异相较于城镇地区更大。这可能是因为：一是农村中男性比例相对于城镇更高，二则是因为农村家庭内部的分工使得男性是家庭收入的主要来源者，男性在家庭中占有更多的资源。

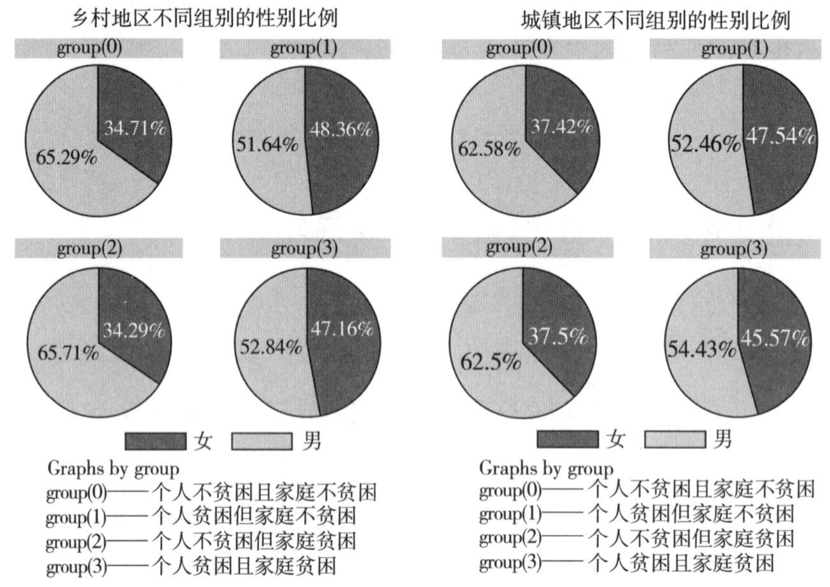


**图 10.1**

综上所述,对于家庭内部结构而言,因传统的家庭分工,男性可能占有更多的经济资源禀赋。因此,家庭中女性的贫困风险相对于男性更高,更容易陷入贫困。

2. **在年龄维度上,不同类型的家庭情况,年龄分布存在明显差异**

首先,从城镇地区的不同组别的年龄占比来看,各个组别都是呈现两边小、中间大的形状。其中,第 0 组个人不贫困且家庭不贫困的人群中更多的是 34—39 岁年龄区间,第 1 组则是更多集中在 60—70 岁的年龄区间,第 2 组则是集中在 30—40 岁的年龄区间,第 3 组是集中在 70—80 岁的年龄区间。第 0 组与第 1 组相比可以看出,在家庭不贫困的时候,个人贫困更多集中在 50 岁以上,个人不贫困则更多集中在 20—30 岁。这可能是因为在不贫困的家庭中,父母所拥有的资源会向其子女转移,从而导致父母可能相对于子女更贫困。第 0 组与第 2 组相比可以看出,在个人不贫困的情况下,家庭处于贫困的个人多集中在 30—50 岁的年龄段,而极少有 50 岁以上的人口是属于个人不贫困而家庭处于贫困的组别。这可能是因为养老制度的普及，绝大部分老龄人口因为领取养老金而能够使处于贫困家庭的自身脱离个人贫困的状况。由第 1 组和第 3 组的年龄分布对比可以看出，第 3 组的分布中老龄人口较第 1 组而言明显增多。这可能则是因为对于老龄人而言，如果个人已经处于贫困中，那么其所在的家庭也可能会陷入贫困的境况。由第 2 组和第 3 组的年龄分布对比来看，在家庭处于贫困的情况下，老龄人口更易陷入贫困。同样的，这一点在乡村地区的不同组别之间的年龄分布得到进一步的证实。

其次，各个组别的年龄分布在城镇地区与乡村地区之间也存在较为明显的差别。整体而言，城镇地区的 20—30 岁区间的人口相较于乡村地区都更多，因为乡村地区的年轻人口可能更加倾向于生活和工作在城镇地区。其中，第 1 组年轻人口城乡之间差距相较于其他组别较小，这可能是因为生活在不贫困的家庭中可能会减少贫困年轻人的城乡流动。第 2 组年轻人口和老龄人口在城镇地区和乡村地区之间差别较其他组更大，一方面是因为贫困家庭使得个人向城镇地区发展，另一方面也可能是因为在城镇地区已经发展得很好的个人不愿意回到乡村地区。由此造成城镇地区和乡村地区之间的第二组的年龄分布上的差异。类似的，第 3 组在城镇地区和乡村地区年龄分布上存在差异。因此可以推断出年轻人口更加倾向于在城镇地区发展，老龄人口由于一些具体因素更倾向于留守乡村地区，从而造成了不同组别在城镇地区和乡村地区之间的差异。进一步的，不贫困家庭中年轻人对城镇地区发展的倾向较小，而贫困家庭的年轻人则可能更加向往在城镇地区发展。

### 3. 在主要工作类型的维度上，各个组别之间的职业分布存在明显差异

尽管城镇地区与乡村地区的职业分布存在固有的差别，但不同组别之间的差别却是相似的。无论是在城镇地区还是在乡村地区，当

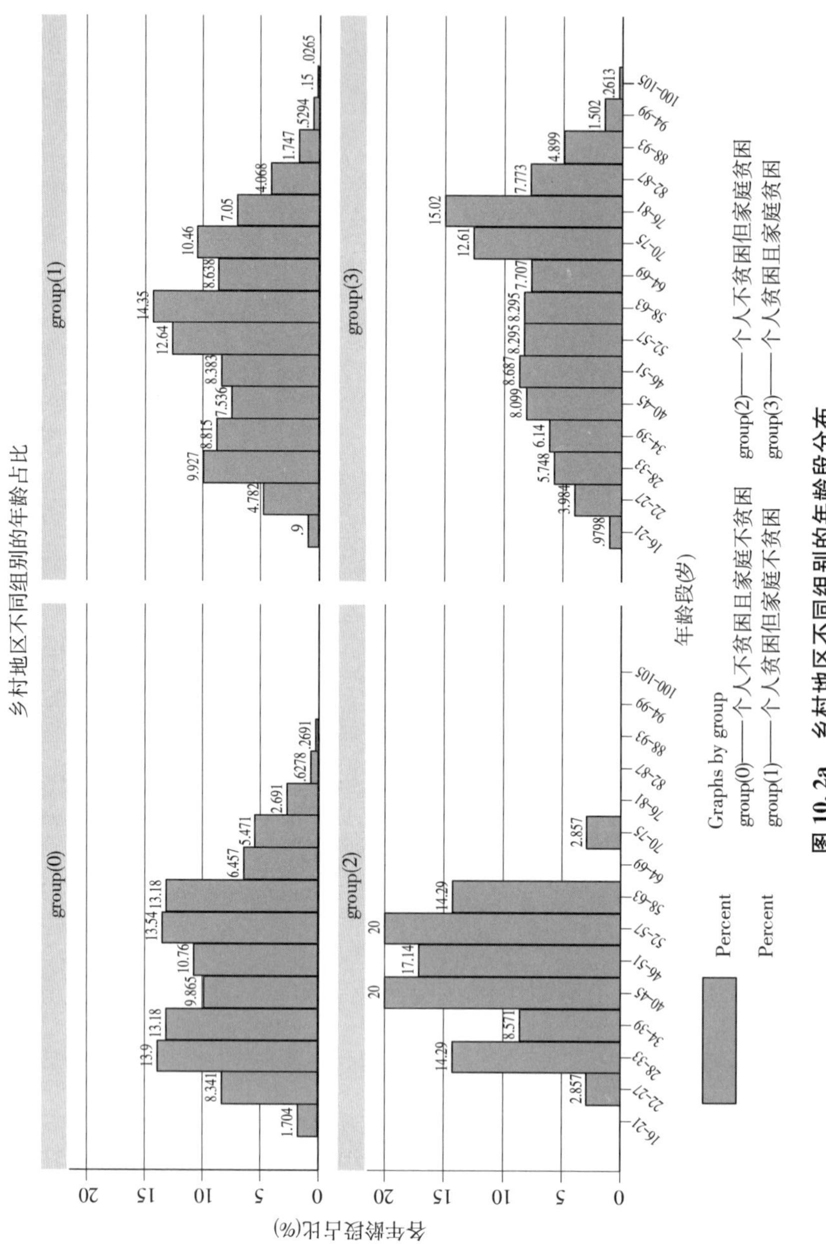


图 10. 2a　乡村地区不同组别的年龄段分布

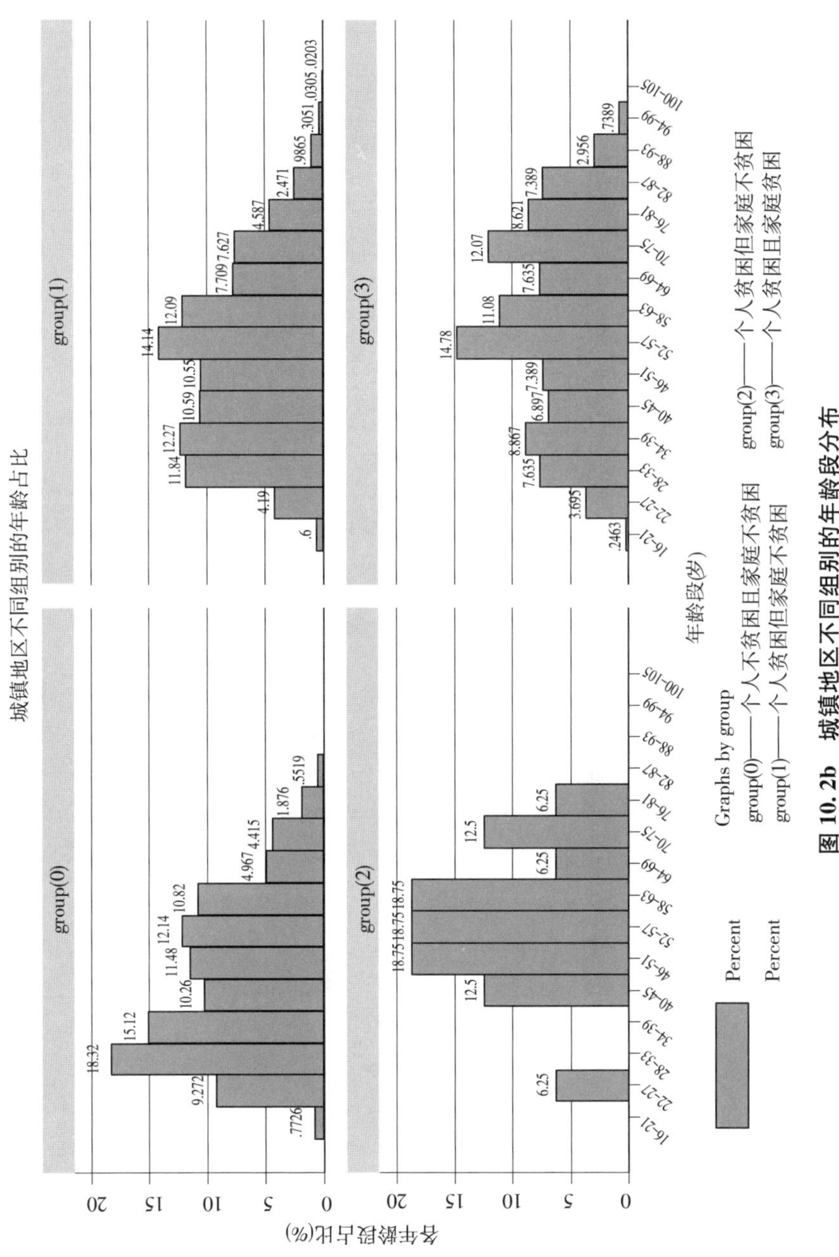


图 10.2b　城镇地区不同组别的年龄段分布

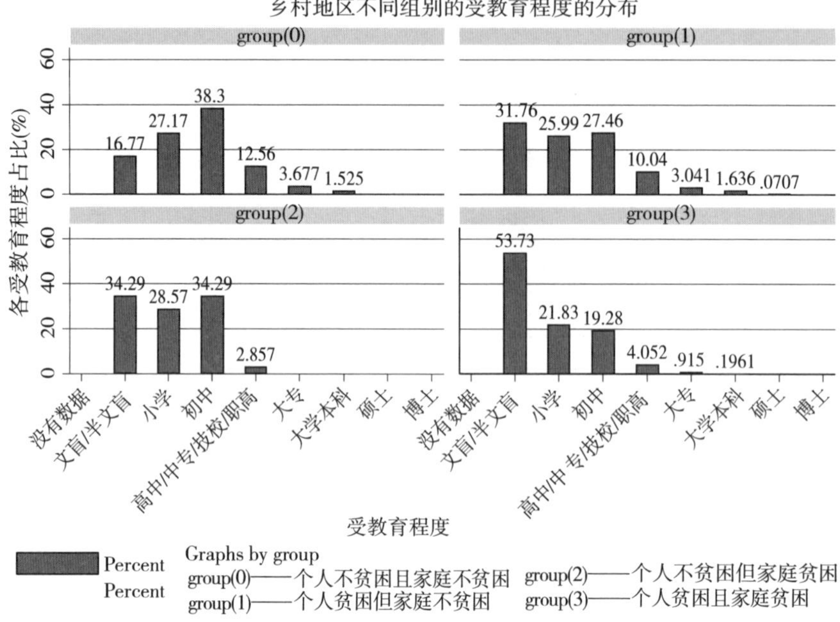
乡村地区不同组别的受教育程度的分布
group(0)
group(1)
group(2)
group(3)
各受教育程度占比(%)
0
20
40
60
16.77
27.17
38.3
12.56
3.677
1.525
31.76
25.99
27.46
10.04
3.041
1.636
.0707
34.29
28.57
34.29
2.857
53.73
21.83
19.28
4.052
.915
.1961
没有数据
文盲/半文盲
小学
初中
高中/中专/技校/职高
大专
大学本科
硕士
博士
受教育程度
Percent
Percent
Graphs by group
group(0)——个人不贫困且家庭不贫困
group(1)——个人贫困但家庭不贫困
group(2)——个人不贫困但家庭贫困
group(3)——个人贫困且家庭贫困

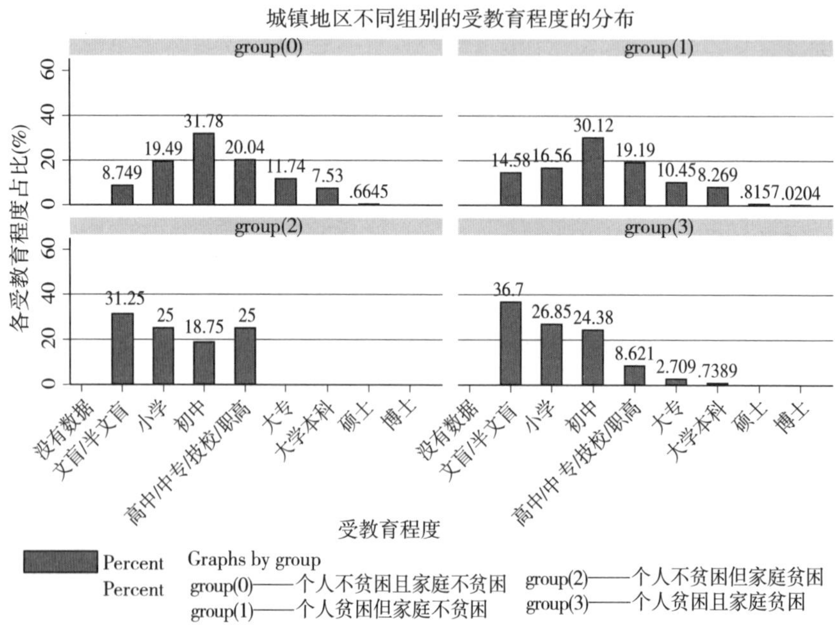
城镇地区不同组别的受教育程度的分布
group(0)
group(1)
group(2)
group(3)
各受教育程度占比(%)
0
20
40
60
8.749
19.49
31.78
20.04
11.74
7.53
.6645
14.58
16.56
30.12
19.19
10.45
8.269
.8157
.0204
31.25
25
18.75
25
36.7
26.85
24.38
8.621
2.709
.7389
没有数据
文盲/半文盲
小学
初中
高中/中专/技校/职高
大专
大学本科
硕士
博士
受教育程度
Percent
Percent
Graphs by group
group(0)——个人不贫困且家庭不贫困
group(1)——个人贫困但家庭不贫困
group(2)——个人不贫困但家庭贫困
group(3)——个人贫困且家庭贫困

**图 10.3**

个人已经生活在不贫困家庭时，个人是否贫困并不影响人口的职业分布情况。

这也就是说，当个人已经生活在贫困家庭时，个人是否贫困与其职业选择并没有很强的相关关系。由此可以看出，贫困容易使阶层固化，并可能产生贫困的跨代传递。处在贫困家庭，不管个体是否贫困，个体更多地从事农业活动的工作。也就是说无论个人贫困情况如何，家庭是否贫困与个人的职业选择存在一定相关性。综上所述，个人职业选择可能不会与个人贫困境况不相关，而会与家庭的贫困境况相关。

4. **在受教育程度的维度上，各个组别之间存在明显差异，贫困家庭中的个人受教育程度普遍较低，而不贫困家庭中的个人受教育程度较高**

首先，城镇地区与乡村地区之间存在教育方面的既定差别。如图 10.4 所示，不同组别在城镇地区和乡村地区之间存在明显差异。尽管总体而言，样本人群中受教育程度普遍集中在高中及以下学历，但是城镇地区的人群受教育程度普遍高于乡村地区。在第 0 组和第 1 组中近似于正态分布，大部分人受教育程度集中在初中到高中教育水平，而第 2 组和第 3 组受教育程度更多集中于初中及以下水平。但同样，每个组别在城镇地区和乡村地区的分布“形状”是相似的，说明家庭贫困与个人贫困之间的差异并不决定于个人或家庭是否在城镇。

其次，基于城镇地区/乡村地区的不同组别之间的比较可以发现，对于家庭贫困而言，受高等教育人群比例较低，超过 60%的家庭贫困受教育程度都是小学及以下，对于家庭不贫困而言，高受教育程度的人占比相对家庭贫困而言增多。这说明个人受教育程度普遍与家庭经济状况相互影响，贫困家庭的受教育程度普遍偏低。另外一点重要发现就是，个人受教育程度与个人和家庭贫困之间的差异存在明显的相关性，个人受教育程度低可能使得个人贫困风险和家庭贫困风险均增大，但对家庭贫困风险影响更大，从而造成个人和家庭之间的贫困风险差异。由第 0 组和第

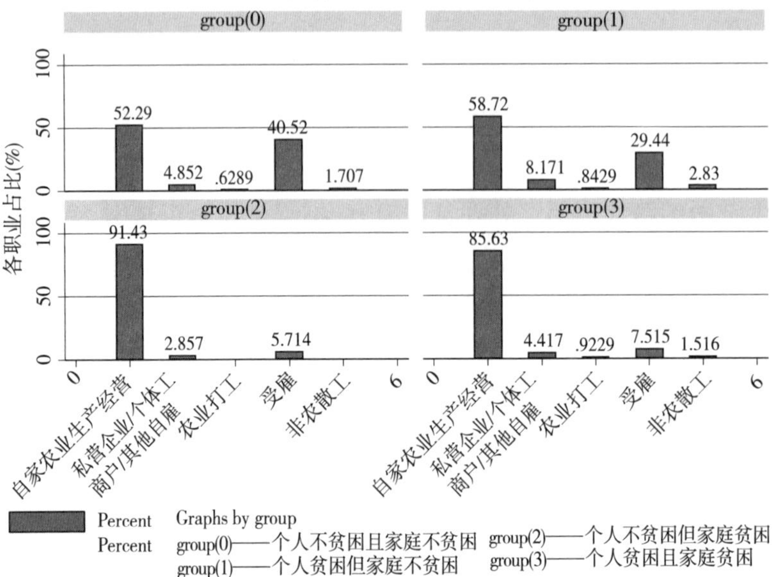


**图 10.4a　乡村地区不同组别受教育程度分布**

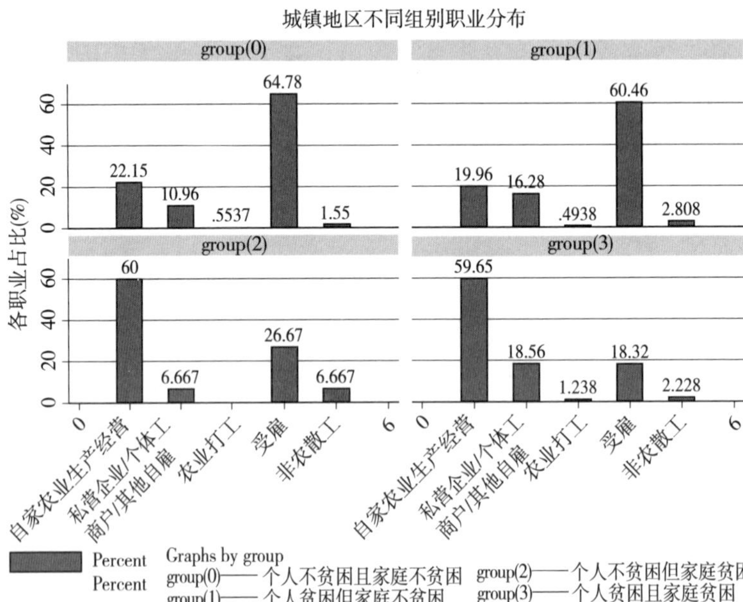


**图 10.4b　城镇地区不同组别受教育程度分布**

2组(以及第1组和第3组)的比较可知,第2组受教育程度超过95%是初中及以下,且超过30%是文盲的受教育程度,而第0组中受教育程度初中及以下的受教育程度占比约为80%,大部分人受教育程度处于初中水平。因此,在个人处于不贫困的境况时,个人受教育程度越低,其所在家庭越容易陷入贫困的境况;个人受教育程度越高,其所在家庭越不易陷入贫困的境况。综合来看,个人受教育程度可能对于个人是否贫困的影响较小,而对家庭是否贫困的影响较大,从而使得个人贫困与家庭贫困之间产生差异。

### (二)家庭因素

首先,就育有子女数目而言,无论家庭是否处于贫困境况,不贫困个人相较于贫困个人更倾向于少生,尤其是贫困家庭中的不贫困个人。具体而言,贫困家庭中的贫困个人育有子女情况与之相类似,超过一半的贫困个人育有2个及以下的子女,主要是2个子女,近90%的贫困个人育有子女数在5个及以下。而处在贫困家庭中的不贫困个人虽然整体上育有子女个数在5个及以下,但明显不同的是,相对于贫困个人中占比最高的2个子女个数,不贫困个人占比最高的是没有子女。这与抚养一个孩子需要高额成本相关,少生或不生孩子在某种程度上减轻了贫困家庭的贫困程度。因为生育子女会降低个人的经济状况,可能会使得个人陷入贫困,为了保证个人的生活水平,不贫困个人会尽量少生从而保证个人的生活水平。

从城镇地区与乡村地区的比较来看,城镇地区的各个组别中大于两个子女数目的人口占比分别为:第0组为8.86%,第1组为10.49%,第2组为37.5%,第3组为30.31%,而乡村地区的各个组别中大于两个子女数目的人口占比为:第0组为13.54%,第1组为22.97%,第2组为20%,第3组为30.29%。可见,第0组和第1组中乡村地区倾向于多生孩子。这可能主要归因于农村地区倾向于多生男孩以增加家庭劳动力来使得家庭和个体脱贫。

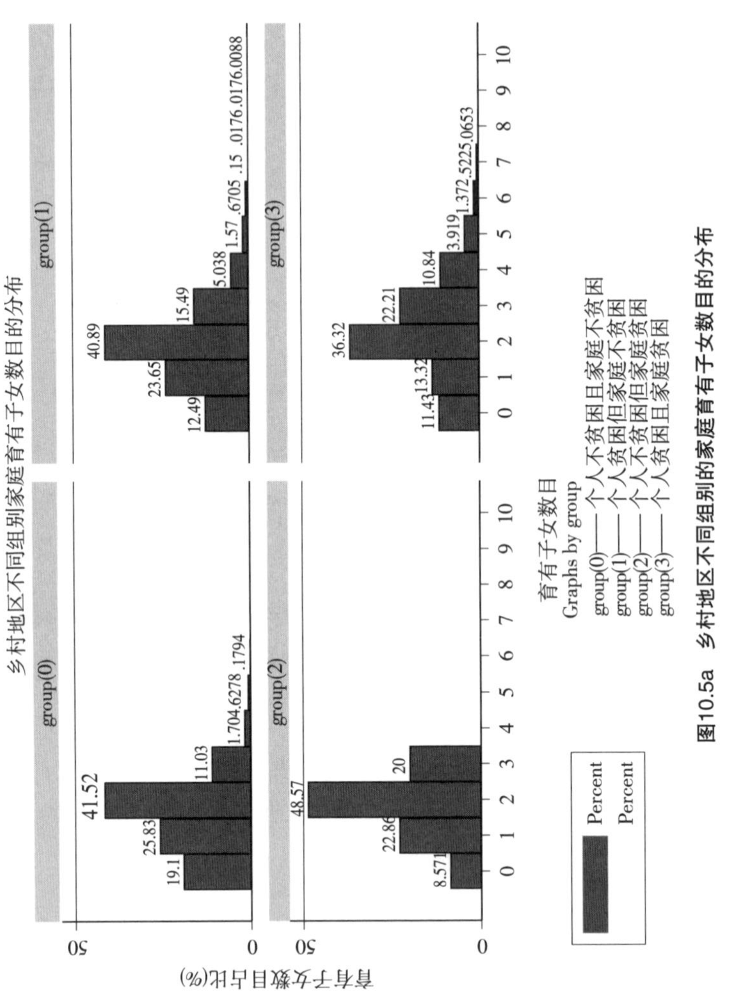


图10.5a 乡村地区不同组别的家庭育有子女数目的分布

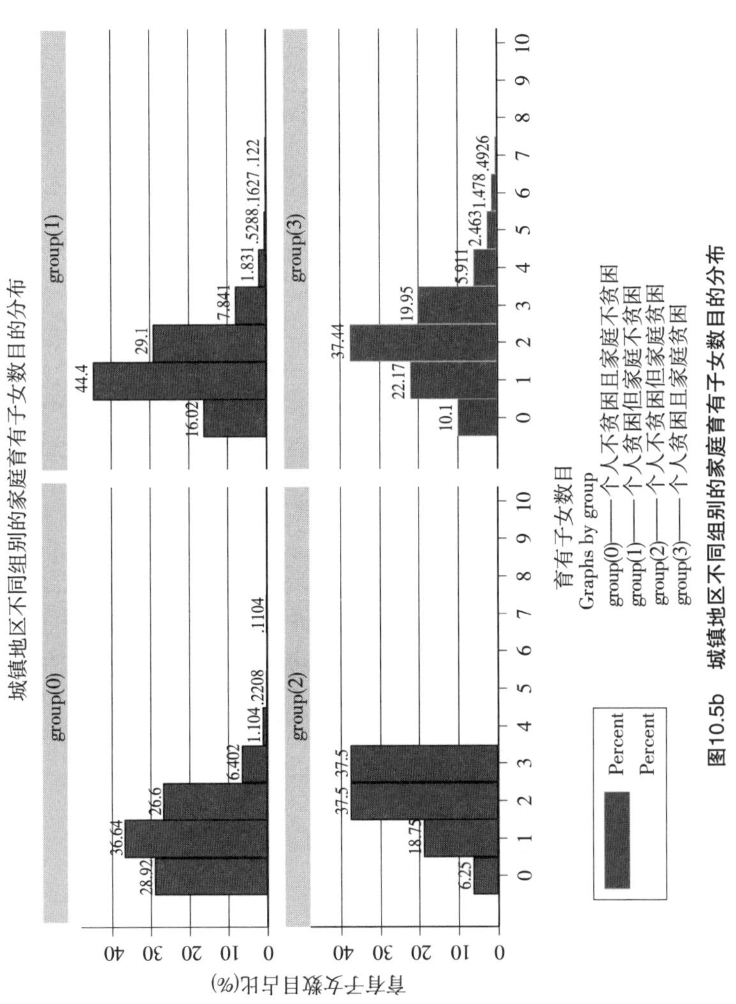


图10.5b　城镇地区不同组别的家庭育有子女数目的分布

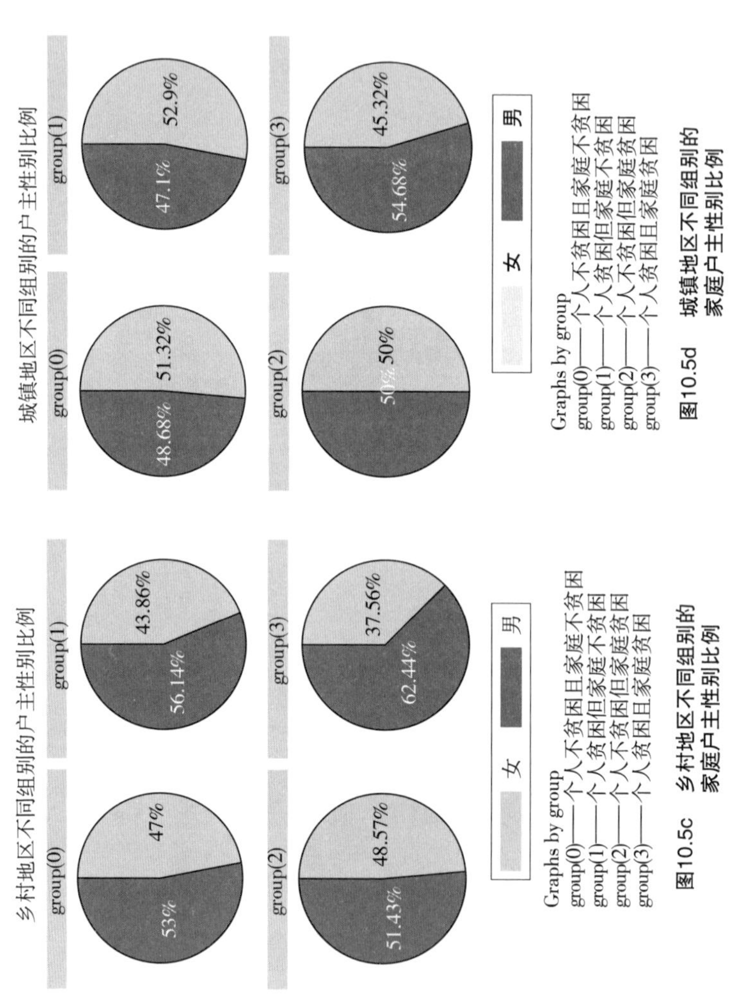


图10.5c　乡村地区不同组别的家庭户主性别比例

图10.5d　城镇地区不同组别的家庭户主性别比例

其次,在家庭户主性别的维度上,本章采用财务回答人代替户主性别对个人和家庭贫困之间的差异进行分析,这主要是因为财务回答人相对于户主性别而言,在家庭中更能体现个人的经济决定权,反映出家庭资源禀赋的分配状况。各个组别的户主性别比例在城镇地区和乡村地区呈现较为明显的区别,城镇地区除第3组外,女性户主比例高于男性户主,而乡村地区各个组别中男性户主比例明显更高。这可能与乡村地区“男主外,女主内”的传统思想相关。城镇地区与乡村地区之间户主性别比例之间存在既定差异,但从各个组别之间的比较而言,该既定差异并不对组别之间的差异产生影响。

城镇地区和乡村地区中各个组别之间的相互比较,可以看出个人贫困与家庭贫困之间存在的差异同样与户主性别相关。以城镇地区为例,由第0组和第1组比较可以看出,对于不贫困家庭而言,女性户主家庭更可能使得个人陷入贫困的境况。而由第2组和第3组情况可以看出,对于贫困家庭而言,男性户主家庭更可能使得个人陷入贫困。进一步的,由第0组和第2组比较可以看出对于不贫困个人而言,男性户主家庭更可能使家庭陷入贫困。而第1组和第3组比较则表明,对于贫困个人来说,男性户主家庭更可能使家庭陷入贫困。而在乡村地区中,第0组中男性户主性别比例大于第1组男性户主性别比例,且大于第2组男性户主家庭比例。与城镇地区不同的是,对于贫困和不贫困家庭而言,男性户主家庭更可能使个人陷入贫困。而对于不贫困个人而言,女性户主家庭更可能使家庭陷入贫困;对于贫困个人而言,则是男性户主家庭更可能使得家庭陷入贫困。

总而言之,家庭的户主性别对个人贫困和家庭贫困之间的差异有一定的影响,但具体是男性户主起到正向作用还是负向作用需待后面实证分析得出结论。综合以上图表分析,本章证实了假设1和假设2,从本章对贫困的定义而言,个人贫困并不等于家庭贫困,两者之间的确存在差异，而且造成差异的因素势必集中在个人特征与家庭特征中。

## 四、贫困差异的实证分析

### （一）变量介绍

基于贫困差异的变量特征，本章继而选择多元 Logit 模型对个人贫困和家庭贫困的差异进行实证分析。在多元 Logit 模型中，以个人不贫困且家庭不贫困为基准组，赋值为 0，个人贫困而家庭不贫困赋值为 1，个人不贫困而家庭贫困赋值为 2，个人贫困且家庭贫困赋值为 3。在多元 Logit 模型中，被解释变量是不同类型家庭的概率相对于基准组类型家庭的概率比值。本章对于个人贫困和家庭贫困的差异的分析是基于家庭内部结构。因此，本章从个人特征、家庭特征和社区特征进行解释变量的选择。关于个人特征变量，主要考虑年龄、健康状况、性别、受教育程度、婚姻状态、工作类型。关于家庭特征的变量，主要考虑家庭规模、家庭育有子女数目、家庭财务回答人性别、家庭资产、支出等。对于家庭育有子女数目这一变量，由于育有不同岁数子女的成本不同，本章将其具体分为育有 3 岁及以下子女数目，育有 4—6 岁子女数目，育有 7—15 岁子女数目。又因为已有研究表明最终育有男孩会提高妇女在家庭中的决策能力，从而家庭内部资源分配格局也会发生改变，所以，也将育有男孩数目纳入考虑中。对于社区特征的控制，主要考虑的是家庭所处的社区的城镇/乡村特征和公共设施状况。相关变量的详细介绍参见表 10. 3。

### （二）实证结果

根据表 10. 2 中得到的边际效应回归结果，本章分析表明以上解释变量的确能够在一定程度上解释个人与家庭之间的贫困风险差异。

从性别这一解释变量出发,男性更大可能性使得家庭贫困而个人不贫困。第一组(个人贫困风险)与性别(是否为男性)呈负向相关关系,而第二组(家庭贫困风险)则与性别呈正向相关关系,第三组(个人与家庭同处于贫困风险)与性别呈负向相关关系。这或许是因为男性占据了家庭中更多的资源,从而使得自身福利水平高于家庭中其他成员,进而造成个人不贫困而家庭出现贫困的现象。

**表 10.2　贫困差异的影响因素分析**

| | (1) | (2) | (3) |
|---|---|---|---|
| 性别 | -0.538***<br>(0.0508) | 0.334<br>(0.336) | -0.321***<br>(0.0727) |
| 工作类型 | 0.0588***<br>(0.0208) | -0.719***<br>(0.194) | -0.365***<br>(0.0339) |
| 健康状况 | 0.00973<br>(0.0211) | -0.183<br>(0.131) | 0.0908***<br>(0.0296) |
| 受教育程度 | 0.00198<br>(0.0468) | -0.301<br>(0.324) | -0.333***<br>(0.0734) |
| 年龄段 | 0.573***<br>(0.0439) | -0.347<br>(0.212) | 0.443***<br>(0.0584) |
| 婚姻状况 | 0.0622<br>(0.0439) | -0.162<br>(0.259) | 0.0294<br>(0.0574) |
| 育有子女数目 | 0.0792***<br>(0.0283) | 0.200*<br>(0.111) | 0.172***<br>(0.0371) |
| 家庭户主性别 | 0.105**<br>(0.0485) | -0.195<br>(0.306) | 0.209***<br>(0.0706) |
| 家庭规模 | 0.0312**<br>(0.0139) | 0.174***<br>(0.0453) | 0.234***<br>(0.0181) |
| 家庭资产 | 0.000183<br>(0.00557) | -0.0500**<br>(0.0202) | -0.0460***<br>(0.00670) |

续表

| | (1) | (2) | (3) |
|---|---|---|---|
| 家庭支出 | 0.0324<br>(0.0313) | −0.556***<br>(0.167) | −1.119***<br>(0.0516) |
| 城镇/乡村特征 | 0.0681<br>(0.0562) | 0.374<br>(0.334) | −0.107<br>(0.0845) |
| 公共设施状况 | 0.00605<br>(0.0261) | 0.328**<br>(0.144) | 0.0593<br>(0.0374) |
| 是否领取政府补助 | −0.204***<br>(0.0528) | 0.126<br>(0.310) | −0.349***<br>(0.0732) |
| 常数 | 0.835**<br>(0.362) | 3.530*<br>(1.831) | 11.04***<br>(0.563) |
| 观测值 | 24,191 | 24,191 | 24,191 |

注:括号中的数值为标准误;*** $p<0.01$,** $p<0.05$,* $p<0.1$。

工作类型从小到大排序依次是自家农业生产、私营/个体、农业打工、受雇和非农教工五种类型。从工作类型方面来看,从事农业方面的工作的个人可能会使个人陷入贫困进而使家庭贫困风险增大。但是,从事农业方面的工作使个人贫困风险的增大程度远大于家庭贫困的风险,因而造成个人与家庭之间的贫困风险出现差异。这与工作类型本身的性质相关,从事农业劳动的个人本身收入偏低,往往更容易陷入贫困的境况中。

从年龄段方面来看,老龄化的个人更不容易遭受贫困,而其所在家庭却更容易陷入贫困。这就有可能是因为老人本身没有劳动能力,并且随着人口老龄化相关医疗保健支出较高,而使得家庭更容易陷入贫困,于老人而言由于自身有养老补贴反而不易遭遇贫困。

从养育孩子数目的角度来看,在其他条件不变的情况下,养育孩子越多,无论是个人还是家庭,其贫困风险都大大增加,其中对于家庭影响更大。至于家庭财务回答人,若家庭财务回答人为男性,家庭且个人都贫困的概率上升,而家庭贫困个人不贫困的概率下降。那么,家庭中管理财务的人为男性往往可能将资源更多分配于自身,从而家庭中其他成员陷入贫困,自身处于非贫困的境况。

## 五、贫困识别的策略建议及展望

“精准是要义。”“精准扶贫就是要对扶贫对象精细化管理,对扶贫资源实行精细化配置。”我国扶贫政策主要针对“扶持谁”“谁来扶”“怎么扶”“如何退”四大问题,提出了贯彻落实“六个精准”“五个一批”的具体要求及实践路径。

本章的研究主要有以下两个观点:第一,“精准到人”更具有时代内涵。政府试图通过家庭层次的贫困状况的调研而提出的扶贫政策在解决个人层面上的贫困问题时,是有待进一步细化和精细的。因此,区别个人贫困和家庭贫困对于扶贫政策而言是有一定意义的。第二,“精准到人”强调家庭内部因素对家庭贫困和个人贫困之间的差异的影响。个人贫困和家庭贫困的差异是存在的,且受到诸多因素的影响。因此,在分析时尤其应注重家庭内部分工以及资源不平等分配的问题。

针对上述两个观点,提出策略可能性建议如下:首先,政策的扶贫对象不能只停留在评估贫困个人和贫困家户的数量,而应该注重区别个人贫困和家庭贫困,确保扶贫政策帮扶的是真正的贫困对象。在实际扶贫中,可能存在个人因为家庭分配不均而致贫但家庭本身却不贫困的现象被排除在扶贫对象之外,会导致扶贫政策并未帮助到此类的贫困对象,也可能存在家庭贫困中剥夺家庭资源而贫困的个人受到帮扶,使得家庭资源分配更加不均。因此,就巩固拓展脱贫攻坚成果,激发相关区域和群众内生发展动力而言,应当进一步着眼于贫困个人,将政策的着眼点放在

"扶持谁"这一问题上,将扶贫的对象进一步区分,注重区分贫困个人和贫困家户。

其次,只有将扶贫对象按照特征区分开来才能准确解决"如何扶"这一重要问题。尤其是对于特定类型的贫困家户或个人,在确认帮扶对象时,应当注意家庭中资源是否分配不均,家庭资源是否集中于某一个人而使得家中其他人陷入贫困。由于不能逐家逐户地追查其贫困原因,那么,将贫困家庭和贫困个人按照其相应特征进行区分,比如户主性别、家庭育有子女数目等,再采取相应措施则会使扶贫产生更有效的结果,利用更少的资源帮扶更多的贫困个人及家庭。假设这些家庭或个人致贫的原因相似,将相似的贫困家庭或个人归于一类群体能有效提高扶贫政策的扶贫精准性,进而能够有效解决"如何扶"的问题。如此,便能确保扶贫政策精准地针对贫困原因而开展扶贫工作。更长远来说,还能确保已经通过扶贫工作脱贫的家庭或个人不再返贫,帮助这些贫困人群获得内生发展动力。

**表 10.3 变量的解释说明**

| 解释变量说明 | | | |
|---|---|---|---|
| 类别 | 变量符号 | 变量名称 | 描述 |
| 被解释变量 | group | 家庭类型组别 | 以贫困线为界,将受访者分为四种家庭类型:个人不贫困且家庭不贫困(0,即基准组)、个人贫困但家庭不贫困(1)、个人不贫困但家庭贫困(2)、个人贫困且家庭贫困(3) |
| 关键解释变量 | gender | 性别 | 受访者的性别:男(1)、女(0) |
| | jobclass | 工作类型 | 受访者的工作类型:自家农业生产(1)、私营/个体(2)、农业打工(3)、受雇(4)、非农教工(5) |
| | age | 年龄 | 受访者的年龄 |

续表

| 解释变量说明 | | | |
|---|---|---|---|
| 类别 | 变量符号 | 变量名称 | 描述 |
| 关键解释变量 | agegroup | 年龄段 | 受访者所在年龄段:16—45 岁(1)、45—65 岁(2)、65—104 岁(3) |
| | qp201 | 健康状况 | 受访者的健康状况:非常健康(1)、很健康(2)、比较健康(3)、一般(4)、不健康(5) |
| | edugroup | 受教育程度 | 受访者的学历:小学及以下(1)、大专及以下(2)、大学本科及以上(3) |
| | marriage | 婚姻状况 | 受访者的婚姻状况:未婚(1)、在婚有配偶(2)、同居(3)、离婚(4)、丧偶(5) |
| | child | 家庭育有子女数目 | 受访者所在家庭育有子女数目 |
| | child3 | 家庭育有 3 岁及以下子女数目 | 受访者所在家庭育有 3 岁及以下子女数目 |
| | child6 | 家庭育有 4—6 岁子女数目 | 受访者所在家庭育有 4—6 岁子女数目 |
| | child15 | 家庭育有 7—15 岁子女数目 | 受访者所在家庭育有 7—15 岁子女数目 |
| | childb | 家庭育有男孩数目 | 受访者所在家庭育有男孩数目 |
| | r_gender | 财务回答人的性别 | 受访者家庭的财务回答人的性别:男(1)、女(0) |
| 非家庭内部构成因素(控制因素) | familysize | 家庭规模 | 受访者的家庭总人口数 |
| | urban | 所在社区特征 | 受访者家庭所在社区基于国家统计局的城乡分类:城镇(1)、乡村(0) |
| | asset | 家庭总资产的对数 | 家庭总资产的对数 |
| | fn100 | 是否收到政府补助 | 是否收到政府补助:是(1)、否(0) |
| | ce1 | 小区公共设施状况 | 受访者家庭所在社区的公共设施状况:很好(1)、好(2)、一般(3)、较差(4)、很差(5) |
| | expense | 家庭支出的对数 | 家庭支出的对数 |

续表

**解释变量说明**

| 类别 | 变量符号 | 变量名称 | 描述 |
| --- | --- | --- | --- |
| 分组变量 | incomea | 个人所有一般工作的税后总收入 | 用以判断个人贫困与否,当<=3000时,个人贫困;当>3000时,个人不贫困 |
| | fincome_per | 人均家庭纯收入 | 用以判断家庭贫困与否,当<=3000时,家庭贫困;当>3000时,家庭不贫困 |

# 参考文献


[1] 白重恩、李宏彬、吴斌珍:《医疗保险与消费:来自新型农村合作医疗的证据》,《经济研究》2012 年第 2 期。

[2] 蔡昉、都阳:《迁移的双重动因及其政策含义——检验相对贫困假说》,《中国人口科学》2002 年第 4 期。

[3] 蔡昉、都阳:《中国地区经济增长的趋同与差异——对西部开发战略的启示》,《经济研究》2000 年第 10 期。

[4] 陈飞、卢建词:《收入增长与分配结构扭曲的农村减贫效应研究》,《经济研究》2014 年第 2 期。

[5] 陈丰龙、王美昌、徐康宁:《中国区域经济协调发展的演变特征:空间收敛的视角》,《财贸经济》2018 年第 7 期。

[6] 陈宗胜、沈扬扬、周云波:《中国农村贫困状况的绝对与相对变动——兼论相对贫困线的设定》,《管理世界》2013 年第 1 期。

[7] 程令国、张晔:《"新农合":经济绩效还是健康绩效》,《经济研究》2012 年第 1 期。

[8] 程令国、张晔、沈可:《教育如何影响了人们的健康?——来自中国老年人的证据》,《经济学(季刊)》2015 年第 1 期。

[9] 程名望、Jin Yanhong、盖庆恩、史清华:《农村减贫:应该更关注教育还是健康?——基于收入增长和差距缩小双重视角的实证》,《经济研究》2014 年第 11 期。

[10] 程永宏、高庆昆、张翼:《改革以来中国贫困指数的测度与分析》,《当代经济研究》2013 年第 6 期。

[11] 池振合、杨宜勇:《贫困线研究综述》,《经济理论与经济管理》2012 年第 7 期。

[12] 戴觅、茅锐:《产业异质性、产业结构与中国省际经济收敛》,《管理世界》2015 年第 6 期。

[13] 邓维杰:《精准扶贫的难点、对策与路径选择》,《农村经济》2014 年第 6 期。

[14] 董延芳、刘传江、胡铭:《农民工的身份定位与流向决策——基于同期群效应模型的分析》,《中国人口科学》2010 年第 6 期。

[15] 范剑勇、朱国林:《中国地区差距演变及其结构分解》,《管理世界》2002 年第 7 期。

［16］方迎风:《国家级贫困县的经济增长与减贫效应研究》,《社会科学研究》2019年第1期。

［17］方迎风:《行为视角下的贫困研究新动态》,《经济学动态》2019年第1期。

［18］方迎风:《中国贫困的多维测度》,《当代经济科学》2012年第4期。

［19］方迎风、张芬:《邻里效应作用下的人口流动与中国农村贫困动态》,《中国人口资源与环境》2016年第10期。

［20］方迎风、周辰雨:《健康的长期减贫效应——基于中国新农村合作医疗政策的评估》,《当代经济科学》2020年第4期。

［21］方迎风、周少驰:《多维相对贫困测度研究》,《统计与信息论坛》2021年第6期。

［22］方迎风、邹薇:《能力投资、健康冲动与贫困脆弱性》,《经济学动态》2013年第7期。

［23］高梦滔、姚洋:《健康风险冲击对农户收入的影响》,《经济研究》2005年第12期。

［24］顾昕:《贫困度量的国际探索与中国贫困线的确定》,《天津社会科学》2011年第1期。

［25］郭熙保、周强:《长期多维贫困、不平等与致贫因素》,《经济研究》2016年第6期。

［26］国家行政学院编写组:《中国精准脱贫攻坚十讲》,人民出版社2016年版。

［27］蒋萍、田成诗、尚红云:《中国卫生行业与经济发展关系研究》,人民出版社2009年版。

［28］孔繁金:《改革开放以来扶贫政策的历史演进及其创新——以中央一号文件为中心的考察》,《当代中国史研究》2018年第2期。

［29］黎攀、方迎风:《减贫政策的选择与比较分析研究》,《学术研究》2016年第2期。

［30］李力行、吴晓瑜:《健康、教育和经济增长:理论及跨国证据》,《南开经济研究》2011年第1期。

［31］李实、杨穗:《中国城市低保政策对收入分配和贫困的影响作用》,《中国人口科学》2019年第5期。

［32］李小云、于乐荣、齐顾波:《2000—2008年中国经济增长对贫困减少的作用:一个全国和分区域的实证分析》,《中国农村经济》2010年第4期。

［33］李永友、沈坤荣:《财政支出结构、相对贫困与经济增长》,《管理世界》2007年第11期。

［34］林伯强:《中国的经济增长、贫困减少与政策选择》,《经济研究》2003年第12期。

［35］林毅夫、刘培林:《中国的经济发展战略与地区收入差距》,《经济研究》2003年第3期。

［36］刘华军、杜广杰:《中国经济发展的地区差距与随机收敛检验——基于2000—

2013 年 DMSP/OLS 夜间灯光数据》,《数量经济技术经济研究》2017 年第 10 期。

[37] 刘明、王思文:《Beta 收敛、空间依赖与中国制造业发展》,《数量经济技术经济研究》2018 年第 2 期。

[38] 刘强:《中国经济增长的收敛性分析》,《经济研究》2001 年第 6 期。

[39] 刘夏明、魏英琪、李国华:《收敛还是发散——中国区域经济发展争论的文献综述》,《经济研究》2004 年第 7 期。

[40] 刘宗飞、姚顺波、渠美:《吴起农户相对贫困的动态演化:1998—2011》,《中国人口·资源与环境》2013 年第 3 期。

[41] 陆铭、张爽:《人以群分:非市场互动和群分效应的文献评论》,《经济学(季刊)》2007 年第 3 期。

[42] 罗楚亮:《经济增长、收入差距与农村贫困》,《经济研究》2012 年第 2 期。

[43] 罗楚亮:《农村贫困的动态变化》,《经济研究》2010 年第 5 期。

[44] 马双、张劼:《新型农村合作医疗保险与居民营养结构的改善》,《经济研究》2011 年第 5 期。

[45] 毛捷、汪德华、白重恩:《扶贫与地方政府公共支出——基于"八七扶贫攻坚计划"的经验研究》,《经济学(季刊)》2012 年第 4 期。

[46] 毛新雅、翟振武:《中国人口流迁与区域经济增长收敛性研究》,《中国人口科学》2013 年第 1 期。

[47] 潘静、陈广汉:《家庭决策、社会互动与劳动力流动》,《经济评论》2014 年第 3 期。

[48] 潘文卿:《中国区域经济差异与收敛》,《中国社会科学》2010 年第 1 期。

[49] 彭国华:《技术能力匹配、劳动力流动与中国地区差距》,《经济研究》2015 年第 1 期。

[50] 阮敬、詹婧:《亲贫困增长分析中的 Shapley 分解规则》,《统计研究》2010 年第 5 期。

[51] 阮敬:《中国农村亲贫困增长测度及其分解》,《统计研究》2007 年第 11 期。

[52] 邵小快、胡怀国:《经济增长实证研究中的内生性》,《经济学动态》2013 年第 3 期。

[53] 申海:《中国区域经济差距的收敛性分析》,《数量经济技术经济研究》1999 年第 8 期。

[54] 沈坤荣、马俊:《中国经济增长的"俱乐部"收敛特征及其成因研究》,《经济研究》2002 年第 1 期。

[55] 沈坤荣、唐文健:《大规模劳动力转移条件下的经济收敛性分析》,《中国社会科学》2006 年第 5 期。

[56] 沈扬扬、李实:《如何确定相对贫困标准?——兼论"城乡统筹"相对贫困的可行方案》,《华南师范大学学报(社会科学版)》2020 年第 2 期。

[57] 沈扬扬、詹鹏、李实:《扶贫政策演进下的中国农村多维贫困》,《经济学动态》2018 年第 7 期。

[58] 施琳娜、文琦:《相对贫困视角下的精准扶贫多维减贫效应研究——以宁夏彭阳县为例》,《地理研究》2020 年第 5 期。

[59] 石绍宾、樊丽明、王媛:《影响农民参加新型农村社会养老保险的因素——来自山东省入户调查的证据》,《财贸经济》2009 年第 11 期。

[60] 孙久文、夏添:《中国扶贫战略与 2020 年后相对贫困线划定——基于理论、政策和数据的分析》,《中国农村经济》2019 年第 10 期。

[61] 孙晓华、曹阳:《中国城市经济增长的俱乐部收敛:识别方法与趋同机制》,《当代经济科学》2018 年第 6 期。

[62] 滕建州、梁琪:《中国区域经济增长收敛吗? ——基于时序列的随机收敛和收敛研究》,《管理世界》2006 年第 12 期。

[63] 童星、林闽钢:《我国农村贫困标准线研究》,《中国社会科学》1994 年第 3 期。

[64] 万广华、张茵:《收入增长与不平等对我国贫困的影响》,《经济研究》2006 年第 6 期。

[65] 万广华、章元:《我们能够在多大程度上准确预测贫困脆弱性》,《数量经济技术经济研究》2009 年第 6 期。

[66] 汪三贵、郭子豪:《论中国的精准扶贫》,《贵州社会科学》2015 年第 5 期。

[67] 汪三贵、李周、任燕顺:《中国的"八七扶贫攻坚计划":国家战略及其影响》,2004 年 3 月 29 日上海扶贫大会。

[68] 汪三贵:《在发展中战胜贫困——对中国 30 年大规模减贫经验的总结与评价》,《管理世界》2008 年第 11 期。

[69] 汪三贵:《中国 40 年大规模减贫:推动力量与制度基础》,《中国人民大学学报》2018 年第 6 期。

[70] 汪三贵:《中国的农村扶贫:回顾与展望》,《农业展望》2007 年第 1 期。

[71] 王弟海:《健康人力资本、经济增长与贫困陷阱》,《经济研究》2012 年第 6 期。

[72] 王泓懿、李盛基:《新型农村合作医疗保险对消费的影响——基于 CFPS 数据的分析》,《当代经济》2017 年第 23 期。

[73] 王贤彬、黄亮雄、徐现祥、李郇:《中国地区经济差距动态趋势重估——基于卫星灯光数据的考察》,《经济学(季刊)》2017 年第 3 期。

[74] 王小林、Sabina Alkire:《中国多维贫困测量:估计和政策含义》,《中国农村经济》2009 年第 12 期。

[75] 王小林、冯贺霞:《2020 年后中国多维相对贫困标准:国际经验与政策取向》,《中国农村经济》2020 年第 3 期。

[76] 王小林:《贫困标准及全球贫困状况》,《经济研究参考》2012 年第 55 期。

[77] 王小林:《贫困测量:理论与方法(第二版)》,《经济学动态》2016 年第 12 期。

[78] 王小鲁、樊纲:《中国地区差距的变动趋势和影响因素》,《经济研究》2014 年第 1 期。

[79] 王一鸣:《改革开放以来我国宏观经济政策的演进与创新》,《管理世界》2018 年第 3 期。

［80］魏后凯:《中国地区经济增长及其收敛性》,《中国工业经济》1997 年第 3 期。

［81］吴玉鸣:《县域经济增长集聚与差异:空间计量经济实证分析》,《世界经济文汇》2007 年第 2 期。

［82］熊波、李佳桐:《新型农村合作医疗保险与农村居民消费》,《财经科学》2017 年第 7 期。

［83］徐现祥、李郇:《中国城市经济增长的趋同分析》,《经济研究》2004 年第 5 期。

［84］杨文、孙蚌珠、王学龙:《中国农村家庭脆弱性的测量与分解》,《经济研究》2012 年第 4 期。

［85］姚仲枝、周素芳:《劳动力流动与地区差距》,《世界经济》2003 年第 4 期。

［86］尹恒、朱虹:《县级财政生产性支出偏向研究》,《中国社会科学》2011 年第 1 期。

［87］张车伟、蔡翼飞:《人口与经济分布匹配视角下的中国区域均衡发展》,《人口研究》2013 年第 6 期。

［88］张车伟:《营养、健康与效率——来自中国贫困农村的证据》,《经济研究》2003 年第 1 期。

［89］张芬、何艳:《健康、教育与经济增长》,《经济评论》2011 年第 4 期。

［90］张克中、冯俊诚:《通货膨胀、不平等与亲贫式增长——来自中国的实证研究》,《管理世界》2010 年第 5 期。

［91］张磊:《中国扶贫开发政策演变:1949—2005 年》,中国财经出版社 2007 年版。

［92］张莅黎、赵果庆、吴雪萍:《中国城镇化的经济增长与收敛双重效应——基于 2000 与 2010 年中国 1968 个县份空间数据检验》,《中国软科学》2019 年第 1 期。

［93］张全红、张建华:《中国农村贫困变动:1981—2005——基于不同贫困线标准和指数的对比分析》,《统计研究》2010 年第 2 期。

［94］赵伟、马瑞永:《中国经济增长收敛性的再认识——基于增长收敛微观机制的分析》,《管理世界》2005 年第 11 期。

［95］仲超、林闽钢:《中国相对贫困家庭的多维剥夺及其影响因素研究》,《南京农业大学学报(社会科学版)》2020 年第 4 期。

［96］周亚虹、朱保华、刘俐含:《中国经济收敛速度的估计》,《经济研究》2009 年第 6 期。

［97］朱国忠、乔坤元、虞吉海:《中国各省经济增长是否收敛》,《经济学(季刊)》2014 年第 3 期。

［98］朱梦冰、李实:《精准扶贫重在精准识别贫困人口——农村低保政策的瞄准效果分析》,《中国社会科学》2017 年第 9 期。

［99］邹薇 、方迎风:《中国农村区域性贫困陷阱研究——基于“群体效应”的视角》,《经济学动态》2012 年第 6 期。

［100］邹薇、方迎风:《关于中国贫困的动态多维研究》,《中国人口科学》2011 年第 6 期。

［101］邹薇、方迎风:《健康冲击、“能力”投资与贫困脆弱性:基于中国数据的实证

分析》,《社会科学研究》2013 年第 4 期。

[102] 邹薇、方迎风:《怎样测度贫困:从单维到多维》,《国外社会科学》2012 年第 2 期。

[103] 邹薇、宣颖超:《"新农合"、教育程度与农村居民健康的关系研究——基于"中国健康与营养调查"数据的面板分析》,《武汉大学学报(哲学社会科学版)》2016 年第 6 期。

[104] Aaronson, D., "Using Sibling Data to Estimate the Impact of Neighborhoods on Children's Educational Outcomes", *Journal of Human Resources*, Vol.33, 1998, pp.915-946.

[105] Acemoglu, D. and S. Johnson, "Disease and Development: The Effect of Life Expectancy on Economic Growth", *Journal of Political Economy*, Vol. 115, No. 6, 2007, pp. 925-985.

[106] Adhvaryu, A. and A. Nyshadham, "Health, Enterprise, and Labor Complementarity in the Household", *Journal of Development Economics*, Vol.126, 2017, pp.91-111.

[107] Aghion, P., P. Howitt and D. Mayer-Foulkes, "The Effect of Financial Development on Convergence: Theory and Evidence", *The Quarterly Journal of Economics*, Vol. 120, No. 1, 2005, pp.173-222.

[108] Alkire S., J. Foster and S. Seth, "Multidimensional Poverty Measurement and Analysis", *Oxford University Press*, 2015.

[109] Alkire, S. and J. Foster, "Counting and Multidimensional Poverty Measurement", *OPHI Working Paper*, 2007.

[110] Alkire, S. and Fang Yingfeng, "Dynamics of Multidimensional Poverty and Uni-dimensional Income Poverty: An Evidence of Stability Analysis from China", *Social Indicators Research*, Vol.142, No.1, 2019, pp.25-64.

[111] Alkire, S. and J. Foster, "Counting and Multidimensional Poverty Measurement", *Journal of Public Economics*, Vol.95, No.7-8, 2011, pp.476-487.

[112] Alkire, S. and M.E. Santos, "Measuring Acute Poverty in the Developing World: Robustness and Scope of the Multidimensional Poverty Index", *World Development*, Vol.59, 2014, pp.251-274.

[113] Alonso-Carrera, J., J. Caballe and X. Raurich, "Growth, Habit Formation and Catching-up with the Joneses", *European Economic Review*, Vol.49, 2005, pp.1665-1691.

[114] Alvarez-Cuadrado, F., G. Monteiro and S.J. Turnovsky, "Habit Formation, Catching Up with the Joneses, and Economic Growth", *Journal of Economic Growth*, Vol. 9, 2004, pp. 47-80.

[115] Anderson, G. and W.L. Teng, "Child Poverty, Investment in Children and Generational Mobility: The Short and Long Term Wellbeing of Children in Urban China After the One Child Policy", *Review of Income & Wealth*, Vol.55, No.s1, 2009, pp.607-629.

[116] Araujo, M.C., M. Bosch and N. Schady, "Can Cash Transfers Help Household Escape an Inter-generational Poverty Trap", *NBER Working Paper*, c13838, 2016.

[117] Asimakopoulos,S. and Y. Karavias,"The Impact of Government Size on Economic Growth:A Threshold Analysis",*Economics Letters*,Vol.139,No.177,2016,pp.65-68.

[118] Athey,S. and G.W.Imbens,"The State of Applied Econometrics:Causality and Policy Evaluation",*Journal of Economic Perspectives*,Vol.31,No.2,2017,pp.3-32.

[119] Azevedo,J.P.,G.Inchauste,S.Olivieri,J.Saavedra and H.Winkler,"Is Labor Income Responsible for Poverty Reduction? A Decomposition Approach",*Policy Research Working Paper* 6414,*World bank*,2013.

[120] Azevedo,J.P.,V.Sanfelice and M.C.Nguyen,"Shapley Decomposition by Components of a Welfare Aggregate",*MPRA Paper*, No.85584,2012.

[121] Bailey,M.J. and A.Goodman-Bacon,"The War on Poverty's Experiment in Public Medicine:Community Health Centers and the Mortality of Older Americans",*American Economic Review*,Vol.105,No.3,2015,pp.1067-1104.

[122] Banerjee,A. and E.Duflo,"The Economic Lives of the Poor",*Journal of Economic Perspectives*,Vol.21,No.1,2007,pp.141-167.

[123] Banerjee,A. and E.Duflo,"The Experimental Approach to Development Economics",*Annual Review of Economics*,Vol.1,No,1,2009,pp.151-178.

[124] Banerjee,A. and E.Duflo,"Poor Economics:A Radical Rethinking of the Way to Fight Global Poverty",*Public Affairs*,2011.

[125] Banerjee,A. and S.Mullainathan,"The Shape of Temptation:Implications for the Economic Lives of the Poor",*Social Science Electronic Publishing*,Vol.21,No.6929,2010,pp.141-167.

[126] Banerjee,A.,E.Duflo,N.Goldberg,et al.,"A Multifaceted Program Causes lasting Progress for the Very Poor:Evidence from Six Countries",*Science*,Vol.348,No.6236,2015,p.1260799-16.

[127] Banerjee,A.,E.Duflo,R.Glennerster and C.Kinnan,"The Miracle of Microfinance? Evidence from a Randomized Evaluation",*American Economic Journal:Applied Economics*,Vol7,No.1,2015,pp.22-53.

[128] Barro,R.J. and X.Sala-i-Martin,"Convergence",*Journal of Political Economy*,Vol.100,No.2,1992,pp.223-251.

[129] Barro,R.J.,"Economic Growth and Convergence,Applied Especially to China",*NBER Working Paper*, No.21872,2016.

[130] Barro,R.J., "Government Spending in a Simple Model of Endogenous Growth",*Journal of Political Economy*,Vol.98,No.5,1990,pp.103-125.

[131] Bartel,A. and P. Taubman,"Health and labor market success:The role of various diseases",*The Review of Economics and Statistics*,Vol.61,No.1,1979,pp.1-8.

[132] Bayer P. and S.L.Ross,"Identifying Individual and Group Effects in the Presence of Sorting:A Neighborhood Effects Application,Economic Research Initiative at Duke",*Working Paper*,No.51,2009.

[133] Beaudry, P., F.Collard and D.A.Green, "Changes in the World Distribution of Output per Worker, 1960–1998: How a Standard Decomposition Tells an Unorthodox Story", *Review of Economics and Statistics*, Vol.87, No.4, 2005, pp.741–753.

[134] Ben-Shalom, Y., R.A.Moffit and J.K.Scholz, "An Assessment of the Effectiveness of Anti-povertys in the United States", *NBER Working Paper*, NO.17042, 2011.

[135] Bernheim, B.D., D.Ray and S.Yeltekin, "Poverty and Self-Control", *Econometrica*, Vol.83, No.5, 2015, pp.1877–1911.

[136] Bertrand, M., E.Duflo and S.Mullainathan, "How Much Should We Trust Differences-in-Differences Estimates?", *The Quarterly Journal of Economics*, Vol.119 No.1, 2004, pp. 249–275.

[137] Bertrand, M., S.Mullainathan and E.Shafir, "A Behavioral-Economics View of Poverty", *American Economic Review*, Vol.94, No.2, 2004, pp.419–423.

[138] Besley, T. and S.Coate, "Workfare versus Welfare: Incentive Arguments for Work Requirements in Poverty-Alleviation programs", *American Economic Review*, Vol. 82, No. 1, 1992, pp.249–261.

[139] Besley, T., "Aspirations and the Political Economy of Inequality", *Oxford Economic Papers*, Vol.69, No.1, 2017, pp.1–35.

[140] Besley.T and R.Kabur, "Food Subsidies and Poverty Alleviation", *The Economic Journal*, Vol.98, No.392, 1988, pp.701–719.

[141] Besley T. and S.Coate, "The Design of Income Maintenance Programmes", *Review of Economic Studies*, Vol.62, No.2, 1995, pp.187–221.

[142] Bhagwati, J. and T.N.Srinivasan, "Trade and Poverty in the Poor Countries", *American Economic Review*, Vol.92, No.2, 2002, pp.180–183.

[143] Bharadwaj, P., K.V.Loken and C.Neilson, "Early Life Health Interventions and Academic Achievement", *American Economic Review*, Vol.103, No.5, 2013, pp.1862–1891.

[144] Black, D, J.Galdo and J.Smith, "Evaluating the Regression Discontinuity Design Using Experimental Data", *Unpublished Manuscript*, 2007.

[145] Bobonis G. J. and F.Finan, "Neighborhood Peer Effects in Secondary School Enrollment Decisions", *The Review of Economics and Statistics*, Vol.91, No.4, 2009, pp.695–716.

[146] Bodenhorn, H., "Urban Poverty, School Attendance, and Adolescent Labor Force Attachment: Some Historical Evidence", *NBER Working Paper*, 12043, 2006.

[147] Bourguignon, F. and S.R.Chakravarty, "The Measurement of Multi-dimensional Poverty", *Journal of Economic Inequality*, Vol.1, No.1, 2003, pp.25–49.

[148] Brock W.A. and S.Durlauf, "Identification of Binary Choice Models with Social Interactions", *Journal of Econometrics*, Vol.140, 2007, pp.52–75.

[149] Brock W.A. and S.Durlauf, "Interactions-Based Models, in Handbook of Econometrics", *Amsterdam: North-Holland*, 2001, pp.3299–3371.

[150] Buchanan, J.M., "The Samaritan's Dilemma", *Russel Sage foundation.*, 1975, pp.

71–85.

[151] Buhong Zheng, "Statistical Inference for Poverty Measures with Relative Poverty Lines", *Journal of Econometrics*, Vol.101, No.2, 2001.

[152] Burguignon, F. and S. R., "The Measurement of Multidimensional Poverty", *Journal of Economic Inequality*, Vol.1, 2003, pp.25–49.

[153] Cavalcanti, T. and M.Correa, "Cash Transfers to the Poor and the Labor Market", *Review of Development Economics*, Vol, 18, No.4, 2014, pp.741–762.

[154] Cavalho, L.S., S.Meier, and S.W.Wang, "Poverty and Economic Decision-Making: Evidence from Changes in Financial Resources at Payday", *American Economic Review*, Vol. 106, No.2, 2016, pp.260–294.

[155] Chaudhuri, S., "Empirical Methods for Assessing Household Vulnerability to Poverty", *Mimeo*, *Department of Economics*, *Columbia University*, New York.

[156] Chen, S. and M.Ravallion, "The Developing World is Poorer than We Thought, But No Less Successful in the Fight Against Poverty", *The Quarterly Journal of Economics*, Vol. 125, No.4, 2010, pp.1577–1625.

[157] Chetty, R., "Behavioral Economics and Public Policy: A Pragmatic Perspective", *American Economic Review*: *Papers & Proceedings*, Vol.105, No, 5, 2015, pp.1–33.

[158] Chivers, D., "Success, Survive or Escape? Aspirations and Poverty Traps", Journal of Economic Behavior & Organization, Vol.143, 2017, pp.116–132.

[159] Cornia, G.A., "Poverty, Food Consumption, and Nutrition During the Transition to the Market Economy in Eastern Europe", American Economic Review, Vol.84, No.2, 1994, pp. 297–302.

[160] Currie J. and F.Gahvari, "Transfers in Cash and In-Kind: Theory Meets the Data", *Journal of Economic Literature*, Vol.46, No.2, 2008, pp.333–383.

[161] Currie, J. and B.C.Madrian, "Health, Health Insurance and the Labor Market", in *Handbook of Labor Economics*, Vol.3, 1999.

[162] Currie, J., "Healthy, Wealthy, and Wise: Socioeconomic Status, Poor Health in Childhood, and Human Capital Development", *Journal of Economic Literature*, Vol.47, No.1, 2009, pp.87–122.

[163] Dahl, G.B. and L.Lochner, "The Impact of Family Income on Child Achievement: Evidence from the Earned Income Tax Credit", *American Economic Review*, Vol.102, No.5, 2012, pp.1927–1956.

[164] Dahl, G.B., K.V.Loken and M.Mogstad, "Peer Effects in Program Participation", *American Economic Review*, Vol.104, No.7, 2014, pp.2049–2074.

[165] Dalton, P.S., S.Ghosal and A.Mani, "Poverty and Aspirations Failure", *The Economic Journal*, Vol.126, 2016, pp.166–188.

[166] Dean, E. B., F. Schilbach and H. Schofield, "Poverty and Cognitive Function", *NBER Chapters*, c13830, 2017.

[167] Dietz R.,“Estimation of Neighborhood Effects in the Social Sciences:An Interdisciplinary Approach,Social Science Research”,Vol.31,No.4,2002,pp.539-575.

[168] Dollar,D. and A.Kraay,“Growth is Good for the Poor”, *Journal of Economic Growth*,Vol.7,No.3,2002,pp.195-225.

[169] Dollar,D.,“Globalization,Poverty,and Inequality since 1980”,*The World Bank Research Observer*,Vol.20,No.2,2005,pp.145-175.

[170] DufloE,P.Dupas and M.Kremer,“Peer Effects,Teacher Incentives,and the Impact of Tracking:Evidence from a Randomized Evaluation in Kenya”,*American Economic Review*, Vol.101,No.5,2011,pp.1739-1774.

[171] Duflo E. and M.Kremer,“Use of Randomization in the Evaluation of Development Effectiveness”, In:*Feinstein O,Ingram GK,Pitman GK(eds)Evaluating Development Effectiveness* (World Bank Series on Evaluation and Development,Volume 7),Transaction Publishers, New Brunswick,pp.205-232

[172] Durlauf,S.N.,“The Memberships Theory of Poverty:The Role of Group Affiliations in Determining Socioeconomic Outcomes”,*General Information*,2000.

[173] Durlauf,S.N.,P.A.Johnson and J.R.W.Temple,“Growth Econometrics”,in *Handbook of Economic Growth*,Vol.1A,2005.

[174] Easterly, W. and R. Levine, “Tropics, Germs, and Crops: How Endowments Influence Economic Development”, *Journal of Monetary Economics*, Vol. 50, No. 1, 2003, pp. 3-39.

[175] Ehrlich, I. and F. T. Lui, “Intergenerational Trade, Longevity, and Economic Growth”,*Journal of Political Economy*,Vol.99,No.5,1991,pp.1029-1059.

[176] Enflo,K.,C.Lundh and S.Prado,“The Role of Migration in Regional Wage Convergence:Evidence from Sweden 1860-1940”,*Exporations in Economic History*, Vol.52, No. 2014,2014,pp.93-110.

[177] Evans W.N., W.E.Oates and R.M.Schwab, “Measuring Peer Group Effects: A Study of Teenage Behavior”, *The Journal of Political Economy*, Vol. 100, No. 5, 1992, pp. 966-991.

[178] Evans,P.,“Consistent Estimation of Growth Recessions”,Working Paper,1997.

[179] Fang Yingfeng,Zou Wei,“Neighborhood Effects and Regional Poverty Traps in Rural China”,*China & World Economy*,Vol.22,No.1,2014,pp.83-102.

[180] Ferreira,F.H.G and M.A.Lugo. “Multidimensional Poverty Analysis:Looking for a Middle Ground”, *World Bank Research Observer*,Vol.28,No.2,2013,pp.220-235.

[181] Fletcher,J. and B.L.Wolfe,“The Importance of Family Income in the Formation and Evolution of Non-Cognitive Skills in Childhood”,*NBER Working Paper*,22168,2016.

[182] Fogel,R.W.,“The New Growth Evidence”,*Journal of Economic Literature*,Vol. 37,1994,pp.1512-1561.

[183] Folster,S. and M.Henrekson,“Growth Effects of Government Expenditure and

Taxation in Rich Countries",*European Economic Review*,Vol.45,No.8,2001,pp.1501-1520.

[184] Foster,J.E.,"What is Poverty and Who Are the Poor? Redefinition for the United States in the 1990s", *The American Economic Review*,Vol.88,No,2,1998,pp.335-341.

[185] Foster,J.,J .Greer and E.Thorbecke,"A Class of Decomposable Poverty Measures",*Econometrica*,Vol.52,No.3,1984,pp.61-66.

[186] Galster G.,"The Mechanism(s) of Neighborhood Effects:Theory,Evidence,and Policy Implications, in Neighborhood Effects Research: New Perspectives", *Springer Netherlands*,2012,pp.23-56.

[187] Gao,Q.,F.Zhai and I.Garfinkel,"How does Public Assistance Affect Family Expenditures? The Case of Urban China",*World Development*,Vol.38,No.7,2010,pp.989-1000.

[188] Gao,Q.,F.Zhai,S.Yang and S.Li,"Does Welfare Enable Family Expenditures on Human Capital? Evidence from China",*World Development*,Vol.64,2014,pp.219-231.

[189] Gelman,A.and G.Imbens,"Why high-order Polynomials Should not be Used in Regression Discontinuity Designs",*Journal of Business & Economic Statistics*,Vol.37,No.3,2019,pp.447-456.

[190] Germán,Caruso,Walter,et al.,"Deprivation and the Dimensionality of Welfare:A Variable-Selection Cluster-Analysis Approach", *Review of Income and Wealth*,2014.

[191] Glauben,T.,T.Herzfeld,S.Rozelle and X.Wang,"Persistent Poverty in Rural China:Where,Why,and How to Escape?",*World Development*,Vol.40,No.4,2012,pp.784-795.

[192] Golan,J.,T.Sicular and N.Umapathi,"Unconditional Cash Transfers in China: Who Benefits from the Rural Minimum Living Standard Guarantee(Dibao) Program?",World Development,Vol.93,2017,pp.316-336.

[193] Hair,N.L,J.L.Hanson,B.L.Wolfe and S.D.Pollak,"Association of Child Poverty, Brain Development, and Academic Achievement", *JAMA Pediatr*, Vol. 169, No. 9, 2015, pp. 822-829.

[194] Han,L.J and K-S.Kung,"Fiscal Incentives and Policy Choices of Local Governments:Evidence from China",*Journal of Development Economics*,Vol.116,2015,pp.89-104.

[195] Harris,J and M.Todaro,"Migration,Unemployment and Development: A Two Sector Analysis",*American Economic Review*,Vol.60,No.3,1970,pp.126-142.

[196] Haushofer,J. and E.Fehr,"On the Psychology of Poverty",Science,Vol.344,No. 6186,2014,pp.862-867.

[197] Heckman,J. and E.J.Vytlacil,"Econometrics Evaluation of Social Programs,Part I:Causal Models,Structural Models and Econometric Policy Evaluation",in *Handbook of Econometrics*,Vol.6B,2008.

[198] Higgins,J.M,D.Levy and A.T.Young,"Growth and Convergence across the United States:Evidence from County-level data",*The Review of Economics and Statistics*,Vol.88,No.4,2006,pp.671-681.

[199] Honore B.E. and E.Kyriazidou,"Panel Data Discrete Choice Models With Lagged

Dependent Vriables,Econometrica",Vol.68,No.4,2000,pp.839–874.

[200] Hoynes, H. W. and D. W. Schanzenbach, "Consumption Responses to in-Kind Transfers:Evidence from the Introduction of the Food Stamp Program", *American Economic Journal:Applied Economics*, Vol.1.No.4,2009,pp.109–139.

[201] Ichniowski C and A. Preston, "Do star Performers Produce More Stars? Peer Effects and Learning in Elite Teams",*NBER Working Paper*, 20478,2014.

[202] Imbens, G. W. and T. Lemieux, "Regression Discontinuity Designs: A Guide to Practice",*Journal of Econometrics*,Vol.142,No.2,2008,pp.615–635.

[203] Islam, A. and P. Maitra, "Health Shocks and Consumption Smoothing in Rural Households:Does Microcredit Have a Role to Play?",*Journal of Development Economics*,Vol. 97,No.2,2012,pp.232–243.

[204] Jantti, M., R. Kanbur and J. Pirttila, "Poverty, Development, and Behavioral Economics",*Review of Income & Wealth*,Vol.60,No.1,2014,pp.1–6.

[205] Jeanneney,S.G. and K.Kpodar,"Financial Development and Poverty Reduction: Can There be a Benefit without a Cost?",*Journal of Development Studies*,Vol.47,No,1,2011, pp.143–163.

[206] Kakwani,N.,S.Li,X.Wang and M.Zhu,"Evaluating the Effectiveness of the Rural Minimum Living Standard Guarantee(Dibao) program in China",*Working Paper* 440,*ECINEQ*, *Society for the Study of Economic Inequality*,2017.

[207] Kanbur,R.,J.Pirttila, and M.Tuomala,"Non-Welfarist Optimal Taxation and Behavior Public Economics",*Journal of Economic Surveys*,Vol.20,No.5,2006,pp.849–868.

[208] Kanbur,R.,M.Keen and M.Tuomala,"Labor Supply and Targeting in Poverty Alleviation Programs",*The World Bank Economic Review*,Vol.8,No.2,1994,pp.191–211.

[209] Katsnelson, A., "News Feature: The Neuroscience of Poverty", PNAS, Vol. 112, No.,51,2015,pp.15530–15532.

[210] Kling J.R., J.B. Liebman and L.F. Katz, "Experimental Analysis of Neighborhood Effects,*Econometrica*,2007,75(1):83–119.

[211] Kolenikov,S. and A.Shorrocks,"A Decomposition Analysis of Regional Poverty in Russia",*Review of Development Economics*,Vol.9,No.1,2005,pp.25–46.

[212] Korenman,S.D. and D.K. Remler," Including Health Insurance in Poverty Measurement: The Impact of Massachusetts Health Reform on Poverty", *Journal of Health Economics*,Vol.50,2016,pp.27–35.

[213] Lee,D.S. and T.Lemieux,"Regression Discontinuity Designs in Economics",*Journal of Economic Literature*,Vol.48,No.2,2010,pp.281–355.

[214] Lee, Lung-fei, "Identification and Estimation of Econometric Models with Group Interactions,Contextual Factors and Fixed Effects",*Journal of Econometrics*,Vol.140,2007,pp. 333–374.

[215] Lee,T. and A.Seshadri,"On the Intergenerational Transmission of Economic Sta-

tus", *Journal of Political Economy*, 2018.

[216] Lemieux, T. and K. Milligan, "Incentive Effects of Social Assistance: A Regression Discontinuity Approach", *Journal of Econometrics*, Vol.142.No.2, 2008, pp.807–828.

[217] Ligon, E. and L. Schechter, "Measuring Vulnerability", Economic Journal, Vol. 113, No.3, 2003, pp.c95–c102.

[218] Liu, K., "Insuring Against Health Shocks: Health Insurance and Household Choices", *Journal of Health Economics*, Vol.46, 2016, pp.16–32.

[219] Logan T. and J. Parman, "The National Rise in Residential Segregation", *NBER Working Paper*, 20934, 2015.

[220] Lu Xiaobo, "Intergovernmental Transfers and Local Education Provision-Evaluating China's 8–7 National Plan for Poverty Reduction", *China EconomicReview*, Vol.33, No.4, 2015, pp.200–211.

[221] Luca, D.L. and D.E. Bloom, "The Returns to Parental Health: Evidence from Indonesia", *NBER Working Papers*, 25304, 2018.

[222] Lucas R., "Life Earning and Rural-urban Migration", *Journal of Political Economy*, Vol.112, No., 51, 2004, pp. 529–559

[223] Ludwig J., G.J. Duncan, L.A. Gennetian, et al., "Long Term Neighborhood Effects on Low-Income Families: Evidence from Moving to Opportunity", American Economic Review, Vol.103, No.3, 2013, pp.226–231.

[224] Mani, A., S. Mullainathan, E. Shafir, J. Zha, "Poverty Impedes Cognitive Function", *Science*, Vol.341, No, 6149, 2013, pp.976–980.

[225] Mankiw, N. G, D. Romer and D.N. Weil, "A Contribution to the Empirics of Economic Growth", *The Quarterly Journal of Economics*, Vol.107, No.2, 1992, pp.407–437.

[226] Manski C.F., "Identification of Endogenous Social Effects: The Reflection Problem", *Review of Economic Studies*, Vol.60, 1993, pp.531–542.

[227] Maria L.S. and S. Ştefan. "About the Methodology for Designing the Relative Poverty Lines", Vol.22, 2015, pp.828–835.

[228] Martino, R., "Convergence and Growth, Labor Productivity Dynamics in the European Union", *Journal of Macroeconomics*, Vol.46, 2015, pp.186–200.

[229] Meng L., "Evaluating China's Poverty Alleviation Program: A Regression Discontinuity Approach", *Journal of Public Economics*, Vol.101, 2013, pp.1–11.

[230] Moffitt R., "Policy Interventions, Low-level Equilibria and Social Interactions", MIT Press, 2001.

[231] Mullainathan, S. and R.H. Thaler, "Behavior Economics", *International Encyclopedia of Social & Behavioral Sciences*, Vol.76, No.7948, 2001, pp.1094–1100.

[232] Nakajima, R., "Measuring Peer Effects on Youth Smoking Behavior", *The Review of Economic Studies*, Vol.74, No.3, 2007, pp.897–935.

[233] Nobel, K.G., S.M. Houston, et al., "Family Income, Parental Education and Brain

Structure in Children and Adolescents",*Nature Neuroscience*,Vol.18,No.5,2015,pp.773-780.

[234] Park,A. and S.Wang,"Community-based Development and Poverty Alleviation: An Evaluation of China's Poor Village Investment Program",*Journal of Public Economics*,Vol. 94,2010,pp.790-799.

[235] Park,A.S.Wang,G.Wu,"Regional Poverty Targeting in China",*Journal of public Economics*,Vol.86,2002,pp.123-153.

[236] Pestieau, P. and M. Racionero, " Optimal redistribution with Unobservable Disability:Welfarist versus Non-Welfarist Social Objectives",*European Economic Review*,Vol. 53,2009,pp.636-644.

[237] Philip C.,G. Erreygers, "Defining and Measuring Health Poverty",*Social Science & Medicine*,244.

[238] Powell,D. and S.Seabury,"Medical Care Spending and Labor Market Outcomes: Evidence from Workers' Compensation Reforms",*American Economic Review*,Vol.108,No.10, 2018,pp.2995-3027.

[239] Rani,U. and M.Furrer,"Decomposition of Income Inequality into Factor Income Components,Evidence from Selected G20 Countries",*ILO Research Paper*, NO.15,2016.

[240] Rappaport,J,"How does Labor Mobility Affect Income Convergence?", *Journal of Economic Dynamics & Control*,Vol.29,No.3,2005,pp.567-581.

[241] Ravallion M.,Chen S., "Weakly Relative Poverty", *Review of Economics & Statistics*,Vol.93,No.4,2011,pp.1251-1261.

[242] Ravallion,M. and G.Datt,"Growth and Redistribution Components of Changes in Poverty Measures: A Decomposition with Applications to Brazil and India in the 1980s", *Journal of Development Economics*,Vol.38,No,2,1992,pp.275-295.

[243] Ravallion,M. and Shaohua Chen,"China's (uneven) Progress Against Poverty", *Journal of Development Economics*,Vol.82,2007,pp.1-42。

[244] Ray,D.,"Aspirations,Poverty and Economic Change",in *Understanding Poverty*, Oxford:Oxford University Press,2006.

[245] rmisch,J. and M.Francesconi,"Family Matters:Impacts of Family Background on Educational Attainments",*Economia*,Vol.68,2001,pp.137-156.

[246] Rodrik,D.,"Unconditional Convergence in Manufacturing", *The Quarterly Journal of Economics*,Vol.128,No.1,2013,pp.165-204.

[247] Rojas,M.,"Poverty and Psychological Distress in Latin America",*Journal of Economic Psychology*,Vol.32,NO.2,2011,pp.206-217.

[248] Sacerdote B., "Peer Effects with Random Assignment:Results for Dartmouth Roommates",*The Quarterly Journal ofEconomics*,Vol.116,No.2,2000,pp.681-704.

[249] Sala-i-Martin,X.,"The World Distribution of Income:Falling Poverty and Convergence,Period",*The Quarterly Journal of Economics*,Vol.121,No.2,2006,pp.297-351.

[250] Seebohm Rowntree B.,"Poverty:A Study of Town Life",*London:Macmillion and*

*Co.Press*,1901.

[251] Sen A.K.,"Development as Freedom",*Oxford*:*Oxford University Press*,1999.

[252] Sen,A.K.,"Commodities and Capabilities", *Amsterdam*:*North-Holland*,1985.

[253] Sen,A.K.,"Poverty:An Ordinal Approach to Measurement",*Econometrica*,Vol. 44,No.2,1976,pp.219-231.

[254] Seth S.,"Inequality,Interactions,and Human Development",*Journal of Human Development & Capabilities*,Vol.10,No.3,2009,pp.375-396.

[255] Shah,A.K.,S.Mullainathan and E.Shafir,"Some Consequences of Having Too Little",Science,Vol.338,No.6107,2012,pp.682-685.

[256] Sharkey,P. and F.Elwert,"The Legacy of Disadvantage:Multigenerational Neighborhood Effects on Cognitive Ability",*American Journal of Sociology*,Vol.116,No.6,2011,pp. 1934-1981.

[257] Shorrocks,A.F.,"Decomposition Procedures for Distributional Analysis:A Unified Framework Based on the Shapley Value",*Unpublished Manuscript*,*Department of Economics*,*University of Essex*,1999.

[258] Shorrocks,A.F.,"Decomposition Procedures for Distributional Analysis:A Unified Framework Based on the Shapley value",*Journal of Economic Inequallity*,Vol. 11,2013,pp. 99-126.

[259] Skeldon R.,"Migration and Poverty",*African Migration and Urbanization in Comparative Perspective*,*Johnannesburg*,*South Africa*,2003.

[260] Skoufias,E.,M.Unar,T.G.D.Cossio,"The Poverty Impacts of Cash and In-Kind Transfers:Experimental Evidence form Rural Mexico",*Journal of Development Effectiveness*, Vol.5,No.4,2013,pp.401-429.

[261] Solon,G.,"A Model of Intergenerational Mobility Variation over Time and Place", *Cambridge University Press*,2004.

[262] Spears,D.,"Economic Decision-Making in Poverty Depletes Behavioral Control", *B.e.journal of Economic Analysis & Policy*,Vol.11,No.1,2011,pp.72-72.

[263] Strobel P.,"From Poverty to Exclusion:A Wage-earning Society or a Society of Human Rights",*International Social Science Journal*,Vol.48,1996.

[264] Thaler, R. H., "Behavior Economics: Past, Present, and Future", *American Economic Review*,Vol.106,No.7,2016,pp.1577-1600.

[265] Wagstaff,A.,"The Economic Consequences of Health Shocks:Evidence from Vietnam",*Journal of Health Econmics*,Vol.26,No.1,2007,pp.82-200.

[266] Ward,P.S.,"Transient Poverty,Poverty Dynamics,and Vulnerability to Poverty: An Empirical Analysis Using a Balanced Panel from Rural China",*World Development*,Vol.78, 2016,pp.541-553.

[267] Weinberg B.A.,P.B.Reagan and J.J.Yankow,"Do Neighborhoods Affect Hours Worked? Evidence from Longitudinal Data",*Journal of Labor Economics*,Vol. 22,No.4,2004,

pp.891-924.

[268] Wilson W. J., "The Truly Disadvantaged: The Inner City, the Underclass, and Public Policy", *Chicago: University of Chicago Press*, 1987.

[269] Wooldridge J. M., "Econometric Analysis of Cross Section and Panel Data, 2nd ed", *Cambridge, MA: MIT Press*, 2010.

[270] Zhang Jing, "The Impact of Water Quality on Health: Evidence from the Drinking Water Infrastructure Program in Rural China", *Journal of Health Economics*, Vol.31, 2012, pp. 122-134.

[271] ZhangJing, L.Xu, "The Long-run Effects of Treated Water on Education: The Rural Drinking Water Program in China", *Journal of Development Economics*, Vol. 122, 2016, pp. 1-15.

责任编辑：曹　歌
封面设计：姚　菲

**图书在版编目（CIP）数据**

中国特色扶贫模式研究/方迎风著. —北京：人民出版社，2022.10
ISBN 978-7-01-025465-4

Ⅰ.①中…　Ⅱ.①方…　Ⅲ.①扶贫-经济政策-研究-中国
Ⅳ.①F126

中国国家版本馆 CIP 数据核字（2023）第 029863 号

**中国特色扶贫模式研究**

ZHONGGUO TESE FUPIN MOSHI YANJIU

方迎风　著

人民出版社 出版发行
（100706　北京市东城区隆福寺街 99 号）

北京中科印刷有限公司印刷　新华书店经销

2022 年 10 月第 1 版　2022 年 10 月北京第 1 次印刷
开本：710 毫米×1000 毫米 1/16　印张：16.75
字数：216 千字

ISBN 978-7-01-025465-4　定价：98.00 元

邮购地址 100706　北京市东城区隆福寺街 99 号
人民东方图书销售中心　电话（010）65250042　65289539